O Surrealismo Português
e Teixeira de Pascoaes

Copyright do texto © 2013 António Cândido Franco
Copyright da edição © 2013 Escrituras Editora

Todos os direitos desta edição cedidos à
Escrituras Editora e Distribuidora de Livros Ltda.
Rua Maestro Callia, 123 – Vila Mariana – São Paulo, SP – 04012-100
Tel.: (11) 5904-4499 / Fax: (11) 5904-4495
escrituras@escrituras.com.br
www.escrituras.com.br

Criadores da Coleção Ponte Velha
António Osório (Portugal) e Carlos Nejar (Brasil)

Diretor editorial Raimundo Gadelha
Coordenação editorial Mariana Cardoso
Assistente editorial Bélgica Medeiros
Capa e projeto gráfico Felipe Bernardo
Diagramação Bárbara de Souza
Imagem da capa *Colagem sobre fotografia da Casa de Pascoaes*, de Cruzeiro Seixas
Revisão Paulo Teixeira e Jonas Pinheiro
Impressão Graphium

Dados Internacionais de Catalogação na Publicação (CIP)
(Câmara Brasileira do Livro, SP, Brasil)

Franco, António Cândido
    O surrealismo português e Teixeira de Pascoaes/
António Cândido Franco. – São Paulo:
Escrituras Editora, 2013. – (Coleção Ponte Velha)

ISBN 978-85-7531-470-8

1. Crítica literária 2. Pascoaes, Teixeira de,
1877 – 1952 – Crítica e interpretação 3. Poesia
portuguesa 4. Surrealismo (Literatura) I. Título. II. Série.

13-10366   CDD-801.95

Índices para catálogo sistemático:
1. Crítica literária 801.95

Edição apoiada pela Direção-Geral do Livro, dos Arquivos e das Bibliotecas/ Portugal

Impresso no Brasil
Printed in Brazil

António Cândido Franco

O Surrealismo Português e Teixeira de Pascoaes

São Paulo, 2013

A LUCILA NOGUEIRA E A ÂNGELO MONTEIRO
queridos amigos, sempre presentes, que foram
e são os primeiros que no Brasil amei

A CLÁUDIO WILLER E A FLORIANO MARTINS
estudiosos apaixonados do surrealismo no
Brasil e na América do Sul

*Teixeira de Pascoaes, poeta bem mais importante,
quanto a nós, do que Fernando Pessoa.*
MÁRIO CESARINY, 1973

SUMÁRIO

NOTA DE ABERTURA 11

I. TEIXEIRA DE PASCOAES NAS PALAVRAS DO SURREALISMO PORTUGUÊS

1. Teixeira de Pascoaes e os surrealistas 15
2. Mário Cesariny e Teixeira de Pascoaes 23
3. Pascoaes nas palavras de Cesariny 33
4. Mário Cesariny e Teixeira de Pascoaes: Relatório e fim 43
5. Teixeira de Pascoaes nas palavras de Cruzeiro Seixas 53
6. Uma carta de Mário Cesariny 59
7. Uma Bibliografia: Teixeira de Pascoaes e o surrealismo 65

   7.1. De Teixeira de Pascoaes (com Mário Cesariny) 65

   7.1.1 Antologias 65

   7.1.2. Desenhos 65

   7.2. Sobre Teixeira de Pascoaes (com o surrealismo) 66

   7.2.1. Livros 66

   7.2.2. Dispersos 67

   7.2.3 Bibliografias 73

   7.3. Surrealismo em português (elementos inéditos) 74

   7.3.1. Dispersos 74

   7.3.2. Dispersos não assinados 86

II. OUTROS TEXTOS

8. Uma cronologia de Mário Cesariny 89
9. Teixeira de Pascoaes: Uma cronologia 113
10. Teixeira de Pascoaes: O outro modernismo 121

    10.1.Bibliografia 133

    10.1.1. De Teixeira de Pascoaes........................... 133

10.1.2. Sobre Teixeira de Pascoaes.. 133

11. Sentido do Dissídio entre Teixeira de Pascoaes e
Fernando Pessoa 137

11.1. Bibliografia.. 142

12. Sobre uma frase de Mário Cesariny 145

13. O HiperÉdipo e o AntiÉdipo vistos por Cesariny 151

14. Lugares da geografia de Teixeira de Pascoaes 163

14.1. Marão 163

14.2. Gatão-Pascoaes 165

14.3. Amarante 167

14.4. Travanca do Monte 169

14.5. Travassos da Chã 170

14.6. Sentido da geografia de Teixeira de Pascoaes.................... 172

15. *Pirâmide* – Uma revista do surrealismo português..................... 175

16. Sumário cronológico do surrealismo português......................... 183

17. Pascoaes ibérico 189

17.1. Bibliografia 196

18. Conversa com Maria Amélia Vasconcelos 199

19. Uma colagem de Cruzeiro Seixas com Pascoaes 207

20. Sobre um poema de Fernando Alves dos Santos 215

21. Para uma história do surrealismo em Portugal 223

PROVENIÊNCIA DOS TEXTOS 237

Nota de Abertura

Reúno aqui alguns textos que têm por direção comum a ligação do poeta português Teixeira de Pascoaes (1877-1952) ao surrealismo e a alguns dos seus aspectos e criadores maiores em Portugal.

O primeiro deles, o mais extenso, o mais empenhado também, teve uma primeira publicação em Portugal, num editor de bolso, Licorne, com muito bom ar, que se dedica à edição de textos poéticos, em que quero e vejo o meu. O núcleo é uma entrevista que fiz em finais do ano de 1997 a Mário Cesariny (repetida depois em 2002 com o pernambucano Alípio Carvalho Neto) e uma carta de Artur Manuel do Cruzeiro Seixas, de 2009, ambas sobre Teixeira de Pascoaes. Com as indagações, pretendi tirar a limpo o papel do Zaratustra do Marão junto dos protagonistas da aventura surrealista portuguesa. Como se pode ver, o resultado é surpreendente e muito ilustrativo. Os historiadores da literatura portuguesa, os críticos de poesia e outros moedores de circunstância não se podem queixar com falta de trabalho.

Ao texto juntei alguns outros, inéditos ou não, que tocam a mesma questão, quer pela retrospectiva da obra de Teixeira de Pascoaes, quer pela sua relação sempre contraditória, sempre magistral, com Fernando Pessoa. Juntei, como era inevitável, duas cronologias, uma de Teixeira de Pascoaes e outra de Mário Cesariny, para tornar mais acessíveis ao público brasileiro; dois escritores portugueses que são, com muita injustiça e muita indústria de disfarce, pouco mais do que dois desconhecidos fora de Portugal, mau grado o primeiro ter sido, com o grande Ferreira de Castro, nas décadas de 1930 e 1940 do século passado, o mais traduzido no mundo, e o segundo, sem par, o mais importante agitador poético da segunda metade do século XX português.

Teixeira de Pascoaes nas palavras do surrealismo português

I. TEIXEIRA DE PASCOAES E OS SURREALISTAS

A leitura da obra de Teixeira de Pascoaes (1877-1952) pelos surrealistas portugueses constitui um dos aspectos mais efusivos e exaltantes da recepção da poesia do autor de *Regresso ao paraíso*. Há nela uma luz votiva, uma promessa de reaquisição, que em nenhum outro lado, no que diz respeito a Pascoaes, se encontra. Tal faceta não mereceu porém dos estudiosos qualquer atenção digna de registo. Que eu saiba não há um único estudo que tome por senda a ligação de Teixeira de Pascoaes ao surrealismo em português, ou a ignição deste naquele [salvante aqui, para maior confusão de todos, o de Osvaldo Manuel Silvestre (v. "Uma Bibliografia")], o que, depois do muito, e do muito mau, que se tem dito sobre o Poeta do Marão, seria caso de pasmo ou de escândalo, não se soubesse há muito que só se estima no geral e no presente o que não estraga o desígnio instalado. E, quando tratamos de *poesia portuguesa* recente, falamos duma sessão reservada, cujos bilhetes trazem lugar marcado, ou duma *prima-dona*, cujo capricho não admite réplica.

Teixeira de Pascoaes tem sido lido, relido e treslido como um autor que decorre da poesia finissecular oitocentista, em particular do neogarrettismo de António Nobre e do dito neorromantismo de *Os simples* de Guerra Junqueiro. É isso que encontramos nas leituras de Régio, Gaspar Simões, Casais Monteiro, Jorge de Sena, Jacinto do Prado Coelho, Óscar Lopes, Manuel Antunes e nas de todos os outros que para nossa decepção e alguma revolta se debruçaram sobre a poesia grande de Pascoaes. Abro ao acaso um desses críticos e leio o que se segue:

> tal como Oliveira Martins, como Junqueiro na Pátria e como A. Nobre, (Teixeira de Pascoaes) parte de um sentimento de frustração pátria que foi agravado pelo Ultimato. A sua solução consistiu em transmudar em sentido

vagamente panteísta e espiritualista a ideia do progresso geral da natureza e da humanidade que herdara da geração de 1970, em elevar a apologia da saudade, já tradicional no lirismo português, às proporções de uma intuição étnica: a intuição da essência espiritual a que a humanidade tenderia, através da sua marcha histórica (Lopes, Ó. *História da Literatura Portuguesa* "Correntes literárias contemporâneas" Hist. Lit. Port. 9.ed., 1976, p. 1052-3)[1]

Boa (e estrídula) malha! Mas Pascoaes, com tanto andamento, tanto braço, tanto ardil, não tem solução senão ficar amarrado ao século XIX; não se vislumbra ali, naquelas linhas, o mais pequeno raio de atualidade. Em raros momentos, e raros não sabemos se por incômodo ou se por simples falta de atenção, esses críticos olharam para as relações que a obra de Fernando Pessoa começou por ter com o saudosismo de Teixeira de Pascoaes, por meio dos textos publicados em 1912 na revista *A Águia* sobre a *nova poesia portuguesa* e com o aparecimento dos primeiros poemas de Alberto Caeiro, que contêm, como é sabido, em dois ou três momentos cruciais (sobretudo o poema XXVIII[2]), referências explícitas à experiência poética de Pascoaes. Ainda assim, essas pontes, que noutro caso seriam imponentes e admiráveis construções de passagem, foram tão só bagatelório a que ninguém ligou; e quando atendeu foi mais para marcar a diferença ou a ruptura entre os dois poetas – abrindo um fosso fundo, pasme-se, entre saudosismo e modernismo – que para estabelecer afinidades e encontrar uma linha de continuidade entre eles. Teixeira de Pascoaes, não obstante as interpelações do jovem Pessoa, ou por isso mesmo, continuou a ser visto como um poeta anterior à *modernidade*, um poeta do passado,

---

1 O autor, nas sucessivas reedições do manual (cuja derradeira é já do final do século XX, 1995), não mexeu, não reviu, não alterou o sentido (e muito pouco a letra) das palavras que dedicou a Teixeira de Pascoaes.

2 *Li hoje quási duas páginas/ Do livro dum poeta místico,/ E ri como quem tem chorado muito.* Há dissertação, de Nunes da Rocha, depositada na biblioteca da Faculdade de Letras, dedicada em pormenor ao assunto – as relações de Caeiro com Pascoaes. Foi orientada por Miguel Tamen e António Feijó (Rocha, N. *Poetas carpinteiros – Uma reflexão sobre a utilidade da poesia a propósito da vontade de rir de Alberto Caeiro quando leu versos de um poeta místico* [dissertação]. Lisboa: Faculdade de Letras da Universidade de Lisboa; 2002). Não tem referência a Mário Cesariny, mas cita o Teixeira de Pascoaes por este selecionado nos *Aforismos* (p.4).

O Surrealismo Português e Teixeira de Pascoaes

tributário do século XIX e dos seus modelos, autor duma poesia que desconheceu o *versilibrismo* e as liberdades do verso *modernista*.

Também ao acaso abro e leio, dessa vez Jacinto do Prado Coelho (1920-1984), que fez de resto um inestimável (e desmedido) trabalho editorial sobre a obra de Pascoaes, que seria iniquidade minha esconder, esquecer ou desvalorizar:

> Quanto à linguagem poética, um regresso: herdeiros do Junqueiro d' *Os Simples* e das *Orações*, ligados também ao romantismo neogarrettista de Nobre, os saudosistas pouco aproveitaram da experiência formal do Simbolismo; preferem uma expressão mais tradicional, mais clássica, o "verso escultural" de Pascoaes; não se demoram num esforço de análise do subconsciente, são muito menos modernos e europeus que os poetas – afinal contemporâneos – do *Orpheu*. Daí o desentendimento entre Pascoaes e F. Pessoa, que cedo abandonou *A Águia*, onde o seu espírito renovador se sentia constrangido (*Dicionário de Literatura*. 4.ed. 1997. Saudosismo; vol. IV. p.1007-8).

Percebe-se: sabe tão bem nesse rincão pachoucho ser *moderno e europeu*. Ninguém doutro modo se salva, muito menos no Portugal delambido da cultura, cheio de tique-taque e urticária ao espelho duma Europa graúda e grossa. Assim como assim, bastava ao autor da frase atentar com cuidado no que antes escrevera – *não se demoram num esforço de análise do subconsciente* – para se dar conta em toda a linha do engano, quero crer involuntário, do juízo.

Desde sempre, desde que me passou pelas mãos um livro de Pascoaes, o que decerto aconteceu no centenário do nascimento do Poeta, em 1977, que percebi o descompasso entre as linhas e as leituras. O que estava nas letras dos livros confrontava com desacerto, mas também com finura, as redutoras sentenças adiantadas pelos comentadores. A rábula dum Pascoaes *antimoderno* não batia com o autor que assinou, nos *Versos brancos* por exemplo, algum do mais espontâneo e autêntico versilibrismo português da primeira metade do século XX.

António Cândido Franco

A experiência poética, acabada a leitura descomprometida, era afinal muito mais rica e propulsora do que aquela que se continha num juízo equívoco em torno dum Pascoaes acantonado no século XIX. Convenhamos que a visão dum Pascoaes divorciado da modernidade se colou ao poeta como uma segunda pele; dificilmente encontramos uma leitura que dela se afaste. A origem do lugar que se fez comum, se não cliché de gato manso, remonta à revista *Presença* (1927-1940) e aos seus algibebes mais nomeados, João Gaspar Simões e José Régio, que na pressa de fraquearem (de fraque ou *froc*) os afortunados e muito enfarpelados poetas de *Orpheu* acabaram por esquecer, se não desnudar, Teixeira de Pascoaes.

Dou a palavra a Sant'Anna Dionísio:

> A revista *Presença*, que durante quinze anos representou o sumo e a nata do pensamento literário moderno em Portugal, e em cujas colunas tantas coroas se teceram para enfeitar as frontes de tantos vates nativos e exóticos, nem uma palavra dedicou ao aparecimento de qualquer obra do Eremita de Amarante. E todavia durante esses quinze anos apareceu *São Paulo*; *Santo Agostinho*; *São Jerónimo*; *Napoleão*; *O penitente* – cinco obras que, por si só, dariam a imortalidade ao Poeta em qualquer literatura do mundo. [*O Poeta, essa Ave Metafísica*. 1953 (1954). p. 38-9][3]

Ninguém – a não ser José Marinho – vislumbrou então que a poesia portuguesa encontrava na mensagem mais funda da poesia do vate do Marão o ponto de partida dum novo trilho de desenvolvimento. Pascoaes ficou nu, em pele de galinha, a tiritar de frio nas fragas ásperas do Marão e ao que se sabe não se chateou muito com o assunto, menos

---

3   Em vez dos cincos livros citados por Sant'Anna Dionísio, dois deles publicados fora do arco de duração da revista coimbrã (1927-1940), guardem-se três (*São Paulo, São Jerónimo e Napoleão*), acrescentem-se *O homem universal* (1937); o *Livro de memórias* (1928) e os sete volumes das *Obras completas* (1929-1932) e teremos a verdade ainda mais crua e indecorosa das palavras do autor de *Pensamento invertebrado*.

interessado que andava nas casacas cômodas do Chiado que nas grandes tempestades de eletricidade que lá no céu dele ribombavam. Dava-se por feliz com aquela lua de verdete e calcário que lhe calhara nas sortes; mesmo nu, descalço, intonso, mal arrumado, rústico, esquecido e desurbano, pôde arrancar a grande velocidade para a reta final da sua obra, que começa no *São Paulo* e termina a uns tantos anos-luz dos nossos olhos, não se sabe bem onde nem para onde.

Mais grave que a falta de visão dos algibebes da Porta do Almedina, que levou a alguns graves atropelos nas avaliações então feitas, é hoje a existência, o ardil, duma crítica chã e bovina, apesar da aparência teratológica, de aligátor, que resume a poesia portuguesa da primeira metade do século XX a um primeiro modernismo, o de *Orpheu*, e a um segundo modernismo, o da *Presença*, donde Pascoaes fica naturalmente arredado, já que, para infortúnio dele e nosso, em nenhum dos dois participou.

Assim como assim, é preciso fazer justiça a João Gaspar Simões, que na época madura de afirmação e combate do surrealismo em português, enquanto outros riam e estafavam os últimos saldos, soube bater com a mão na testa e surpreso gritar a exclamação de Arquimedes. Escreveu então algumas palavras com olho de lince e bico de falcão, que por direito próprio justificaram Pascoaes como um grande Poeta até *aí* ilegível – e *esse aí* é só o reagente alquímico que revelou as letras originais do palimpsesto-Pascoaes.

A recepção do poeta de *Marános* junto do surrealismo em português, em primeiro lugar de Mário Cesariny, já na transição da primeira para a segunda metade do século XX, afigura-se-me por tudo isso e ainda por direito próprio do maior relevo e só espanta que os admiradores e os estudiosos de Cesariny, dentro e fora de portas, ainda não tenham pegado na ponta do novelo, que tem fio para muita novidade e revisão. O surrealismo que se falou e fala em Portugal foi para Teixeira de Pascoaes nada menos que o formidável reagente que arrancou da invisibilidade as letras esquecidas (e até aí irrisórias) da sua poesia, sem distinção de verso ou de prosa. Estão aquelas assim para o surrealismo em português como as de Lautréamont estão para o de língua gaulesa. Nenhum outro precursor

António Cândido Franco

oferece em Portugal ao surrealismo o que Pascoaes lhe foi e é capaz de dar: uma estrela de dimensão maior, cuja luz teimava em ficar oculta. Mérito do reagente, que decifrou os hieróglifos primitivos e modernos do megalito do Marão, percebendo neles uma propulsão de futuro, e merecimento também e ainda do corpo do aerólito, cuja alma, ao contrário do que pensava e afirmava aquele crítico que reduzia a obra a uma *intuição étnica*, ia muito além de Almeida.[4]

---

4 Há – que eu conheça – uma exceção: Bernardo Pinto de Almeida, estudioso de Mário Cesariny e leitor fugaz (mas concernente) da sua relação com Teixeira de Pascoaes, por meio dos desenhos deste. É leitura, a meu ver, muito mais lhana e larga que a de Osvaldo M. Silvestre (já citada e com valor quase só bibliográfico, pois de todo desconhece o que fosse, seja ou for a escrita de Teixeira de Pascoaes).Transcrevo (e subscrevo): "Não havendo entre nós tradição quase alguma de povoamento imaginário isto é, dessa capacidade de Projetar sonhos através das obras de criação plástica [...], Pascoaes surgia como o autor de uma obra vasta e consequente mas, sobretudo, como aquele que tinha assumido, em inteira autonomia e o mais radicalmente que era possível, essa dimensão do irracional, que tanto poderia surpreender os jovens poetas e artistas que tentavam tornar também portuguesa a Revolução Surrealista Internacional./ Tendo-o conhecido desde muito cedo, Mário Cesariny, que privou com o poeta e foi assiduamente visita de Gatão, bem como alguns dos seus companheiros, entre os quais Cruzeiro Seixas, necessariamente haveriam de ter compreendido através desses desenhos e pinturas deste inesperado mestre, toda uma dimensão de sonho e fantasmagoria que valia bem o não termos tido um Victor Hugo./ Eis pois razões que bastem para que se redescubra Pascoaes não apenas pela sua grandeza própria, intrínseca, mas também por essa vasta influência que faz de qualquer legado uma herança que só se reavalia em toda a sua extensão quando assim o tempo chega de deixar claras as contas" (Almeida, B. P. de. Pascoaes ou a Dramaturgia dos Espectros. *Desenhos*. Lisboa, Assírio & Alvim, 2002. p.177-91).

Por causa desse texto de Bernardo Pinto de Almeida escreveu António Telmo uma nota (*A cabra*, (v. "Uma Bibliografia")) sobre Teixeira de Pascoaes, o Surrealismo e Mário Cesariny, que motivou carta minha de protesto ao autor de *Arte Poética*. Disse-lhe na altura, e mais digo hoje, que as palavras dos surrealistas portugueses acrescentam grandeza a Pascoaes e que a suntuosidade, a diferença, a elevada alma (funda também) do surrealismo em português, não se entende sem se perceber a leitura que ele fez, contra os ácidos ventos e as negras marés do tempo que lhe foi circunstância, do autor dos *Cânticos* ou dos *Cantos Indecisos*, que, se não clamam por Maldoror, são porém tão essenciais e instintivos como o mar e o trovão, o sal e o vento, a árvore e o risco do relâmpago. Lástima minha é que quem tão bem soube saudar Teixeira de Pascoaes, como José Marinho por exemplo, não tenha sabido em simultâneo reconhecer – melhor, dizer – a grandeza de M. Cesariny, A. Maria Lisboa e Cruzeiro Seixas, todos contas afinal dum mesmo e muito antigo fio, esse que vem dos *cantares* maninhos dos moçárabes das karjas e vai direito para a saudade perturbadora de Dinis, Usque, Bernardim, Camões, Gaspar Frutuoso, Fernão Álvares do Oriente, Agostinho da Cruz, Bernardo de Brito, Manuel de Melo (o cabalista (de Cesariny)), Sampaio Bruno, Pascoaes, Pessoa & companhia. E Ernesto Sampaio (1935-2001), o grande visionário de *Luz central*, o mais enérgico teórico

A combustão do surrealismo em português por meio da voz de Pascoaes é fato, além de comovente, probatório; testemunha ele que Pascoaes não foi um meritório e arrumado poeta do século XIX, equivalente a muitos outros, mas um criador raro e intemporal, cheio de vigor e originalidade, capaz de interessar, já depois das vanguardas e do modernismo, o primeiro, o segundo e os adjacentes, um grupo de poetas portugueses da segunda metade do século XX. Para nós, depois do surrealismo em português, Pascoaes passou a ser um primitivo-moderno (ou um moderno que não abandonou o primordial)[5]; antes dele, quando *Presença* quis pôr a parvónia *à la page*, era tão só um poeta do século XIX, romântico, neorromântico, lusitanista, antimoderno, blandicioso, ou tão só ingênuo-simples, digno de desdém (o que de feito foi, ou não tivesse trasladado em prosa e reescrito em verso, sempre em jeito de autobiografia, *O pobre tolo*).

Para essa rotação, bastou que o surrealismo em português procurasse a fratura duma dimensão mítico-simbólica, que estava além do horizonte da afirmação temporal e geracional que caracterizara a geração ou as gerações modernistas das vanguardas, interessadas apenas em valorizar a velocidade ostensiva do contemporâneo. É conhecida – e de aplaudir por inteiro – a indiferença de André Breton diante do moderno pelo moderno, como se aquilo que de verdade lhe interessasse tanto se encontrasse no passado, no presente, no futuro ou noutro tempo qualquer a inventar. O autor de *Arcano 17* não distinguia entre o antigo e o moderno mas entre o maravilhoso e o patético. E acabou

---

do surreal em portuguesa língua (depois de António Maria Lisboa), também lhe pagou pesado tributo (a ela, saudade) como se vê e se verá cada vez melhor no seu muito vivido e sofrido testamento escrito, *Fernanda* (2000).

5   É do Teixeira de Pascoaes final este cogito de longo e perene alcance (*Dois Jornalistas*. cap. XV. 1951): "Uma ideia quanto mais antiga, mais moderna. A pintura modernista é contemporânea de Sesóstris. O futuro é o regresso ao passado". António Maria Lisboa, pela mesma época, gritava que *o futuro é tão antigo como o passado* (carta a Mário Cesariny. *Poesia de António Maria Lisboa*, 1977 p. 280). Percebe-se a identidade dos propósitos, a proximidade dos destinos, a força dos mitos, a coincidência das mãos e dos ombros num tempo limpo e encantado, anterior à moeda (como valor de troca e sistema financeiro, representando por um lado a riqueza e sinalizando por outro as potencialidades destrutivas da acumulação econômica) e fora de qualquer História.

mesmo, de resto como o Artaud dos Tarahumaras, a valorizar o passado, o mais antigo de todos, o da pedra polida, o primordial, diante do perfunctório, quando não do horror agônico, do presente, esse presente ossuário, metálico e futurista, Manhattans de vidro e chips-chips, mas destituído de todo o plano humano, ético e mágico.

O que me proponho neste escrito, mais em jeito de *memento* e apólogo que de ensaio, é dar um primeiro contributo ao conhecimento da recepção de Teixeira de Pascoaes junto do surrealismo em português. Acredito que o subsídio, por mínimo, interessa muito a Teixeira de Pascoaes mas também vai bem aos surrealistas portugueses. O Poeta do Marão tem grandeza suplementar com a leitura entusiástica de gente como Mário Cesariny, Artur Manuel do Cruzeiro Seixas, Ernesto Sampaio, mas a singularidade destes também se vê melhor por meio de Teixeira de Pascoaes. E além de lente, este é filtro também. É bem possível que só por intermédio dele, Teixeira de Pascoaes, o surrealismo em português encontre o coador à medida de reter e vazar (entenda-se, deitar fora) o grosso, que em nada lhe interessa ou convém, dando saída e consagração, com vista ao futuro da vida, à parte fina, fluida e genuína das suas realizações.

Quero assim deixar aqui, sem mais, um trabalho de rememoração da tessitura (desnorteante, baralhadora de certezas) que é a trama de Teixeira de Pascoaes nas palavras do surrealismo em português. É um preliminar a um desenvolvimento posterior e a uma conclusão – a tirar, mais tarde, se assim se quiser – do século XX poético português. Por agora, interessa a proposta – desenhar de memória a carta dum território imaginário, balizado por Teixeira de Pascoaes e pelos surrealistas em português – e o primeiríssimo desenvolvimento, o aperitivo em jeito de passeio, nas palavras que se seguem.

2. MÁRIO CESARINY E TEIXEIRA DE PASCOAES

Comecemos por Mário Cesariny (1923-2006), que desde muito cedo manifestou interesse pelo autor de *Regresso ao paraíso* e constitui o eixo capital deste escrito sobre Teixeira de Pascoaes e a sua recepção poética no século XX. O autor de *Corpo visível* foi um dos primeiros intérpretes e divulgadores da poesia de Teixeira de Pascoaes, depois da sua morte (mas também ainda em vida). Começou por divulgá-lo junto dos companheiros do (anti) grupo surrealista de Lisboa, *os surrealistas*, e acabou já na década de 1970 a fazer duas intorneáveis antologias pascoaesianas – *Aforismos* (*1972*) e *Poesia de Teixeira de Pascoaes* (1972). Esta última é, além de retrospectiva inteira de toda a obra escrita de Pascoaes, o primeiro lugar onde surge a obra plástica do autor, com um conjunto muito significativo de aguarelas, nada menos que 22. A par dessa atividade de leitura, crítica e circulação, Cesariny avançou como pintor por essa mesma altura, 1972, com duas homenagens ao Poeta do Marão, "Pascoaes, o Poeta" e "Homenagem a Pascoaes", ponto de partida do preito pictórico ulterior, de 1979, realizada dois anos depois do centenário do nascimento do Poeta, "A Teixeira de Pascoaes/ O Universo Menino/ O Velho da Montanha/ O Rei do Mar", porventura o ponto explosivo e cimeiro da relação de Mário Cesariny com Teixeira de Pascoaes.

Um ano depois, em 1973, no texto "Para uma Cronologia do Surrealismo em português", publicado na revista *Phases* (nº 4) e recolhido mais tarde no livro *As mãos na água a cabeça no mar* (1985), o autor de *Pena capital* afirmava a superioridade (decerto do ponto de vista do surrealismo em português) de Teixeira de Pascoaes sobre Fernando Pessoa. Diz Mário Cesariny: "Teixeira de Pascoaes, poeta bem mais importante, quanto a nós, do que Fernando Pessoa".

Já na "Apresentação" da sua grande seleção de 1972, *Poesia de Teixeira de Pascoaes*, Cesariny dera a entender o seu afastamento em relação a Fernando Pessoa e a aproximação a Pascoaes, ao mesmo tempo que chamava a atenção, a propósito de carta sua de António Maria Lisboa (v. "Uma Bibliografia"), para a forte afinidade entre a obra de Pascoaes e a do autor de *Erro Próprio* (1928-1953). Pelo que aí ficamos a saber, já no tempo das atividades de *os surrealistas* – que situamos entre 1949 (ano da I Exposição dos *surrealistas*, que aconteceu em junho-julho na antiga sala de projeções do *Pathé-Baby*, rua Augusto da Rosa, Lisboa) e 1953 (morte de António Maria Lisboa e dispersão definitiva dos elementos do grupo, com a partida em 1951 para África de Cruzeiro Seixas (e chegada, em Luanda, por encontro com Seixas, de Alfredo Margarido ao surrealismo em português e quiçá a Teixeira de Pascoaes, de quem se tornará pouco depois estudioso de valor), as viagens cruzadas de Mário Henrique Leiria, o abjeccionismo de Pedro Oom, o afastamento de Henrique Risques Pereira e Fernando Alves dos Santos, a viragem--silêncio de Carlos Eurico da Costa) – Mário Cesariny se empenhava na leitura da obra de Teixeira de Pascoaes, procurando entusiasmar nela alguns próximos, no caso Artur Manuel do Cruzeiro Seixas e António Maria Lisboa, que manifesta mesmo, na carta supra, o seu interesse em encontrar pessoalmente Pascoaes.[1]

---

1   Fale-se aqui de António Pedro (1909-1966), que passou por ser, até junto de André Breton e Benjamin Péret, o fundador do primeiro *grupo surrealista português* (1947). Também ele deixou depoimento sobre o xamã do Tâmega, a que juntou desenho-retrato do homenageado (*Cadernos de Poesia*. número dedicado a Teixeira de Pascoaes. 1953; III S.(14): 7). O retrato é vivo (no gênero prefiro porém os de Sant'Anna Dionísio) e a declaração é curta (cabe em três linhas). Ei-la: "O pouco que conheci de Teixeira de Pascoaes levou-me à convicção de que nunca poderia lê-lo com acordo ou desrespeito. Daí a tentação voluntariamente frustrada de saber melhor desse estranho, como da sombra grande de certos pedregulhos em que a sesta não apetece. Saber dela, apenas, para a apontar com um dedo respeitoso, pois, também, para cá do meu Marão, só mandam os que cá estão". O Marão de António Pedro – vê-se – não é o de Pascoaes. No curto-circuito entre a saudade de Pascoaes (tudo neste é Saudade, desde a ponta do pé ao eco da palavra, desde o berço ao epitáfio) e o surreal em português, António Pedro fica por vontade própria de fora. Tenho carta de Luís Amaro (13.2.1995), testemunhando a separação máxima dos dois territórios, António Pedro e Teixeira de Pascoaes. Vem a propósito dar a conhecer o passo, que é comentário a Mário Beirão, saudosista da muita admiração de Pascoaes (como de resto a do subscritor, que com ele privou, e da minha): "António Pedro decorara, na mocidade naturalmente, essa poesia ("Aquela madrugada..." *Lusitânia* (1917)), que aliás então renegava, pela ausência de conteúdo, assim como renegava os poetas Beirão e Pascoaes, segundo ele, sempre *depois* da fase juvenil, *pessoas* "sem interesse" [...] Pascoaes, não creio que fosse desinteressante, apesar de nunca ter tido a fortuna de o conhecer. Beirão era um homem apagado, de voz baixa, mordacíssimo quanto aos colegas poetas, fumando sempre o seu cigarrinho mortífero, nada *literato* enfim, mas com espirituais lampejos, evidentemente, na sua modéstia exterior e só aparente: ele *sabia* o seu valor!". Sobre Mário Beirão, deixa Luís Amaro (empregado então na Livraria Portugália, rua do Carmo, Lisboa) nessa carta: "A biblioteca dele era relativamente exígua, e nunca, durante os muitos anos que duraram as nossas relações, o vi comprar um

Mais tarde, quando do (anti) grupo restava sobretudo a memória hierática do poeta de *Erro Próprio* e a pujança gráfico-psíquica de Cruzeiro Seixas, que se preparava para os grandes voos das décadas seguintes, Cesariny insistirá ainda em Pascoaes e nas obras maiores dele, porventura em eco menor, com os do *Gelo*, esses que fizeram o número único de *Grifo* (1970), e que foram no final da década de 1950 e ao longo da seguinte a segunda vaga do surrealismo em português, embora nele não deixassem aquela marca fulgurante e secreta que o grupo do *Grand Jeu*

livro, na Livraria Portugália[,] que ele diariamente frequentava. Era também, é certo, muito Econômico – um homem frugal; talvez preferisse beber um copo, ao fim da tarde, numa taberninha próxima, com o seu inseparável amigo escultor Francisco Franco. Pelo menos, o pintor Paulo Ferreira disse-me uma vez que os surpreendia a sair de lá, dessa taberninha ao fundo da Rua[rua] do Carmo, já perto do Rossio...[[...]]" Já perto do centro do Rossio, uns passos à frente, era pela mesma época o café Gelo, onde também, pela goela de Manuel de Castro, e vá lá de Luiz Pacheco (que este era hipersensível ao álcool), muito copo se virou. Sou dos que não vejo assim tanta distância entre a taberna ou taberninha de Mário Beirão (que faleceu em 1965) e os bancos, de pau também, onde se sentaram Raul Leal, Manuel de Castro, Luiz Pacheco, Herberto Helder, Ernesto Sampaio ou António Barahona. Defendo por isso o poeta de *Ausente* de inimigos (v. "Uma Bibliografia"), mas não menos me disponho a defendê-lo de correligionários, pois tenho alguns destes por muito mais perigosos que os outros. E se o Gelo teve o seu suicidado de surpresa, João Rodrigues (1937-1967), o magnífico retratista de Cesariny, Pacheco e Raul Leal, também o saudosismo teve o seu suicidado de sopetão, Guilherme de Faria (1907-1929), que cantou na *Saudade minha* um desejo – uma saudade de morrer – que é a abjeção de nascer.
Regressando agora ao ponto, António Pedro (que de resto muito seguiu (e muito se afastou de) Guilherme de Faria) está de costas voltadas a Pascoaes. Isto garante ainda – no mesmo lugar, *Cadernos de Poesia*, p.26 – o crítico de arte José-Augusto França (*homenageado* em 1966 por Cesariny), quando faz esta espantosa declaração, de louvar (por tão sincera): "Sei-me inteiramente alheio ao pensamento e à fonte de inspiração poética de Teixeira de Pascoaes". Desta forma, quando se fala, como aqui neste trabalhinho, de Teixeira de Pascoaes, tanto a fase surrealista de António Pedro como o "surrealismo" (parece que cartesiano) de J.-A. França nem ao menino Jesus interessam. O primeiro é o que é, quer dizer, António Pedro de ponta a ponta (e como tal há de ser avaliado); o segundo é tão só, nas mãos de tangaril, o quero, posso e mando. Cesariny negou a autenticidade do surrealismo de António Pedro (o de França só para brincar é bom). De resto – afirmam as Histórias e as Enciclopédias – o surrealismo foi apenas nele, António Pedro, uma fase (tão miúda, tão passageira, digo eu, que na carta de 16.10. 1955, que passa por ser a sua *autobiografia*, ele-próprio, se esquece de todo dele, surrealismo). Assim como assim, parece-nos que em balancete como este deve ficar registado o trilho, mesmo a acabar em apertado beco, que vai dos autores de *Apenas uma narrativa* (1942) e *Balanço das atividades surrealistas em Portugal* (1948) a Pascoaes. Do mais revesso Jorge de Sena, que prefaciou a tradução portuguesa de Pedro Tamen dos *Manifestos* de André Breton, com a facécia moinante que se sabe da parte de Cesariny (v. *As mãos na água a cabeça no mar*), e badalejou também o seu tanto Teixeira de Pascoaes, já se falou. O Pascoaes de Sena é *presencista* e percluso (para não dizer mais).

(1928-1932) deixou no surrealismo da geração de Breton. E, já depois da Revolução dos Cravos, no final da década de 1970, foi ainda Cesariny que levou o jovem Manuel Hermínio Monteiro (1952-2001), da editora Assírio & Alvim, então uma cooperativa, a São João Gatão, casa de Pascoaes, ainda no tempo de João Vasconcelos, sobrinho de Teixeira de Pascoaes, e estimulou o seu paladar para editar a obra do Poeta, o que aconteceu a partir de 1984, com a reedição de *São Paulo*, cinquenta anos depois da primeira, em fulgurante apresentação de António-Pedro Vasconcelos, com a tocante aproximação entre Pascoaes e Pasolini.

Aquilo que porventura alguns surrealistas portugueses, em primeiríssimo lugar Mário Cesariny, compreenderam melhor que outros ou que todos foi que Teixeira de Pascoaes sobreviveu física e espiritualmente a Fernando Pessoa perto de 20 anos e que parte da obra pascoaesiana criada nesse período de nudez e isolamento, que abriu com o *São Paulo* (1934) e fechou com *Últimos Versos* (1953) e *Minha Cartilha* (1954), foi *pós-pessoana,* no sentido em que supera tudo o que o poeta dos heterônimos conheceu e deu a conhecer.

A primeira vez que falei com Mário Cesariny foi na Mãe-de-Água, às Amoreiras, Lisboa, no Outono de 1989, quando a Assírio & Alvim lançou *A Phala* especial, dedicada aos 100 anos da poesia portuguesa (1888-1988). Recordo um dia chuviscante, enevoado e ventoso; quando cheguei, o espaço, repleto de pequena e ruidosa multidão, salsifré de vozes e hálitos de fumo, animava-se de cor e luz, indiferente à bruega lá de fora. O Hermínio Monteiro arrecadou-me exemplar do volume, onde estava texto meu sobre Teixeira de Pascoaes. Folheei-o e daí a nada, à minha frente, falando com um desconhecido, sem mais, estava Mário Cesariny, magro e seco. Por trás dele, entre as paredes polidas de pedra, num aquário gigante, agitava-se na brisa do mundo um plano de prata velha, um lençol baixo de água parada, com esquírolas de vidro, que parecia menos a vetusta Mãe-de-Água lisboeta em dia de bolor e cinza que quadro metafísico de Chirico.

Antes, avistara Mário Cesariny uma única vez, decerto em 1984, em Entre-Campos, Feira Popular, cachecol e boné enfiado na cabeça, barba por fazer, trajo de bater, como qualquer bardino da estiva do Campo das Cebolas ou do Largo do Terreiro do Trigo, na festa dos 10 anos da revista anarquista *A Ideia*. Por essa altura crescia a minha admiração pela obra de Teixeira de Pascoaes. Nela me iniciara tempo atrás, em 1977, centenário do nascimento do Poeta, e acabava de publicar, junho de 1984, numa folha de soja, de restritíssima circulação, um primeiro tributo de admiração por ela. Entretanto pudera comprar a grande antologia de Cesariny, *Poesia de Teixeira de Pascoaes*, que naquela época aparecia ainda com alguma frequência nas livrarias de Lisboa, na primeira edição (Estúdios Cor). Logo dera conta da veemente originalidade da leitura introdutória, que fugia aos clichês mais vulgares dos prestigiados sancadilhas que por essa época se dedicavam à avaliação da poesia portuguesa, aviltando com virulência e escárnio tudo o que lhes escapava ao entendimento e alçada. Foi instantânea a minha simpatia pela leitura de Cesariny. Ainda assim, quando o vislumbrei em Entre-Campos – pouco antes, ou pela mesma altura, o livreiro João Carlos Raposo Nunes, então ao volante forçado dum táxi, falara-me de corrida com Mário Cesariny[2] – não me atrevi a abordá-lo para lhe falar de Pascoaes, agradecendo-lhe o destemido labor, a audácia dos juízos em torno do Zaratustra do Marão, a homenagem ilustre, em despojada e viva língua, à heterodoxia. Ele estava de saída, era um Hércules (ou anti-Hércules) da poesia portuguesa, um pintor (ou despintor) reconhecido, e eu não saberia alinhar na carujeira suja da noite duas palavras de jeito, capazes de justificarem o tempo que lhe ia roubar.

Agora, anos depois, voltava a ter Cesariny diante mim, dessa vez parado à luz trêmula verde da água. Ali estava ele, mesmo ao meu lado, cabelo branco, com os traços rijos de um plebeu aristocrata. O mesmo comparsa da estiva e da rua, o mesmo fragateiro rústico que uns anos antes avistara em Entre-Campos. Havia um cheiro intenso a ceruma verde e como ele estivesse a fumar pensei que estava de charro na mão.

– Ora o Cesariny não faz por menos a festa – entretive comigo. – Vir para o meio do maralhal fumar erva mal seca. Só ele. É um pivete que chega ao Jardim da Estrela. Que tunante!

Anos mais tarde, confessou-me que nunca tocara num paivante de liamba ou em qualquer outra droga e que durante a sua longa vida

---

2   Mais tarde, João Carlos Raposo Nunes dirá a António Cabrita: "uma corrida com o Mário Cesariny, por exemplo, é sempre um ato surrealista" (*Jornal de Letras, Artes e Ideias* (*JL*). 6 de dezembro, 1988).

António Cândido Franco

não bebera mais do que três ou quatro cervejas. O único excesso, que quase rebentara com ele, fora uma aspirina com uma cerveja, nos tempos do Gelo ou do Café Royal, no final dos anos 1950, quando publicara, na coleção "A Antologia em 1958", a estreia em livro de Luiz Pacheco, *Carta-Sincera a José Gomes Ferreira*, e a de Virgílio Martinho, *Festa pública*.

– Agora – desabafou ele – imagine o que teria sido a minha vida, com a paixão que por mim vai, se eu tivesse experimentado qualquer droga. Nunca mais a largava. Era o inferno – rematou.

No fim do lançamento, quando a multidão começava a escoar, reparei que ele se deixara ficar para trás, folheando um livro que alguém lhe acabava de dar. Atrevi-me a abordá-lo. Tinha entretanto aparecido a edição de *As mãos na água a cabeça no mar*, em que eu pudera ler o texto "Para uma Cronologia do Surrealismo em português", com a espantosa afirmação, "Teixeira de Pascoaes, poeta bem mais importante, quanto a nós, do que Fernando Pessoa". Ardia por dentro em lhe falar, agradecendo-lhe a audácia dos juízos, a heresia descomprometida das provocações, a liberdade exemplar, a indiferença olímpica por cálculo e oportunidade. Com tanto prêmio, preminho e premão, ele, um dos maiores poetas vivos, nunca fora convocado por nenhum júri para receber o cheque banqueta. Ao invés, com um único livro, mediano e desinfeliz (apesar de contentinho), David Mourão-Ferreira empalmava meia dúzia deles. Como é que este homem, chamado Mário Cesariny, num país assim patético, não havia de ter por inteiro o meu acordo?

Discordara apenas da sua palavra, nos comentários anexos (a partir de Joaquim de Carvalho) à segunda edição de *Os poetas lusíadas* (1987), sobre os saudosistas da Renascença Portuguesa. O golpe de vista levara, no meu entender, a uma segunda edição falhada do livro, depois de 70 anos da primeira. Mas do ponto dessa tranquibérnia, em que me envolvera com o editor, ou ele comigo, bem eu me esquecia nesse momento, em nome de tudo aquilo que me ligava a ele, Cesariny, e tanto era. Demais, gostava de conhecer por dentro os pormenores do seu encontro com a poesia e o itinerário aldeão de Teixeira de Pascoaes. Pouco ou nada conhecia dessa sua história, com certeza modelar em meio tão complexado e mazorreiro como era e é o português, receoso sempre de passar por provinciano, hoje por *periférico*, e desejoso de se mostrar, dissimulado e especioso, *à la page* ou a par de tudo o que faça figura ou figurona de centro.

Apresentei-me a medo. Ele foi de uma gentileza inexcedível, mostrando-se deferente e muito atento às minhas palavras. Falamos sobre Teixeira de Pascoaes. Ele reafirmou-me os juízos que eu já conhecia, apimentando-os com saborosas apreciações. Acabara de publicar *O virgem negra*, onde, minando Fernando Pessoa & companhia, voltava a salvar um Pascoaes de *pouca poça cartesiana* (v. "Uma Bibliografia"). Estava cáustico e certeiro. Ao homem dos barcos do Chafariz de Dentro ou do Jardim do Tabaco, de cachecol encardido e boné coçado de pala, juntava-se ali um bonecreiro vicentino, de pantalonas e mascarilha.

– O Fernandinho foi um talento literário de primeira grandeza. Tinha talento para dar e vender, mas ficou limitado pela tralha do tempo – disse-me ele. – Pascoaes, pelo contrário, não tem tempo; a Lua dele já lá estava na primeira alvorada do mundo e lá há de ficar no momento em que tudo acabar. É maravilhoso.

Pouco tempo depois, em 1990, com certeza no mês de fevereiro, voltei a encontrá-lo na cave da cooperativa editorial Assírio & Alvim, onde ele ensaiava ao piano o poema "Políptica de Maria Koplas dita Mãe dos Homens".[3] Recebeu-me com a mesma amabilidade e graça. Foi nesse momento que lhe pus nas mãos, ou lhe deixei no bolso do gabinardo, exemplar do *Cante quinto* do Francisco Palma Dias, com dedicatória deste, arranhada a preto irregular, num recanto assombrado de Santa Apolónia, antes do embarque (para viagem xamânica) no Lusitânia-Express. Falamos de António Maria Lisboa e Leonardo Coimbra, via Sarmento de Beires (1892-1974), que recebeu em Paris o poeta de *Erro Próprio* e teve livro de versos, *Sinfonia do vento* (1924), comentado entusiasticamente pelo pensador de *A luta pela imortalidade* (e também por Pascoaes). Contestou Cesariny a possibilidade de o pensamento libertário de António Maria Lisboa poder ser aproximado do criacionismo vitalista de Leonardo. Era questão lateral, que decorria dum livreco meu, publicado uns meses antes, 1989, *O mar e o Marão*, que lhe fiquei de enviar para casa.

---

3   Estava em preparação "Marcía", poesia em março, que a então cooperativa editorial, decerto pela mão certa e bem medida de Manuel Hermínio Monteiro, promoveu entre 1 e 30 de Março (de 1990). A sessão dedicada ao Surrealismo teve lugar no dia 22 de março e contou com o piano de Cesariny, a voz de Fernanda Alves e as palavras de Ernesto Sampaio e Perfecto E. Cuadrado. Estive apenas na sessão dedicada ao Saudosismo, a 9 de março, e nada rememoro a não ser a surriada inconsequente daquele regueirão de sombras betuminosas mas inofensivas. Cesariny estaria lá (ou aliviaria a alma por outras paragens mais capitosas)?

Enviei-lhe o livro e recebi telefonema dele agradecendo. Calava os desacordos em nome da liberdade e do coração, garantia-me ele[4]. Mais tarde, 1995, estampei em edição privada de cem exemplares a *Carta a um amigo sobre Teixeira de Pascoaes e o Cristo de Travassos*, cujo destinatário era Luís Amaro, fundador com Raul de Carvalho da revista *Árvore* (1951-1953), de que lhe enviei um exemplar e que mereceu dessa vez carta e novo telefonema dele. Estava entusiasmado e queria falar comigo cara a cara. O ateísmo contraditório de Pascoaes, que eu explorava nesse texto, interessava-lhe muito; tinha segredos para me revelar. Pelo meu lado, eu precisava ainda de conhecer com pormenor o encontro dele com a poesia de Teixeira de Pascoaes, pois as nossas falas anteriores haviam sido curtas. Eu nem sequer consciência ainda tinha de como e quando Cesariny chegara ao conhecimento de Teixeira de Pascoaes. Combinamos a minha ida à casa dele para tirarmos tudo a limpo.

---

4 Também eu – que me desgostara com as afirmações por ele feitas sobre os poetas da Renascença Portuguesa na reedição de *Os poetas lusíadas* (Assírio & Alvim, 1987) – calei sempre os desacordos. Não lembro qualquer palavra trocada com ele sobre o assunto; como não lembro qualquer ponto cruzado com azedume entre nós. Mesmo quando lhe dizia com garotice que andava ajoujado de saudades, ele olhava para mim benevolente e curioso, sem ponto de adversidade. Assim como assim, quando meti mão (em boa companhia) na edição das *Poesias Completas* de Mário Beirão, o que aconteceu em 1997, não pude deixar de levantar a voz na defesa do saudosismo inteiro e singular do autor de *Ausente*. O mesmo fiz – aqui, por via de João Lúcio, para todo e qualquer saudosismo – na reedição da sua magistral antologia de Pascoaes (2002; v. parágrafo final da "Nota Final do Editor"), sem que ele me fosse à perna por ser livro seu. Hoje lamento não ter abordado com ele o caso, cara a cara, com lealdade, tanto mais que em *As mãos na água a cabeça no mar* (p.73) ele fala da Renascença Portuguesa como de *um dos mais curiosos fragmentos de que se lembra o português*. Demais, foi Cesariny que homenageou em 1982, com o pincel molhado de névoa, o Beltenebros vicentino ("O Donzel do Mar... [...] agora Beltenebros"). Ora o Donzel do Mar, o Amadís de Gaula, sobretudo na vertente solitária do Belo tenebroso (e *Belo* foi a estreia poética de Teixeira de Pascoaes, em 1896), tal como é soprada e desvelada na tragicomédia de Gil Vicente de 1533 (de resto preitejada por Cesariny em instalação com a edição de 1910 do livro), é o primeiro e o mais antigo antepassado dos saudosistas ao modo de Pascoaes e Beirão. E o que hoje muito lamento é não ter Cesariny aqui, a meu lado, como tantas vezes tive, simplesmente para admirar a energia dos seus traços, a força das suas expressões, a franqueza do seu convívio. Ficou tanto por dizer entre nós. Hoje, se ele regressar (e o milagre tanto é da surrealidade como da saudade), não sei prioridades. Hesito entre pedir-lhe para desratar comigo a miserável vida dos literatos portugueses, mais salafrários do que nunca, hoje que não têm ninguém que lhes esfole a sério a sujidade das canelas, ou pedir-lhe, dando tudo de barato, para irmos passear os dois, sem mais, lá pelas ruas do céu ou de Pasárgada, aos pontapés despreocupados e inofensivos nas tabuletas dos astros.

Pus então pela primeira vez o pé na rua Basílio Teles, número seis. Descobri o prédio, baixo e familiar, numa esquina, na vizinhança próxima do Instituto Português de Oncologia. Tudo aquilo me pareceu conhecido e universal. Subi. O Mário morava no último andar, ao pé da claraboia de vidro. Era o fim do dia e uma claridade luminosa, que parecia vir do nascer do mundo, caía do alto sobre a escada. Bati. O Mário demorou a abrir. Ajoelhou-se depois, quando me viu. Eu ajoelhei-me também, encantado com aquele homem de cabelo branco que se comportava como uma criança. Pediu-me para lhe pôr a mão na cabeça. E foi assim, dessa forma quase sagrada, que eu entrei na sua cardenha escura.

O quarto estava mesmo ao pé da porta da entrada. As paredes estavam por pintar, esverdinhadas e escuras, manchadas de umidade e nicotina. Em frente da porta, encostada à parede, estava a cama de corpo único, que ele me apontou.

– Eis o túmulo – disse.

Fez questão de me mostrar no corredor a estante onde tinha os livros de Pascoaes, emprestando-me ao mesmo tempo um livro de André Breton que lhe agradava especialmente, *Entretiens* (1952), no qual segundo ele o surrealismo e o pensamento libertário se davam as mãos com rara felicidade. Não deixava para trás a revista *A Ideia*, onde colaborara e em cuja festa fizera questão de participar. E não perdia de vista o corte definitivo de André Breton com o marxismo, qualquer marxismo, e a declaração decisiva, sem tergiversações, depois dos sangrentos acontecimentos de Budapeste, a favor da tradição histórica e de pensamento do anarquismo. No meio, por acaso, soltou-se da prateleira um livro de René Guénon, *Formes Traditionnelles et Cycles Cosmiques*, que tinha uma dedicatória do António Barahona.

– O António quer *ultrapassar* o Breton, mas o Breton não se pode ultrapassar, porque também não pertence ao Tempo – exclamou ele, lembrando ou não, tanto monta, o que Antonin Artaud e René Daumal, dois próximos, disseram dever ao autor de *La Crise du Monde Moderne*.

Falamos depois disso durante duas ou três horas, sentados na pedra daquela tumba. Fomos interrompidos apenas uma vez, por uma senhora pequenina, olhos repletos de fogo verde, voz rouca, cheia de fumo, que veio lembrar a hora dos remédios. Era a Henriette, a irmã com quem vivia. Retomamos logo de seguida as palavras com o mesmo entusiasmo. Cesariny falou-me num fio ininterrupto como começou a ler

Teixeira de Pascoaes e como o encontrou em Amarante, no ano de 1950. Contou-me ainda como frequentou a sua casa, já no tempo do sobrinho João Vasconcelos e da sua esposa, Maria Amélia, e como o deu a conhecer a António Maria Lisboa, a Ernesto Sampaio, a Cruzeiro Seixas. Ligava Pascoaes, o lugar e a poesia, a casa e o homem, ao surrealismo vivo e eterno, sem escola nem arte, ao mais espontâneo e vivo da imaginação humana.

Eis as suas palavras, tal como as registei na tarde mítica do dia 26 de dezembro de 1997.

3. PASCOAES NAS PALAVRAS DE CESARINY

— *Conheceu pessoalmente Teixeira de Pascoaes?*
— Estive com ele em Amarante, em 1950.

— *Decidiu ir a Amarante, conhecer Teixeira de Pascoaes, sem mais?*
— Quem me levou foi o Eduardo de Oliveira, o autor de *Monólo-go*, um tipo extraordinário, fora do vulgar, que parece que foi de bicicleta para Paris.[1] Conheci os Oliveiras (O Eduardo e o Ernesto) através do Eugênio de Andrade, que era muito amigo deles. O Pascoaes fazia uma

---

1   Eduardo de Oliveira, irmão do antropólogo Ernesto Veiga de Oliveira e filho do médico Vasco Nogueira de Oliveira (que salvou no limite, com uma troca de radiografias, o exilado Albert Vigoleis Thelen, tradutor de Pascoaes, de ser mobilizado nos meses finais da guerra pelo estado-maior alemão (v. *Vaconcelos*, M. J. T. de. *Na sombra de Pascoaes*, p.81. e *Cartas de Thelen a Pascoaes*, p.41-2)). Deu à estampa no século passado (1957-1963-1983) três volumes dum diário, *Monólogo*, sempre em edição de autor, que começa em dezembro de 1942 e termina, infelizmente para aquilo que aqui nos interessa (relações de Mário Cesariny e Teixeira de Pascoaes) em dezembro de 1948. Não há pois referências no diário de Oliveira ao encontro de 1950 entre Pascoaes e Cesariny. Pascoaes fez nesse ano, o do centenário do nascimento de Guerra Junqueiro, duas conferências sobre o autor de *Pátria*, a primeira em março no Teatro Amarantino (deu o livrinho *Guerra Junqueiro*), Amarante, e a segunda em agosto, na Casa Guerra Junqueiro, Porto (resultou no *Drama Junqueireano*). Mário Cesariny terá estado com Eduardo de Oliveira na primeira, Amarante, mês de março de 1950 (o que se confirma pela carta XVIII de António Maria Lisboa (v. "Uma Bibliografia")). O *monólogo*, acabando em 1948, tem ainda ainda assim muita vida para se aceder ao mundo de Pascoaes. Toca-me em especial a entrada de 15 de fevereiro, 1942 (Eduardo Oliveira. Op. cit. vol. I, p.69-78), em que Oliveira narra o seu primeiro encontro com Pascoaes aos dezasseis anos, por volta de 1922 ou 1923. Desse primeiro encontro retenho o seguinte, que é fulgurante para se perceber a mão admirável e admirativa que levou pela primeira vez Cesariny a Pascoaes: "Eu pouco disse, se é que disse mesmo alguma coisa. Nem falar sabia. Ouvi, e não ouvi. O que sei e me lembro, perfeitamente, é que desde aquele momento fui do Pascoaes" (p.74). E ainda: "Essas tardes de Pascoaes, dos meus dezassete, dezoito anos, em que o poeta nos lia a nós mais novos, que o ouvíamos, sem um gesto, nunca mais as saberei esquecer. Assim soubesse eu traduzi-las" (p.76). E mais: "Eu, como rapaz irreverente e fogoso, devo tê-lo magoado e chocado muitas vezes. O Pascoaes para comigo é que nunca teve um único gesto mais duro, ou injusto, que me ferisse. E eu saía sempre da sua beira, lavado em lágrimas" (p.77). Foi este incondicional de Pascoaes, que se lavava em lágrimas quando dele se despedia, que apresentou Mário Cesariny a Teixeira de Pascoaes. Conheço uma única (mas essa fabulosa) fotografia de Eduardo de Oliveira (ou Eduardo Veiga de Oliveira) com Teixeira de Pascoaes. Lá se vê o autor do *Monólogo*, ensimesmado, tristonho, óculos finos, braço e mão apertando os ombros magros e vivazes de Teixeira de Pascoaes (Maria José Teixeira de Vasconcelo. Op. cit., 1993).

conferência no Teatro Amarantino sobre Guerra Junqueiro.[2] Deu-me no fim a conferência impressa em livro com a dedicatória, "Ao meu querido confrade" e seguia-se o meu nome. Conheci portanto o Pascoaes e ouvi-o falar durante mais duma hora. Mas nessa altura eu não sabia ainda quem ele era.

– *Que lera de Teixeira de Pascoaes, quando o conheceu, no ano de 1950?*

– Apenas o *Regresso ao paraíso*.[3] Era pouco, mas dava para perceber a importância dele. De qualquer maneira, estava muito longe naquela época de perceber a verdadeira importância do Pascoaes. Pressentia apenas que se tratava dum poeta invulgar, mas pouco mais.

– *Quando se deu conta que Teixeira de Pascoaes era Teixeira de Pascoaes, quer dizer, para si, um poeta mais importante que Fernando Pessoa?*

– Isso foi muito mais tarde. Eu li e leio na velhice o que devia ter lido aos 16 anos. Olhe, o René Daumal, por exemplo, só agora o vou ler. Tenho ali há anos o *Mont Analogue* e nunca tive paciência para o ler. Com o Pascoaes passou-se o mesmo. Só o descobri a sério já haviam entrado os anos sessenta [1960].

– *A edição crítica da obra de Teixeira de Pascoaes – cinco volumes de versos e seis de prosa, publicados entre 1965 e 1975 – começada*

---

2   Deu origem ao opúsculo *Guerra Junqueiro*, com o texto da conferência proferida no Teatro Amarantino, a 19 de março de 1950 (edição da Casa dos Bombeiros de Amarante). Cesariny, mais tarde, em "Para uma Cronologia do Surrealismo Português" (v. "Uma Bibliografia"), toma Junqueiro como fonte da revolução (e da revelação) surrealista (em português). Assim: "Guerra Junqueiro, numa anti-clerical [anticlerical] e anti-monárquica [antimonárquica] intervenção poética que teria a sanção do regicídio de 1908 e a implantação da República em 1910. (p.261). Natália Correia retomará: Repudiado o fluxo junqueiriano pela vanguarda modernista (…) [[...]], volta ela a interferir nos valores da vanguarda surrealista que não poderá alhear-se dum supernaturalismo em certas coordenadas da obra de Junqueiro." (Correia, N. No cinquentenário da morte de Guerra Junqueiro. *Revista Colóquio-Letras*. jul. 1973; 14: 72)

3   Decerto por intermédio de Eduardo Oliveira, que cita várias vezes o livro no seu *monólogo* como umas das grandes realizações poéticas e especulativas de Teixeira de Pascoaes.

a publicar nessa altura, organizada por Jacinto do Prado Coelho, teve para si alguma importância nessa descoberta?
– Muita. Tenho-a toda. E sabe que nunca lhe pagaram nada por aquele trabalhão todo? Nada, nem um tostão. Nem a ele, nem à família do Pascoaes.

– E o livro de Alfredo Margarido, dedicado a Teixeira de Pascoaes, publicado em 1961, não ajudou em nada à descoberta do Pascoaes?
– Ajudou. Tenho dois exemplares do livro. Foi lá que dei com a máscara do Pascoaes pintada pelo Columbano. É reveladora.

– E o livro do Olívio Caeiro, Albert Vigoleis Thelen no Solar de Pascoaes, *dedicado às relações de Teixeira de Pascoaes com o seu tradutor alemão!*
– Também. Mas esse só veio vinte anos depois, em 1980.[4]

– Quando foi a primeira vez a São João de Gatão, à casa de Pascoaes, que o Olívio Caeiro chama solar mas que Pascoaes chamava apenas casa?
– Em 1950, com o Eduardo de Oliveira[5], na altura da conferência sobre Guerra Junqueiro. Os Oliveiras eram muito amigos de Pascoaes; já o pai deles, o médico Vasco Oliveira, o era. Vinha de família a amizade. Fomos a Gatão e a impressão que me ficou foi conventual. Não havia um

---

4 Lastimo muito não ter insistido com o entrevistado na figura de Albert Vigoleis Thelen, tradutor alemão de Pascoaes. Que me lembre, nunca lhe pedi uma palavra sobre o tudesco. Thelen, que começou com elmo cervantino, acabou faceto mas rabaceiro, com as ruças pantalonas vicentinas, essas que faziam as delícias de Cesariny. A ideia de fazer um livro com as epístolas de Thelen a Pascoaes (v. "Uma Bibliografia") foi de Cesariny (o trabalho foi depois meu, por pedido do Manuel Hermínio Monteiro). Está por fazer agora o livro das cartas de Teixeira de Pascoaes a Albert V. Thelen (e as cartas estão à mão, depositadas na Biblioteca Nacional, prontas para a recolha).

5 Está por fazer a carta das relações entre Eduardo de Oliveira, Teixeira de Pascoaes e Mário Cesariny. Muitas das entradas cronológicas do diário de Oliveira estão encimadas pela identificação: *Sobreiro – Barca do Lago*. Desta casa me falaram Mário Cesariny e Pedro Van Zeller, filho de Maria Fernanda Vilalva de Magalhães. Noutra ocasião, Cesariny afirmou-me que conheceu a casa da Barca do Lago – logo Eduardo de Oliveira – pela mão de Eugénio de Andrade (que lhe financiou no mesmo ano, 1950, a edição do primeiro livro, *Corpo visível*). Assim como assim, o Teixeira de Pascoaes do autor de *As mãos e os frutos* (cuja fonte é também Eduardo de Oliveira), mais farófia que pedra, não coincide no pouco ou no muito, tal como o mais cispado de Sena, com o de Cesariny.

António Cândido Franco

único móvel na casa. Foi aí que o Pascoaes me assinou o exemplar da conferência. "Ao meu querido confrade", escreveu ele. Voltei nos anos sessenta [1960] e fiquei muito amigo do João Vasconcelos e da Maria Amélia, que tinham a casa com eles. Depois disso voltei muitas vezes. O João morreu em 1985 e a Maria Amélia ainda lá vive.[6]

— *Como conheceu o João Vasconcelos, filho de João Teixeira de Vasconcelos, irmão de Teixeira de Pascoaes e herdeiro da casa de São João do Gatão?*
— Isso passou-se há quarenta anos. Não consigo lembrar-me. Tudo o que sei é que o D'Assumpção, que também visitou muito a casa de Gatão e lá trabalhou às temporadas, o conheceu depois de mim.

— *Os seus companheiros do grupo "Os Surrealistas" conheciam Teixeira de Pascoaes?*
— Enviei ao António Maria Lisboa o *Regresso ao paraíso*, que tinha e que lera. Há carta dele notificando o envio.[7] Fomos os dois aos Fenianos, no centro do Porto, ler o *Erro Próprio*, manifesto-conferência do Lisboa. Tenho pena que o Teixeira de Pascoaes não estivesse na assistência. Se estivesse, tinha começado aos saltos. O Seixas (*Cruzeiro Seixas*) também leu o Pascoaes por meu intermédio. Publicámos os dois os *Aforismos*, numa colecção em que saíram três cadernos. Não tenho nenhum. Nem um exemplar.

— *Publicou em 1972 com o Cruzeiro Seixas os Aforismos e no mesmo ano a Poesia de Teixeira de Pascoaes. Como é que esta segunda antologia aconteceu?*
— Foi um convite da Natália Correia, que estava então na editora Estúdios Cor.

---

6 De João Vasconcelos (1931-1985), sobrinho de Teixeira de Pascoaes, herdou Mário Cesariny o cavalete (ver uma carta de Mário Cesariny a Maria José Teixeira de Vasconcelos (In: "Anexo")). Maria Amélia, viúva de João Vasconcelos, desvelava-se por extremar a casa de Pascoaes, propriedade sua, no momento em que Cesariny falava e ainda hoje, treze anos depois (janeiro de 2010), se desvela por exaltar.
7 Ver *Poesia de António Maria Lisboa*. 1977, carta XVIII, p.265 (v. "Uma Bibliografia").

– Os surrealistas do café Gelo, que se manifestaram no fim da década de cinquenta [1950] e na seguinte, conheceram e leram Teixeira de Pascoaes?

– Deve haver referência do Ernesto Sampaio ao Pascoaes[8]. Mas mesmo o Ernesto Sampaio não leu o Pascoaes todo. A geração do Gelo tentou ser surrealista debaixo duma ditadura fascista. O abjeccionismo deles está mais próximo do existencialismo que do surrealismo. Se petiscaram alguma coisa do Pascoaes foi por aí. O mesmo para o Alfredo Margarido.

– Qual o livro que mais lhe interessa de Teixeira de Pascoaes?

– O *São Paulo* é forte, mas o *São Jerónimo* é ainda bem melhor. Foi com esses dois livros que ele conheceu o Albert Vigoleis Thelen, seu tradutor na Alemanha e na Holanda. Sabe que o Pascoaes tinha uma redoma em vidro para assistir às tempestades? Aquilo é que lhe dava a energia mental fantástica que ele tinha.

– E o que diz, Mário Cesariny, de Santo Agostinho, a última hagiografia, de 1945?

– A Santa Mónica bêbeda, não é? Nunca consegui acabar o livro, porque aquilo é cá uma saraivada de granizo… Ficamos cheios

---

8   Há e adrede. Está logo no texto átrio de *Luz central*, primeiro livro do autor, publicado aos 22 ou 23 anos. A propósito de expressão sua – *recuperar o maravilhoso Paraíso Perdido* (1990, p.56 (v. "Uma Bibliografia")) – Sampaio abre a nota de rodapé para citar passagens (entre a esperança titânica da libertação e o desespero dos ciclos sufocantes que se repetem) de *Regresso ao paraíso*, entre elas os enigmáticos versos finais. Estávamos em 1957 ou 1958; Cesariny, que lera antes de 1950 o poema, dera-o logo depois a conhecer a António Maria Lisboa, que lho agradece em carta de março de 1950 (v. António Maria Lisboa. Op. cit., carta XVIII. p.265). Isso mesmo assevera Cesariny no exórdio da sua antologia magna de Pascoaes, em 1972. Por esse mesmo trilho se apreende a chegada do poema ao livro da magnífica estreia de Sampaio, em que aparece ao lado de Eliphas Levi, por sua vez autor (de) cabeceira de António Maria Lisboa. Cruzeiro Seixas, muitos anos depois, em carta de 2009 (v. infra "Teixeira de Pascoaes nas Palavras de Cruzeiro Seixas", nota 26), haveria de citar, para espanto meu, os versos de abertura do mesmo poema, mostrando assim a fixação dos surrealistas portugueses com esse poema (Cesariny, Lisboa, Sampaio, Seixas). A ideia de *Regresso ao paraíso*, que se mistura à de *grande obra* ou obra hermética em Sampaio, não é porém (apenas) portuguesa; logo no jovem Breton, e depois no menos jovem, podemos encontrar a rutilação dessa estrela maior, em passagens que conviria coar e confrontar com as portuguesas.

de buracos e o meu corpo já não aguenta tanta pedra. Devia-o ter lido na sua idade ou mais novo ainda. Agora é tarde. Li-o no entanto o suficiente para me aperceber da sua importância. O Pascoaes deve-o ter escrito numa altura em que magnetizou várias tempestades.

– *E o* Duplo Passeio?
– É um livro raro. Mas o melhor do Pascoaes é o *Bailado*. Tenho-o na primeira edição, encadernado e tudo. Foi o livro que me revelou a força poética que havia no Pascoaes. É o livro dele a que estou mais ligado.

– *Recorda-se na segunda parte do* Duplo Passeio *da cena da catedral onde São Jerónimo desce duma tela e vem dançar feito esqueleto, de cálice na mão, com uma prostituta?*
– Sim. Nunca conseguiram converter o Pascoaes ao catolicismo romano, ou mesmo tão só ao catolicismo. Foi sempre um herético. Por isso é que preferem o Leonardo Coimbra, que foi muito amigo do Pascoaes mas se acabou por converter à Igreja, coisa que nunca aconteceu com o Pascoaes.

– *Refere-se a quem?*
– A Mário Garcia, por exemplo, que sabe muito sobre Pascoaes. O livro dele é bom[9], mas no fim o Leonardo parece sair mais valorizado que o próprio Pascoaes, a quem é dedicado o livro.

– *Não valoriza a Filosofia Portuguesa?*
– Não valorizo, nem desvalorizo. Prefiro chamar-lhe a filosofia dos portugueses[10]. Como movimento não me interessa; enquanto

---

9 Garcia, M. *Teixeira de Pascoaes. Contribuição para o estudo da sua personalidade e para a leitura crítica da sua obra.* Apresentação de Mário Martins, Braga, Publicações da Faculdade de Filosofia, 1976. É livro de valor, como também o é o de Jorge Coutinho (*O pensamento de Teixeira de Pascoaes*, 1995), seu colega na Universidade Católica de Braga. Mário Garcia, mais recentemente, publicou ainda, *Um olhar sobre Teixeira de Pascoaes* (Braga, 2000).
10 Sobre a Filosofia Portuguesa é ver nota 1 da página 91 desse sumário rememorativo, onde muito se fala dela.

obra de personalidades independentes, sim. Olhe o Agostinho da Silva é forte, apesar daquilo vir também de outro lado qualquer, que ainda não se percebeu onde fica. E os estudos de António Telmo são muito bonitos. É o mínimo que se pode dizer.

– Foram eles que mais falaram do Teixeira de Pascoaes quando todos se calavam?

– É verdade, apesar dalguns deles falarem muito do Pascoaes, para depois virem dizer, como o Mário Garcia, que o Leonardo é melhor.

– Leu o Leonardo Coimbra?

– Sim, o *Criacionismo*, onde ele fala do Pascoaes. Tem coisas boas, mas não me convenceu. Pelo menos não me convenceu tanto como o Pascoaes, que foi uma revelação tremenda.

– Por que razão o Mário Cesariny, tendo conhecido Teixeira de Pascoaes em 1950, só vinte anos depois é que se apercebe da sua importância?

– Eu comecei como neorrealista e o neorrealismo era uma escola de preconceitos muito rígidos. Não nos deixava ler isto e não nos deixava fazer aquilo e aqueloutro. Era uma orquestra de proibições. Fui muito marcado por isso.

– Mas o Mário Cesariny depressa se libertou da influência neo-realista [neorrealista]...

– Houve coisas que ficaram no subconsciente. O aspecto reactivo ao Pascoaes deve ter sido uma delas, tanto mais que vinha de antes. Foi das coisas mais duras de roer ao longo da segunda metade do século XX em Portugal. Ainda hoje você sabe como é. Pascoaes é *persona non grata*. Ainda bem!

– Sabe que Óscar Lopes (v. entrevista ao jornal Público, *a propósito da décima sétima edição da* História da Literatura Portuguesa)[11] *já*

---

11 "Não há hoje um Eça de Queirós", entrevista a Luís Miguel Queirós, Leituras e Sons. Público. 1996; 2176: , 24 de fevereiro, p. 1-4. Não há referência na entrevista a Mário Cesariny, tão só a Teixeira de Pascoaes. Sobre este, é lopada aleivosa. Transcrevo: *Não, não, o Pascoaes é de terceira ordem. Falo de um escritor que tem bastante mérito, apesar das suas fraquezas [...] um monárquico [...] o Carlos Malheiro Dias, aí está! Que cuco! A irregularidade de Cesariny, o sem grande fôlego, encontra-se na* História da Literatura Portuguesa *(menos ou mais dissimulado,*

deixou de considerar o Mário Cesariny um poeta irregular, para o juntar agora a Teixeira de Pascoaes, a quem considera um escritor provinciano, de terceira classe, uns furos abaixo do Malheiro Dias?

– Desconhecia. Mas sinto-me muito honrado com a companhia. Não podia estar melhor.

– Há quem diga que o Cesariny, hoje com 74 anos, se parece fisicamente cada vez mais com Teixeira de Pascoaes, que desapareceu deste mundo aos 75 anos?

– Só posso atribuir isso a um fenómeno surrealista, o *acaso objectivo,* a que nós aqui, em português, chamamos *coincidências alarmantes.*

– Por falar em "fenómeno surrealista", que é feito do surrealismo hoje?

– O surrealismo é sempre de hoje, nunca de ontem. Nada é tão mistificador como falar da actualidade ou da inactualidade do surrealismo. O surrealismo é de hoje, mas inactual, tão inactual como um índio o pode ser. A *actualidade* é pequenina e sempre de ontem. Viu, há pouco, o livro do René Guenon, que o António Barahona me deu para eu perceber como se pode ultrapassar o Breton por cima? A única coisa que vi é que o Breton é inultrapassável.

– A propósito do António Barahona, conhece o opúsculo dele, Os dois sóis da meia-noite, publicado em 1990, e dedicado a Pascoaes e a Camões?

– Talvez o António tenha começado a ler o Pascoaes há mais de trinta anos, no tempo do Gelo e da edição das *Obras* da Bertrand, por indicação minha. Mas hoje aquilo é dele.

– Como se manifesta hoje o movimento surrealista?

– Existe um grupo em Paris, este um bocado fantasma; outro nos Estados Unidos e outro em Madrid. Este de Madrid não é fantasma, é fantástico. Tem uma publicação regular, de excelente qualidade, apesar

---

consoante a edição). Diz Luiz Pacheco, a propósito desta: o *baralhado* Manual de Literatura do patareco do Óscar Lopes [...] *aquilo está cheio de lapsos, erros, inverdades.* (Pacheco, L. Cesariny: o abismo. *Figuras, Figurantes e Figurões.* 2004. p.92)

das relações com a imprensa estarem obstruídas. O surrealismo está vivo, mas oculto, como acontece de resto com Teixeira de Pascoaes. Daqui a cem anos será diferente.

— *Teixeira de Pascoaes e Fernando Pessoa?*
— Pessoa tinha uma mesa de café para escrever e a rua com os carros. Pascoaes tem um castelo e uma serra de bronze, mesmo em frente. O que é que você escolhe?

— *Compreendo. Quer dizer mais alguma coisa de importante sobre Teixeira de Pascoaes?*
— É preciso arranjar uma fotografia do Zé Cobra. O Zé Cobra foi o criado particular do Pascoaes. O Pascoaes foi padrinho duma filha dele, a Adelaide, que chegou a herdar terras e manuscritos do padrinho. É uma figura até hoje sem rosto.[12]

---

12 Cesariny, em 2002, no cemitério de Gatão, quando passavam cinquenta anos sobre o falecimento de Pascoaes, viu (testemunhei eu) uma fotografia do Zé Cobra, caseiro em Pascoaes e pai da Adelaidinha, afilhada do Poeta.

4. MÁRIO CESARINY E TEIXEIRA DE PASCOAES: RELATÓRIO E FIM

Depois dessa conversa encontrei muitas vezes Mário Cesariny. Logo em janeiro, 1998, poucos dias depois da nossa conversa na Basílio Teles, dou com ele na livraria da Assírio & Alvim, rua Passos Manuel, Lisboa, na apresentação dum número da *Espacio/Espaço Escrito*, revista publicada em Badajoz. No fim, estávamos os dois num recanto, sem ninguém por perto. Debandara tudo para a livraria, no rasto do Manuel Hermínio Monteiro e do Ángel Campos Pámpano (foi a primeira vez que o vi). Cesariny olhou-me então como nunca o fizera e como nunca depois o fez. O seu olhar, com as lumeiras acesas na cara, ferozes e incandescentes, trespassou-me até ao fim de mim mesmo. Disse-me estas palavras, que não percebi (e ainda não percebo):

– És mais velho do que pareces.

Mais tarde, muito mais tarde, vi pintura de Cruzeiro Seixas, dos anos 1940, representando Mário Cesariny, de costas, ao piano (está reproduzida em *Prosseguimos cegos pela intensidade da luz* (v. "Uma Bibliografia")). As cores daquela pintura restituíram-me o cheiro, a cor, a vida do lume que me devassou naquele recanto do rés do chão da rua Passos Manuel. Depois dessa entalação, só consegui perguntar-lhe, quase tartamudo:

– Como se resolve o problema ibérico?

Ao que ele me respondeu:

– Façamos um acordo. Portugal dá à Espanha o Alentejo e o Algarve e a Espanha dá a Portugal a Galiza.

– É tão simples como isso?

– Mais ainda! Daqui a cem anos o mar há de chegar a Badajoz.

De seguida encontrei-o em Cáceres, Espanha, na companhia da Henriette, do Perfecto E. Cuadrado, do Hermínio Monteiro e do Antonio Sáez Delgado (que mais tarde, em 2006, haveria de traduzir Teixeira de Pascoaes na língua de Cervantes). Corria o fim do Inverno do ano de 2000. Talvez tenha sido nessa ocasião que ele me confessou que muito devia ao Manuel Hermínio Monteiro, que o fora buscar à rua (a expressão foi dele) e lhe dera um abrigo (uma casa editora). Meses depois, em junho do mesmo ano, subimos os dois a Amarante na companhia do Manuel Hermínio Monteiro e do Ángel Campos Pámpano, ambos de boa saúde (morreriam ambos pouco depois, o primeiro em 2001 e o segundo em 2008), para apresentar um novo número da revista *Espacio/Espaço Escrito* (nº 17-18; 2000)[1], que tinha pasta dedicada a Teixeira de Pascoaes (com a colaboração da Elsa Nunes, aluna em Évora, que aí defendeu dissertação de mestrado sobre Teixeira de Pascoaes, sob orientação do Antonio Sáez Delgado). Tínhamos à nossa espera a autora de *Na sombra de Pascoaes*, a Maria José Teixeira de Vasconcelos, a Zezinha, sobrinha dileta de Teixeira de Pascoaes e sua secretária, que nesse encontro se mostrou corrosiva, espontânea, grande senhora que ninguém impedia de roer e serrotar o que lhe parecia iníquo e nefando.

Só regressei à choupana da rua Basílio Teles dois anos depois, em novembro de 2002, dessa vez na companhia do pernambucano Alípio Carvalho Neto, em Portugal para escrever uma dissertação sobre a obra de Mário Cesariny, que acabou por não sair. Revisitamos as questões que nos tinham ocupado no encontro de dezembro de 1997. Cesariny fez então questão de me mostrar aguarela original de Teixeira de Pascoaes que estava no corredor, onde uns anos antes eu vira a estante com os livros de Pascoaes. No regresso ao quarto, entrevi a Henriette na sala, a chorar por via da morte de pessoa amiga. De original, recordo a opinião chocante do Mário sobre o movimento *gay* (era absolutamente contra) e a frase com que se saiu, quando falamos da sua obra poética.

– Quando me dediquei ao amor carnal, a poesia pôs-me os cornos!

Foi nesse encontro que me dei conta da obsessão que nele havia pela *Epopeia de Gilgamesh*. Lera muitas versões europeias, sobretudo francesas e inglesas, do poema sumério-acádico (talvez tenha mesmo observado no British Museum, em Londres, os fragmentos que fizeram parte da biblioteca de Assurbaníbal (669 a.C.)) e relia nessa época as que tinha à mão, por cima da cama, numa prateleira irregular de livros. Encarava a possibilidade de criar em português uma versão sua do poema.

---

1 *Espacio/Espaço Escrito, revista de literatura en dos lenguas*, nasceu (primeiro número) em 1987 e fechou a 30 de novembro de 2009, com um número extraordinário dedicado a Ángel Campos Pámpano (1957-2008), seu fundador.

Na altura não percebi a extensão e as ramificações dessa fixação (a não ser que o poema era memória ancestral). Hoje entendo que a afeição de Gilgamesh, rei de Uruk, e Ekidu se fazia o bastante para açular nele o sonho de ligar vida, sangue e saliva às palavras primordiais (mais do que fundadoras) desse poema.

Poucos dias depois, no meado de dezembro, encontramo-nos na casa de Pascoaes, em Gatão, Amarante. A 14 de dezembro passavam 50 anos sobre o falecimento de Teixeira de Pascoaes. A editora Assírio & Alvim, pela mão de Manuel Rosa e António Lampreia, decidira reeditar a grande antologia de Teixeira de Pascoaes, organizada por Mário Cesariny e publicada pela primeira vez em 1972. Dessa vez foi possível nela fazer justiça ao Gaspar Simões que percebeu a insurreição ou a ressurreição de Pascoaes por via do surrealismo em português, recolhendo as suas palavras em marginália e juntando-o assim a Pascoaes e a Cesariny. O município de Amarante lembrava em várias sessões no Salão Nobre da Câmara e em exposição no Museu Souza-Cardoso a figura e a obra plástica de Teixeira de Pascoaes. Tomamos juntos na casa de Gatão o pequeno--almoço, servido pela Maria Amélia, viúva de João Vasconcelos e sobrinha de Teixeira de Pascoaes. Cesariny e Henriette pareciam duas crianças terríveis a dançar a pavana; a Manuela Correia, viúva do Hermínio Monteiro, editor de Pascoaes, fechada na doida melancolia da sua viuvez recente, molhava nas lágrimas os pincéis e enchia de aguarelas outonais as folhas dum caderno. Meses mais tarde, no bairro de Santa Cruz, a Lena d'Água (ou Águia-escorpião ou ainda Helena Águas) mostrar-me-ia, de frente, a casa onde ela crescera e o recanto onde as duas se encontravam na adolescência, talvez para puxar um fininho, enquanto o doido tráfico, aos berros, escoiceava na estrada de Benfica. E eu? ... *Eu, nada* – como diz o Mário num poema de 1953. Eu, deitando o mirone às tinturas da Manuela, chegando o cinzeiro à Henriette, sorrindo para o babaréu do Mário, tropeçava nas palavras de Camões, abertura das redondilhas de Babel e Sião, sem saber se as *águas* eram dali ou de lá, e estremecia nos ossos da alma uma saudade fina e sem porquê. Nenhum valhacoito me fora tão de agrado como essa casa de Pascoaes, molhada de névoa e saudade, em dia frio de dezembro, na companhia da benevolência e da lisura. E nenhum depois disso me foi tão grato e querido, na realidade ou na lembrança. Ainda hoje me encho de alegria quando recordo esse recanto antigo.

Descemos depois ao pequeno cemitério de Gatão, onde Pascoaes repousa numa campa rasa, com uma simples lousa, onde se inscrevem dois versos que ele propositadamente escreveu para ali figurarem: "Apagado de tanta luz que deu/ Frio de tanto calor que derramou". Tudo reverdecia naquele fim de outono, como se o crepúsculo vespertino ali fosse uma aurora aprilina. Em torno da pequena e modesta campa encontramos e abraçamos, numa atmosfera de saudade e comoção, entre muitos outros, a Maria José Teixeira de Vasconcelos (que entretanto abraçara na festa em memória do Hermínio Monteiro, no antigo cinema Roma, a 10 de setembro de 2001, dia em que ele faria meio século de vida) e a Adelaide, a filha do Zé Cobra, afilhada do poeta, sua companhia de todos os dias nos últimos anos da sua vida, ele um velho de cabelo raro e branco, esqueleto à vista, olhos em fogo, dedos queimados pelo cigarro, ela uma criança robusta e mística, uma flor sem ossos nem pedras. Coube-me apresentar os dois, a Adelaide e o Mário. Este nunca vira a mítica criança por quem Pascoaes se tomara de compaixão no fim da vida e ardia por conhecê-la. Estávamos os três num recanto escuro do átrio da ermida do cemitério e o Mário, quando teve entre as mãos as da Adelaide, na altura uma senhora com cerca de 60 anos, tornou-se naquele menino de cabelo branco que em dia frio do fim do século XX me recebera na soleira da sua casa. Estava deslumbrado e reconhecido. Foi aí, nesse recanto da ermida, que ele viu a fotografia do Zé Cobra, mostrada pela filha. Era um homem escanhoado, de fato e gravata, penteado ao milímetro, a brilhantina. Segredou-me ele:

— Eu quero ver é o Zé Cobra despenteado, em fralda suja de camisa, socos ferrados de serrano, como ele andava, dia a dia, na quinta de Pascoaes.

Juntou-se a nós o António Telmo, que o Mário não conhecia e recebeu de braços abertos, e ali ficamos os quatro, na manhã úmida de dezembro, com o rumor das águas do Tâmega por perto, lembrando os últimos dias de Teixeira de Pascoaes, aqueles em que a afilhada o acompanhara e em que o Mário o ouvira no Teatro de Amarante. Mais tarde, por motivo desse encontro a quatro, e ainda por via das relações de Teixeira de Pascoaes com o surrealismo em português (melhor, da dinâmica deste a partir daquele), vim a ter dura e inesperada testilha com o António Telmo (v. "Uma Bibliografia").

A última vez que vi o Mário Cesariny foi a 3 de maio de 2004 na cinemateca de Lisboa, na apresentação do filme de Miguel Gonçalves Mendes.

Da película, recordo a cabeça do Mário acompanhada por um rugido de leão; do Mário, lembro a simplicidade atrabiliária com que se voltou para a sala, olhos fechados, quando as luzes se acenderam, dizendo com um encolher de ombros para um público de jovens:

— O poema que se ouve não é mau.

Riram os jovens, os muitos jovens. Que de jovens (pensei eu)! O Mário apanhara-os às levas, por encomenda, década a década, desde os de gabardine enxovalhada dos anos 1960, que o ouviam nas livrarias do centro, aos de *piercing,* que já no terceiro milênio o vinham ver no filme de Miguel Gonçalves. Pelo meio, estavam os que haviam nascido com a queda do Estado Novo, como eu, e a quem ele avisara, em momento espontâneo e manual de improviso (o cartaz sobreviveu e ficou no fundo da Cupertino de Miranda), que o surrealismo não era uma estética, não era uma forma de arte, mas uma *REVOLUÇÃO,* uma forma nova e diferente de viver e pensar. Pediram-lhe os novos, os com *piercing,* mais palavras e ele exclamou melancólico, entre Bénard da Costa e Miguel Gonçalves:

— Tudo isto é lindo, com todos a baterem palmas, a quererem que eu fale, mas o problema é que quando isto acabar vou ter de regressar sozinho a casa. E vocês nem sabem como aquilo para a Palhavã é frio e feio.

Era assim o Mário, mais nobre que feroz, mais simples que maldoso, mais santo que sibarita. Gostava de se expor, de mostrar tudo preto no branco, sem censuras, aberto e direto, quase provocador, cioso da sua liberdade privada e pública (e por isso intensamente faccioso e vigilante)[2]. Assim como assim, era no geral duma correccção inexcedível. Recorria menos à palavra grossa que ao alívio da graça. Nunca o vi deslizar para o insulto ou para o desabafo crítico. Tudo nele era inocente e infantil. O seu gênio era gentil e benévolo.

---

2   No momento em que escrevi (ou revi) esta passagem tive o seguinte sonho: Entro no quarto do Mário Cesariny. Acumulam-se telas, tintas, pincéis e objetos desconjuntados (talvez roubados ao lixo). Vendo este estendal, percebo que estou na oficina do Mário, não no quarto. De sopetão, no canto direito, ao fundo, os meus olhos poisam num farol magnífico, de três andares, muito alto e esguio. Reparo encantado neste fanal. Parece moldado à mão, em terra branca, cozida à alta temperatura, ou tão só em plasticina de criança. Em cada um dos andares tem um janelo de vidro, que reverbera uma luz de prata. No cimo, surpreendente e admirável, altivo e sempre vigilante, está um olho, em cerâmica vidrada, cor de esmeralda. Ao acordar, confrontei essa estranha construção do meu sonho com o farol pintado por Cesariny. É feito este apenas de caligem, espuma e cinza. Um elo o liga ao do meu devaneio onírico: a luz dum olhar.

Ainda tentei, no fim da sessão, chegar à fala com ele, retomando o diálogo sobre Teixeira de Pascoaes, mas a multidão que o rodeava num recanto da cinemateca era tanta que se percebia o seu aborrecimento. Julguei vislumbrar nesse momento, a seu lado, Luís Amorim de Sousa, seu conviva nos tempos de Londres. Preferi não insistir e parti a pé pela avenida da Liberdade na companhia do António Barahona. Abriu ele na alma o livro de lembranças que tinha do Mário. Desfiou. Já o ouvira antes, em várias ocasiões, falar da familagem que tivera com o Mário (este, por sua vez, na visita de 1997, confessara-me que dias antes visitara o tugúrio liliputiano do António, na calçada de Santana).

A certa altura, na esquina da rua do Salitre, o António para e diz--me, incrédulo e comovido:

– Conheço o Mário que vimos no filme desde os meus 18 anos.

Dou-me conta que isso atira ao ano de 1957. Quase cinquenta anos de convívio, penso comigo. É monumento! Seguimos por ali abaixo, conversando sobre o trabalho que ele então realizava na Assírio & Alvim. Tinha uma edição da poesia de Cesário Verde para sair. Citava-me, disse--me, a propósito de Guerra Junqueiro. No Rossio despedimo-nos, ele em direção da calçada de Santana, onde tinha casa, eu pela rua do Ouro até ao rio, para apanhar o comboio para Cascais. Na minha cabeça, tinha um dos nossos primeiros encontros, na Brasileira do Chiado, por volta de 1977 ou 1978, quando, embrenhado na descoberta dos *Últimos versos*, lhe perguntara o que pensava de Teixeira de Pascoaes. António Barahona era então poeta de muita obra publicada, que eu prezava, ao lado da de Herberto, António José Forte, Manuel de Castro e Ernesto Sampaio. Recordava sempre com veemência o ardor e a paixão com que ele afirmara no número único duma das publicações coletivas do surrealismo em português que por esse tempo ainda circulava por Lisboa & arredores, *Grifo* (1970), *se não fosse o surrealismo eu não sabia ler* (cito de cor). À minha pergunta, respondera-me porém com alguma frieza:

– Gosto do *Livro de memórias*. Leio-o, neste momento. O verso não me interessa, mas a prosa do *Livro de memórias* passa a prova. É tudo hoje o que vale a pena ler dele. É o que vai ficar.

Depois disso, também o António bateu o seu caminho, se não a sua estrada de Damasco, que o levou a publicar *Os dois sóis da meia-noite* (1990), onde aproxima por cima de todos os outros Camões e Teixeira de Pascoaes. Tiro do volume e leio: "Camões e Pascoaes são os maiores representantes da Poesia Portuguesa" (p.12). E ainda:

> Mas, se Pessoa, grande poeta, tem uma dimensão europeia, Pascoaes, poeta grande, tem uma dimensão universal. [...] Pessoa começa, agora, a ser entendido e divulgado no espaço europeu a que ele mesmo se confinou como previsor da atualidade e guia previdente do futuro próximo. [...] Pascoaes só será entendido, talvez, daqui a mil anos, mas no mundo inteiro, quando já, talvez, nem haja Portugal, mas a Saudade da Pátria, que é o sentimento gerador, como da boca de uma fonte, da Poesia pura (p.13-4).

Assim como assim, os poetas tutelares do António não parecem ser Camões e Pascoes, nem tão pouco Pessoa, mas, atendendo às remissões dos seus versos, Cesário e Pessanha.

O Mário Cesariny partiu desta vida, de vez e sem companhia, a 26 de novembro de 2006. Tinha 83 anos e deixou atrás de si um vazio imenso, porque foi dos últimos a escrever e a pintar com a autenticidade do espírito. Quando tomei nota do seu falecimento, sofri um choque muito grande. Não o via desde maio de 2004 e fora sempre adiando uma nova conversa com ele por razão dum livro sobre Pascoaes que então preparava e que apareceu em setembro de 2006, *Viagem a Pascoaes*. O livro reescrevia a *Carta a um amigo sobre Teixeira de Pascoaes e o Cristo de Travassos*, que merecera os encômios do Mário e acabara mesmo por ser o pretexto da nossa primeira entrevista na Basílio Teles.

No encontro em Amarante, junho de 2000, em torno da revista *Espacio/Espaço Escrito*, lembro-me de lhe falar nesta reescrita, interessado na sua opinião.

— Cuidado — avisou ele — ainda estragas o que fizeste. A *carta* vale, porque foi espontânea. Se te pões a fazer crochê, dás cabo daquilo.

Deixei de lado o projeto e só o retomei por volta de 2004, quando começava a habituar-me a viagens de longo curso. Assim como assim, lembrava-me da cautela do Mário e retraía-me em lhe falar, preferindo ter o livro pronto para lho dar. Depois logo se veria. O livro apareceu em finais de setembro de 2006 e logo lho enviei por correio postal. Esperaria pelo Natal para lhe telefonar e combinar, com ele, novo encontro na rua Basílio Teles. Disseram-me depois que nessa altura já o Mário não dava passo pelo seu pé e alguém o transportava ao colo. Uma manhã em que deambulava pelas ruas de Lisboa, nem dois meses eram passados, deparei com a notícia da sua morte na primeira página dum jornal. Fui a correr para o Palácio Galveias, Campo Pequeno, onde o corpo estava em câmara ardente. Na entrada, no meio duma multidão ruidosa, indiferente de todo ao Mário (estavam lá as televisões), encontrei a Maria Amélia, de Pascoaes, e agarrei-me a ela a chorar.

— Que o terror da morte se possa transformar no sublime maravilhoso da vida! — foram as palavras que pronunciei entredentes, junto do corpo tolhido e miúdo do Mário.

Lembrava, como hoje lembro tão intensamente, o espanto, o desnorteamento, o receio, em que ele caía, sempre que falava da morte. Perguntou-me algumas vezes: — para onde é que tu achas que vamos depois de morrermos? A morte assustava-o. Olhando para trás, para o período que vai de 1989 a 2006, vejo o Mário e vejo a criança anódina que ele era (acabou como um bebê, ao colo, sem pernas para andar). Uma criança que nos seus grandes dias de aventura visitara o Inferno e que nada podia chamuscar. Procurara o seu Diabo (como se vê pela primeira versão do estudo (!) sobre o Rimbaud em português) e vira-se à nora para dar com ele. Era o Diabo português, marinheiro e farandoleiro, que tanto trabalho lhe dera evocar e invocar, por apagado, indistinto ou soterrado. Por fim, encontrara-o e dera-se às maravilhas com ele. Nunca se separava dele. Era um Diabo nada adusto (ao invés do alemão, que tresanda a esturrado), ronceiro e gentil, com asas de anjo (como os guaches de Teixeira de Pascoaes que estão no quarto de Gatão), que não aborrecia ninguém e menos ainda o brincalhão do Mário.

O voto que fiz junto do seu ataúde, faço-o hoje diante da sua venerada e veneranda lembrança. Que o Mário possa continuar a ser a criança de asas abertas que nunca deixou morrer dentro de si!

5. TEIXEIRA DE PASCOAES NAS PALAVRAS DE CRUZEIRO SEIXAS

Vi-o pela primeira vez numa livraria de Lisboa, Benfica, ano de 2005. Antes apenas trocáramos cartas (recordo uma das primeiras, talvez em 2001, com uma fotografia sua do Luís Miguel Nava, na casa que tivera em São Braz de Alportel). Parecia um príncipe da Renascença, um humanista de Florença do século de Petrarca ou de Lourenço de Médicis. Tinha um porte nobre e soberano. Prendeu o público durante quase uma hora com os versos que disse de memória. Era belo e tinha além disso uma memória prodigiosa. E isso aos 85 anos. Imaginei o que aquele homem teria sido aos 30 ou 40 anos, quando o Sol lhe aureolava a cabeça e nenhuma sombra lhe passava pelos olhos fosforescentes. Que beleza perfeita! Que águia solitária e altaneira!

Entre os versos que recitou com uma segurança de fazer inveja a qualquer ator recordo-me dos de Mário Sá-Carneiro. No fim, não resisti a abraçá-lo, balbuciando a medo o meu nome e entregando-lhe algumas palavras minhas sobre Teixeira de Pascoaes. Um ano depois enviei-lhe a *Viagem a Pascoaes*. Foi duma generosidade inexcedível. Logo me enviou desenhos seus, manifestando o desejo de me encontrar. Só em 2008 o encontro se realizou, já ele recolhera, quase cego, a uma residência de idosos, no Estoril. Tinha felizmente a visita regular da Maria João, filha da Maria Amélia e de João Vasconcelos, da casa de Pascoaes, que vivia perto, em Caxias. Almoçámos num restaurante de Cascais, sobre o mar. Falamos de Teixeira de Pascoaes, Mário Cesariny (que lhe deu a conhecer a poesia do autor de *Duplo passeio* no tempo dos "Surrealistas" e o levou depois, já nas décadas de 1960 e 1970, à casa de Gatão, onde passou a ser presença regular) e António Maria Lisboa. Melancolizava, quase em lágrimas, por dentro, ao falar (ou ouvir dizer) deste. Olhava em retrospectiva o passado do surrealismo português e afirmava como ele teria sido outro e melhor, arrasador mesmo, se o autor de *Erro Próprio* não tivesse partido para sempre tão cedo, quase adolescente, com quase tudo por fazer e dizer.

Não havia naquele homem o mais pequeno resquício de tóxico escolar (faltou muito às aulas e livrou-se depressa, segundo então me disse, da António Arroio). Sob a ação livre da luz, que tanto ansiava e em que sempre vivera, todo o escuro carbônio acadêmico, livresco e adusto, se fixara e retraíra na matéria verde da sua carne. Os desenhos, as pinturas, as colagens, os objetos intervencionados, de que as mãos não desistiam, mesmo cego (ou quase), nada mais eram que o oxigênio, o ar puro e limpo que ele dava a respirar ao mundo, como a sua liberdade irredutível era a clorofila que lhe permitia a operação mágica em que a sua *arte magna* se tornara. Mais que um príncipe da Renascença, aquele homem era afinal um aventureiro (do espírito), um viajante marítimo (que de feito fora, durante anos e anos, visitando na geografia da Terra todo o antigo Oriente e aportando por fim a Luanda, onde ficou quatorze anos), um visionário dos picos rarefeitos do futuro.

A certa altura, parou de comer e de falar, olhou o mar e exclamou de olhos abertos, com um encanto infantil:

– Repare, meu amigo, que cores fabulosas foram precisas misturar para obter o azul deste mar...

Tempos depois escrevi-lhe. Pedia-lhe resposta por escrito a três perguntas: "como conheceu a poesia de Teixeira de Pascoaes; que importância essa poesia teve e tem para o trabalho de Cruzeiro Seixas; que significado houve e há para o surrealismo em português". Pouco depois chegou-me a resposta em forma de carta corrida, batida numa máquina de escrever das antigas (salvante cabeça de entrada, despedida e data, em pé de página, estas três manuscritas), teclado gasto, emendada à mão, com a mesma tinta preta das partes manuscritas. Tem a data final de 14 de junho de 2009, tendo sido carimbada um dia depois em Lisboa. Dou-lhe a partir daqui a palavra. O que se ouve é a fala solene dum homem de 88 anos, a espantosa voz dum sagitário mitológico, sem idade, que chega das origens do mundo para nos deixar uma mensagem de beleza e liberdade.

Amigo António Cândido Franco

Não me sinto à altura de escrever duas linhas sobre Pascoaes. Há muitos anos fiz um desenho à pena de homenagem que o Cesariny pôs em circulação[1], mas que a mim sempre me pareceu insuficiente. Mesmo assim correspondo ao seu pedido, mas se nada ou pouco lhe parecer aproveitável, acho isso tão natural como para si ou para o Cesariny foi natural escrever os admiráveis textos que escreveram. Por certo seria preferível ficar calado, mas a fala é uma das grandes tentações. Aquela obra vastíssima está impressionantemente viva, naquela estranha casa gêmea de Gatão, onde se espera sempre que algo aconteça. E aquela tão vasta obra de pintura da alma, que vejo nas pareses [paredes] do "Palais idéal", pois jamais é de ingenuidade que se trata. Estes desenhos e aguarelas seriam muito mais do que é possível, pois tantos pertenciam a uma secretária, creio que francesa[2], amiga do Jorge Vieira, que este, meu amigo, me deu generosamente os que possuo. Escrevo escrevo escrevo – passei a vida a fazer aquilo que não sei, e não o escondo. "Satan consome o fogo dos seus dias/ cuidando com amor do martírio das Almas".[3] Hoje será difícil conseguir os 3 [três] cadernos que o Cesariny e eu publicamos, com capa de papel mata-borrão-rosa, em Junho[junho] de 72[1972], o que foi para nós então, sempre desendinheirados, uma grande aventura. Pouco depois fui levado pelo Cesariny àquele estranho solar de Arquitetura "gêmea", que estende aquele infinito corredor até ao Marão. Dormi ali num quarto onde, durante toda a noite ouvia a palavra líquida dos golfinhos de granito[4]. De resto, ali, as palavras circulam em tamanho natural. "Olhos profundos para dentro olhando", diz Pascoaes. E o ano passado fomos jantar a casa do João[5]. Quando saímos, já tarde na noite, havia um rápido

---

1   Não indico na bibliografia final este trabalho de Seixas, porque não o localizei em qualquer lugar ou catálogo. Ao invés de Cesariny, de que localizo quatro pinturas dedicadas a Teixeira de Pascoaes, nenhuma conheço de Seixas.

2   Pergunto-me se se tratará de Suzanne Jeusse, de que nada sei, a não ser que em 1930, Paris, publicou em língua gaulesa uma antologia de versos de Teixeira de Pascoaes e um ano depois, na mesma língua, na editora Messier, a tradução francesa do *Regresso ao paraíso*.

3   Citação dos versos de abertura de *Regresso ao paraíso* (Canto I) de Teixeira de Pascoaes. Assim a primeira estrofe, quatro versos: "Satã consome o fogo dos seus dias,/ Cuidando, com amor,/ Do martírio das almas, que aos Infernos/ Chegam da Terra, em ondas e tumultos".

4   Há porém fotografia de Cruzeiro Seixas (com Mário Cesariny) em Pascoaes, rabo no chão, em 1967, anterior portanto à edição de *Aforismos*. A fotografia aparece reproduzida em livro (v. infra "Anexo").

5   Filho de João Vasconcelos – sobrinho de Teixeira de Pascoaes – e de Maria Amélia.

António Cândido Franco

clarão avermelhado para o lado de Pascoaes. Logo se compreendeu ser um fenómeno natural, mas durante um minuto todos empalidecemos. Foi terrível – e é terrível pensar que tudo está ali em condições em que tudo pode ser possível. "Portugal ou purgatório", diz Pascoaes.

Espera-se geralmente que um pintor escreva, e menos, a um escritor que pinte. Sobre Pascoaes há certamente ainda muito a ser dito, para além do que já foi dito de forma sábia e sensível pelo Cesariny, por si, pelo Amigo insubstituível que foi para mim o António Quadros[6], etc. Nos anos 40[1940], a qualquer hora da noite, havia sempre uma luz velada no quarto do Cesariny; foi assim certamente que começou a sua evocação de Pascoaes. Foi pois por intermédio do Cesariny que conheci Pascoaes. Eram muitas as minhas solicitações então; e de resto, nunca consegui sentir-me muito bem na designação de "pintor". Além disso, em 50[1950] refiz com paixão as rotas dos navegadores por Goa, por Macau, por Timor, etc., etc., acabando por me fixar em África. Durante 14 anos de permanência ali, redescobri Pascoaes, pela mão dum homem que dirigia uma livraria de Luanda[7], vigiadíssimo pela PIDE.

Pascoaes não dedica muito tempo as [às] imagens poéticas. O seu espaço é o da imaginação livre, onde o pensamento tem TODA A FORÇA da poesia. Parece-me que já todos os disseram que a poesia em Pascoaes ocupa todo o espaço do seu quotidiano. Tudo é claro – tanto quanto é possível a clareza onde esteja o homem.

Não poucas vezes as afirmações de Pascoaes têm a ver com as afirmações de Breton[8] e de alguns dos seus próximos. A imaginação é ali

---

6   Grabato Dias ou Mutimati Barnabé João [pseudónimos de António Augusto Melo Lucena e Quadros (1933-1994)], não o escritor António Quadros (1923-1973), autor de *Portugal, Razão e Mistério*, capilarmente ligado à Filosofia Portuguesa. Mário Cesariny recolheu dele, António Quadros (Grabato Dias), colaboração pictórica na antologia *Surreal Abjeccion(ismo)*, 1963 (reed. 1992). Teve convívio aturado com Artur Manuel do Cruzeiro Seixas.

7   A livraria Lello de Luanda.

8   O mesmo (na ligação de Teixeira de Pascoaes com André Breton) em Mário Cesariny. Transcrevo: *O seu* (de Teixeira de Pascoaes) *livro* O bailado, *impresso em 1921 e não mais reeditado, pude eu já defini-lo como "rimbaldiano sem Rimbaud e surrealista sem o surrealismo", tal o encontro interior com as teses de Breton.* (Para uma Cronologia do Surrealismo em Português. *As mãos na água a cabeça no mar.* 1985. p.261 (v. "Uma Bibliografia").

a realidade. É, condicionada pela minha inteligência e pela minha sensibilidade, pelos meus medos, pelas minyas [minhas] formas de desobediência, e pelo estranho meio silêncio em que esta obra vive, que vivo[9].

---

9   A carta tem anexo (passavam então sessenta anos certos sobre a primeira exposição do (anti) grupo, *os Surrealistas*, que sucedeu acontecer em junho-julho na antiga sala de projeções do *Pathé-Baby*, rua Augusto da Rosa, Lisboa). A Galeria Perve, seis décadas depois, reinventava a Exposição, no mesmo lugar e espaço (não vi, com prejuízo meu). Diz como segue: *Recomendei à Galeria Perve que insistisse em o ter aqui no dia 18, no mesmo espaço onde expusêmos em 49[1949]./ Quanto à imposição da Ordem de Santiago de Espada...[...] que o Cesariny tenha acedido a próxima distinção, contribuíu (sic) para que a aceitasse. Disse no entanto numa entrevista o seguinte: Por natureza e por esforço, a minha obra quereria afirmar-se no sentido subversivo. É pelo menos inquietante que a sociedade contra quem me insurgi, venha agora premia-la (sic)...[...]/ O forte abraço do Artur/ 14-6-2009* Escrevi (a 27 de maio) texto para a Galeria Perve, "Ontem é Amanhã", que deve navegar (ou naufragar) nas ondas cruzadas do virtual. Termina(va) assim: *A I Exposição dos Surrealistas foi ação dum grupo de mágicos, para reconstruir, a partir do maravilhoso, nas ruínas criminosas de Hiroshima, o mundo. (...)[...] Sessenta anos depois o grupo de magos não acabou ainda de alimentar a luz do Sol."* Quanto à Ordem de Santiago de Espada (melhor a *comenda de Grande Oficial da Ordem de Sant'Iago da Espada*), Cruzeiro Seixas recebeu-a nesse ano, depois de muita hesitação (há referência ao fato em entrevista de Cruzeiro Seixas ao *Jornal de Negócios* (31.12.2009)). Pesou, para o sim, o fato de Cesariny (decerto no tempo de Mário Soares) ter metido pescoço e peito a colar e laço (nunca vi). Mas, ao que parece, até o Al Berto, o dos craveiros subterrâneos, lá foi buscar o pendurilcalho. Quem não foi em ordens, prêmios, doutoramentos *honoris* causa, viagens, bolsas, congressos e outros similares, não que os desmerecesse mas porque de todo se esqueceram dele, não o chamando, foi o Luiz Pacheco. Ficou-se por umas esmolas (até de Mário Soares, o *president-soleil*, como depois (carinhosamente) lhe chamou) e foi tudo. Ainda tentei que lhe dessem o preminho Vergílio Ferreira, em Évora, recompensando mais de cinquenta anos de escrita desabusada e criativa (purgativa mesmo), mas tudo o que consegui foi magno desarranjo. Tenho carta dele comentando o tumulto do júri, quando deu com o nome dele entre os candidatos.

6. UMA CARTA DE MÁRIO CESARINY

Uma carta de Mário Cesariny a Maria José Teixeira de Vasconcelos, a Zezinha, sobrinha de Teixeira de Pascoaes, facsimilada no livro *Recordando... Maria J. T. de V.* (Câmara Municipal de Amarante, 2008. p.80), ajuda a perceber melhor, ainda com o recurso ao discurso direto dos intervenientes, a relação de Mário Cesariny com Teixeira de Pascoaes. A carta foi escrita em Lisboa, porventura do *atelier* do (des)pintor, bairro da Graça, numa encosta que vai dar ao largo do Terreirinho, melhor, das Olarias, a propósito da publicação de *Na sombra de Pascoaes* (1993), livro da Zezinha, e tem a data de maio de 1993. Transcrevo-a de seguida, respeitando a ortografia (como de resto se fez com a carta do Artur).

Minha Querida Maria José

Venho agradecer-lhe a visita com que honrou o meu atelier e as sombras, vossas, que por lá já pairavam. E ainda pairam! E venho sobretudo dizer-lhe que o seu livro é um trabalho muito lindo, de grande delicadeza de espírito e muita beleza no olhar. Deixe pois de importunar-se com os que lhe pedem "mais" – até eu o fiz! – perdoe-me, sim? – levados de sêde [sic] [(sic)] que não lhe cabe a si atender. Pués no faltava más!! – como dizem os espanhois [sic] [(sic)]. A nós – a quem o ler – só cabe um grande, um muito grande agradecimento. Se se digna aceitar...

<u>*Quando é que Portugal voltará a ter gente como vocês?*</u>

– Acabo, acabo já; mas eu, que sou pouco "milagreiro" não quero ou não posso deixar de dizer-lhe isto: lembra-se que, quando veio ao atelier, com a Maria Amélia e a Maria João, tinha acontecido, de manhã, em Lisboa, uma chuvada enorme, que alagou meia-cidade baixa. E que a chuva tinha entrado no chão da parte baixa da casa. (Em cima, nunca entra chuva; e na escada interior também não). Pois era, e é, nessa escada que tenho, junto ao cavalete que era, e é, do João, (tenho) o retrato, um retrato, emoldurado, do Pascoaes. Pois na noite desse dia, voltando ao atelier, fui dar um jeito nele, pois a fotografia estava a descair vidro abaixo. E então não é que toda a moldura, e o vidro, estavam orvalhados, e a

própria moldura – a madeira – sem que no chão – repare! – à sua volta
houvesse gota de água – ou a menor umidade? Eu acho que foi Ele, o
Pascoaes, que não poude [sic] [(sic)] deixar de chorar, por vós, ou com
vocês. Foi uma concentração muito forte *[muito forte] de gente vossa,*
ali! – Seu, muito e sempre,

Mário Cesariny

Quando se fala das relações de Mário Cesariny com Teixeira de Pascoaes, há porém mais, muito mais, que outros farão o favor de indagar, reunir, comentar e interpretar. Há as homenagens que o pintor fez ao Poeta do Marão (uma delas no livro do centenário, *Pascoaes – No centenário do nascimento de Teixeira de Pascoaes* (1980)); há as fotografias que ele tirou e lhe tiraram a ele na casa do Poeta, em Pascoaes (uma, estupenda, com Cruzeiro Seixas, reproduzida na abertura do livro (p.11) *De Mário Cesariny para Artur Manuel do Cruzeiro Seixas* (2009, v. "Uma Bibliografia")); há ainda um precioso e talvez numeroso conjunto de cartas, cartas espontâneas e corridas, dispersas por vários lugares e destinatários (tenho três ou quatro, perdidas, seladas, manuscritas, não sei onde), escritas a propósito de Teixeira de Pascoaes e do lugar de Pascoaes, que o Mário tão bem bebeu por dentro, e que um dia deverão vir a público. Pintura, fotografias e cartas ajudarão a seu tempo a melhor perceber o lugar da obra de Pascoaes junto do surrealismo em português, em primeiro lugar da criação de Cesariny. Pintura, fotografias e cartas servirão ainda para rever, sempre em provisório, a situação de Teixeira de Pascoaes na poesia portuguesa do século XX e perscrutar da importância sua para o nosso futuro poético. E há ainda aquela *revelação tremenda* de que Mário Cesariny me falou na entrevista de 1997 e que ainda não foi de todo esclarecida e que talvez nunca o venha a ser. Por quê *tremenda*? E por quê *revelação*?

E isto que aqui digo para Mário Cesariny, de igual modo o posso dizer para outros surrealistas da primeira vaga, como Cruzeiro Seixas e António Maria Lisboa. O último viveu como se sabe 24 anos e seguiu para o outro mundo poucos meses depois de Teixeira de Pascoaes; tudo o que dele conhecemos sobre Pascoaes, que será com certeza tudo o que dele existe, está na carta citada por Cesariny (e por ele publicada na edição de 1977 (ano do centenário do nascimento de Teixeira de Pascoaes, outra coincidência e não menor) da *Poesia* do amigo). Salvante ela, acrescenta-se, a favor do encontro dos dois poetas, da proximidade das obras e das almas, aquela coincidência de os dois terem deixado este mundo quase no mesmo tempo, um com 75 anos, outro com cerca de 25, num arco de 50 anos. Um, velho como a montanha, antigo como o mar, acabara de escrever "o futuro é o regresso ao passado" (já antes, no *Verbo escuro*, escrevera, "o futuro é o passado que amanhece"). O outro, jovem como o voo da ave, novo como a criança eterna, afirmava, na mesma altura, "o futuro é tão antigo como o passado". Que coincidência de números e caminhos! Que cruzamento de letras e astros![1]

Já o caso de Cruzeiro Seixas é diferente; para além do testemunho que aqui recolho, muitos outros apontamentos sobre Teixeira de Pascoaes se conhecem, alguns datilografados e enviados a amigos, sob a forma de cartas ou de bilhetes (tenho alguns, sigilados também)[2], outros

---

1 Outra aproximação ou coincidência entre Lisboa e Pascoaes, em afinidade ou coincidência de eleição, é a anarquia. Em 1945, depois de ter declarado em 1937 a sua simpatia pelos anarquistas, Pascoaes escreveu *Deus, o verdadeiro ateu* (é a *anarquia* do originário ou do princípio que José Marinho e Paulo Borges pressentiram nos seus trabalhos como a crucial singularidade de Pascoaes) e na *Minha cartilha* (póstumo, 1954) voltou a encarecer o anarquista irredutível, não o de Junger mas o de Travassos (com tempestades de pedra e não de aço). A meio tempo, em 1950, o autor de *Erro Próprio* declara por sua vez que "a Anarquia e a Poesia são uma obra de séculos e irrompe espontaneamente ou não irrompe". (António Maria Lisboa. Op. cit., Carta XXV, (v. "Uma Bibliografia")). Nessa linha de aproximação, lembre-se que a geração republicana que fez a revista *A Águia* e fundou em 1911 a Renascença Portuguesa, teve um percurso libertário (anarquista mesmo) desde a *Nova Silva* (1907), nunca renegado por dois dos seus expoentes, Teixeira de Pascoaes e Jaime Cortesão.

2 Dou com uma, sem data (outono de 2002, quase certo), num retângulo (40 x 10 cm.) que tem uma inscrição a tinta preta de Edouard Jaguer (*Cruzeiro Seixas, talent insolent à force de modestie*). Transcrevo três parágrafos: "Estive agora mais uma vez em Pascoaes, já com o peso dos meus 82 anos; agora tudo duplica ou triplica de sentido ou de ausência dele. Parece-me que seria incapaz de passar ali alguns dias como acontecia antigamente. Desta vez foi uma muito rapida [sic] [(sic)] passagem, pretextada pela exposição de desenhos/pintura de Pascoaes na Fundação Cupertino de Miranda, que evidentemente gosto de conhecer e dar a conhecer como Centro de Estudos do Surrealismo. Mas com a lentidão portuguesa, por certo já não vou ver o que vai acontecer ali, e foi desencadeado pela aquisição da minha coleção ha [sic] [(sic)] uns 22 anos./ Foi muito comovente ler o seu sonho febril. Seria belo ve-lo [sic] publicado. Mas como desenhar para o Pascoaes? Atrevo-me a dizer que dele tudo o que fiz tem uma (evidentemente pequeníssima) parte. Não imagina a minha insatisfação quando, a pedido da *Colóquio-Letras* fiz três desenhos para o Camilo Pessanha./ Espero que acredite se lhe disser que não sei como se desenha, não sei como se pinta, não sei como se faz poesia. E todos os dias me admiro de não ter morrido à [sic] fome, só me tendo os meus pais deixado dívidas, e não tendo vocação nem sequer estímulo para ganhar dinheiro".

António Cândido Franco

impressos e dispersos por alguns dos seus livros. Penso por exemplo no livro *Local onde o mar naufragou* (2001) e no álbum *Prosseguimos cegos pela intensidade da luz* (2009), em que existe a necessidade de confrontar o surrealismo com Pascoaes e este com aquele. Também aqui se torna necessário compilar esses fragmentos num único corpo, em jeito de texto contínuo, de modo a obtermos um conhecimento de conjunto, mais inteiro, do lugar que Teixeira de Pascoaes ocupou junto do poeta de *Eu falo em chamas* e por via dele, que tanto acrescentou no universo da experiência surrealista, ou tão só da vida plena, junto ao surrealismo em português.

Demais é preciso alargar essa indagação a Natália Correia, que muito passou pela casa de Pascoaes no tempo do pintor João Vasconcelos (Dórdio Guimarães, seu terceiro marido, chegou a fazer um filme--documento no lugar), sempre apresentando o visionário do Marão em alto lugar. Foi a poetisa de *Dimensão encontrada*, não o posso esquecer, que esteve na origem da publicação em 1972 da grande antologia pascoaesiana de Cesariny, momento maior do encontro do surrealismo com Teixeira de Pascoaes. Próximo de Cesariny está o modo de Natália. Ambos tomam Teixeira de Pascoaes como um (ou o) precursor do surrealismo em português[3].

Para a cartografia do território em que aqui passeamos – Teixeira[4] de Pascoaes e os surrealistas portugueses – acrescente-se ainda Alexandre

---

O sonho febril (verão, 2002) foi depois reproduzido no catálogo *Cruzeiro Seixas* (Figueira da foz, 2003; (v. "Uma Bibliografia")), quase uma fotobiografia. Ao rever provas desse texto, recebo dele esta declaração (depois de lhe ter enviado cópia do documento em revisão): "Quanto a Pascoaes, sei que me compreende se eu disser que está quasi [sic] [(sic)] tudo por dizer, isto incluindo aquele casão de Gatão. O Pascoaes não para, em cada hora é outro! Aquela casa evidentemente que deveria ser um Museu Casa de Pascoaes." (carta de 18 (?) de janeiro, 2010). Há gente para estas palavras?

3 Posso testemunhar pela afirmação – Pascoaes precursor dos surrealistas portugueses – porque dela a ouvi, em Lisboa, praça de Espanha, na apresentação dum livro-viagem por Pascoaes,*Eleonor na Serra de Pascoaes* (1992).

4 Teixeira, assim chama o poeta Alexandre Vargas (em conversa com António Barahona) Teixeira de Pascoaes. Vargas dedicou alto, fundo e familiar retrato ao poeta de *Duplo Passeio* ("Pintura de Teixeira de Pascoaes", in *Nova Águia*, nº 4, 2009, p. 138). Alexandre Vargas, filho de José Gomes Ferreira, um saudosista (de nobilíssima geração) do futuro, como ele se definia, convive desde criança, nos versos, nas pinturas, nas conversas e nos papéis do pai, com Teixeira de Pascoaes.

O'Neill, que chegou a antologiar os versos de Pascoaes e sobre ele escreveu com natural simpatia, e sobretudo os surrealistas da segunda geração, os do Café Gelo, entre eles, Ernesto Sampaio (que logo o tratou em 1957 ou 1958), António José Forte, Manuel de Castro, António Barahona (que lhe dedicou um livro) e Herberto Helder (que lhe escreveu a nota biográfica e selecionou dizeres)[5], ou os próximos de sempre, cuja obra só se entende no quadro da linguagem inaugural e revolucionária do surrealismo, como Manuel de Lima, Luiz Pacheco (já dei conhecer, no livro *Cartas ao léu* (v. "Uma Bibliografia"), com comentário largo, carta que o autor de me escreveu sobre Teixeira de Pascoaes) ou Vítor Silva Tavares (e por este a todos os que vieram depois, e são legião).

Não se julgue a tarefa pãozinho-de-leite. A cartografia está por acabar, mormente no que diz respeito à legião dos que nasceram já na segunda metade do século XX e se ligaram a Teixeira de Pascoaes e/ou ao surrealismo em português, fios porventura menores, mas fios, deste estudo ou deste prolegômeno, nada mais que sumaríssimo nesta última matéria (referência tão só a Alexandre Vargas (1952) e a Paulo Borges (1959)). Só daqui a uns anos, com a percepção dos (acontecimentos) acontecidos, se poderá passar nesse campo (e noutros até muito anteriores, como o sentido e os fatos da ligação de Sarmento de Beires, um saudosista, com António Maria Lisboa, um surrealista) do preliminar que esse subsídio é ao desenvolvimento e à conclusão, se conclusão houver (chama-se a essa conclusão *História* e em particular *História da Literatura*) e se não for tudo para deixar em aberto. O desenvolvimento, esse, não se dispensa. Convenço-me que o que mais importa dizer sobre Teixeira de Pascoaes só começará a ser dito a partir do momento em que virmos o século XX poético (ou, melhor, o poético do século XX) desenhado do ponto de vista das relações do surrealismo em português com Teixeira de Pascoaes. O que aqui fica é um subsídio, ainda assim por acabar, ao desenho geral, subsídio centrado quase em exclusivo nas relações de Mário

---

5   Osvaldo Silvestre (v. "Uma Bibliografia") fez leitura activa, por confronto com Fernando Pessoa, deste(s) texto(s) de Herberto Helder.

Cesariny e próximos (Cruzeiro Seixas, Mário Cesariny, Ernesto Sampaio, António Barahona, Herberto Helder) com Teixeira de Pascoaes. É o bastante para se ver o lineamento a fogo duns, o seu rugido de força, e a grandeza, e grandeza suplementar, do outro.

7. UMA BIBLIOGRAFIA: TEIXEIRA DE PASCOAES E O SURREALISMO[1]

7.1. DE TEIXEIRA DE PASCOAES (COM MÁRIO CESARINY)

7.1.1. ANTOLOGIAS

Pascoaes. T. de. *Aforismos*. (formato grande, capa almagrina, com texto de Pascoaes e assinatura autógrafa), organização e nota de Mário Cesariny de Vasconcelos e edição de Artur Manuel do Cruzeiro Seixas e Mário Cesariny, (desenhos de João Vasconcelos, Cruzeiro Seixas e Mário Cesariny), Lisboa, 1972.

_____. *Poesia de Teixeira de Pascoaes*. Org. Mário Cesariny de Vasconcelos, Lisboa, Estúdios Cor, 1972.

_____. *Aforismos*. seleção (reedição do livro de 1972; sem os desenhos), organização e nota final de Mário Cesariny, coleção Gato Maltês, Lisboa, Assírio & Alvim, 1998.

_____. *Poesia de Teixeira de Pascoaes*. (sem as aguarelas e recolhendo ainda os *Aforismos* de 1972-1998), coleção Grãos de Pólen, prefácio e organização de Mário Cesariny; fixação do texto e edição de António Cândido Franco; marginália crítica de João Gaspar Simões (v.), Lisboa, Assírio & Alvim, 2002.

7.1.2. DESENHOS

Pascoaes, T. de. Dois Inéditos de Teixeira de Pascoaes (desenho e soneto inéditos; acrescenta ainda cartas de Fernando Pessoa e de Amadeo

---

1 Deixam-se aqui, com comentário solto e largo, algumas malhas da trama que nos ocupou nesta indagação-passeio, Teixeira de Pascoaes e o surrealismo em português. O trecho é exemplo possível.

Souza-Cardoso a Teixeira de Pascoaes). Org. Mário Cesariny. *Jornal de Letras e Artes*. 1968; VII(261): 20.

_____. *Teixeira de Pascoaes. Obra Plástica* (catálogo de exposição; introdução de Aníbal Pinto de Castro e estudos de Perfecto E. Cuadrado (v.) e Osvaldo Manuel Silvestre (v.)). Vila Nova de Famalicão, Fundação Cupertino de Miranda-Centro de Estudos do Surrealismo, 2002.

_____. *Desenhos.* posfácio de Bernardo Pinto de Almeida, Lisboa, Assírio & Alvim, 2002.

7.2. Sobre Teixeira de Pascoaes (com o Surrealismo)

7.2.1. Livros

Barahona, A. *Os dois sóis da meia-noite.* Lisboa, Átrio, 1990. (Camões e Pascoaes, dedicatória a Natália Correia, parte do texto teve edição anterior no jornal: *O Setubalense.* Arca do Verbo. (13-9-1989))

Cesariny, Mário. *Cartas para a Casa de Pascoaes,* org. António Cândido Franco. Lisboa, Documenta- Sistema Solar, 2012.

Franco, A. C. *Viagem a Pascoaes.* Lisboa, Ésquilo, 2006.

_____. *Teixeira de Pascoaes nas palavras do surrealismo em Português.* Évora, Licorne, 2010.

_____. *Notas para a compreensão do surrealismo em Portugal.* Évora, Licorne, 2012.

Margarido, A. *Teixeira de Pascoaes – A Obra e o Homem.* Lisboa, Editora Arcádia, 1961.

Seixas, C. *Local onde o mar naufragou.* Lisboa, Centro Português de Serigrafia, 2001.

_____. *Prosseguimos cegos pela intensidade da luz.* Lisboa, Galeria Perve, 2009.

_____. Cesariny, M. *De Mário Cesariny para Artur Manuel do Cruzeiro Seixas*. edição de Perfecto E. Cuadrado, Lisboa-Famalicão, Assírio & Alvim e Fundação Cupertino de Miranda, 2009.

Thelen, A. V. *Die Insel des Zweiten Gesichts* (romance autobiográfico *(A ilha da outra face)* do tradutor alemão de Teixeira de Pascoaes; tem abundante material sobre o *imaginário* de T. de Pascoaes). Dusseldorf, Eugen Diedrichs Verlag, 1953.

_____. *Cartas a Teixeira de Pascoaes*. Org. António Cândido Franco, Lisboa, Assírio & Alvim, 1997.

7.2.2. Dispersos

Almeida, B. P. de. Regresso a Pascoaes. *JL, Jornal de Letras, Artes e Ideias*. 1987; 242, 23 de fevereiro, 1987.

_____. Pascoaes ou a Dramaturgia dos Espectros. In: _____. *Desenhos*. Lisboa, Assírio & Alvim, 2002. p.177-91.

Barahona, A. Memória de Teixeira de Pascoaes (poema (três dísticos, com data, 3.6.1976)), in *Noite do meu inverno* (in *Obra poética* do autor (primeiro volume)), Lisboa, 2001. p.37.

Beires, J. S. de. Na Corrente do Rememorar. *Diário Popular*, 29 de maio, 1969. (rep. *Poesia de António Maria Lisboa*. Org. Mário Cesariny, Lisboa, Assírio & Alvim, 1977. p.325-6).

_____. Serões na Rua Georges Sorel. *Diário Popular*. 1969. (rep. *Poesia de António Maria Lisboa*. Org. de M. Cesariny, Lisboa, Assírio & Alvim, 1977. p.327-8).

Cesariny, M. Notícia (primeira (?) referência pública de Mário Cesariny a Teixeira de Pascoaes). *O volante*. 1957; 996: 17.

_____. Prefácio não publicado à edição não efetuada da primeira versão portuguesa de *Une saison en enfer* de Jean-Arthur Rimbaud. *A intervenção surrealista*. Lisboa, Ulisseia, 1966 (reed. Assírio & Alvim, 1997. p.209 e p.212).

António Cândido Franco

_____. Homenagem a Pascoaes (pintura (1972), tem frase de Pascoaes, porventura de *O bailado*, no canto inferior esquerdo, coleção Museu Municipal Amadeo de Souza-Cardoso). In: Pinharanda, J. L.; Cuadrado, P. E. *Mário Cesariny*. Lisboa, Assírio & Alvim, 2004. p.138.

_____. Pascoaes, o Poeta (pintura (1972), coleção Maria Nobre Franco). In: Pinharanda, J. L.; Cuadrado, P. E. *Mário Cesariny*. Lisboa, Assírio & Alvim, 2004. p.149.

_____. Nota. *Aforismos de Teixeira de Pascoaes*. ed. Mário Cesariny e Cruzeiro Seixas, Lisboa, 1972 [reed. 1998, rep. *Poesia de Teixeira de Pascoaes*. Org. Mário Cesariny, 2002. p.337-54].

_____. Prefácio. In: Cesariny, M. *A Poesia de Teixeira de Pascoaes*. 1972 e 2002 (reproduzido com o título Pascoaes, Breton, Lisboa. In: Cesariny, M. *Poesia de António Maria Lisboa*. Lisboa, Assírio & Alvim, 1977. p.330-4. rep. com o título Teixeira de Pascoaes. *As mãos na água a cabeça no mar*. Lisboa, Assírio & Alvim, 1985. p.255-60).

_____. Para uma Cronologia do Surrealismo Português. (versão em francês, Chronologie du Surréalisme Portugais, de Isabel Meirelles). *Phases*. 1973; II S.(4) (reproduzido *As mãos na água a cabeça no mar*. Lisboa, Assírio & Alvim, 1985).

_____. Comentário à *carta XVIII* de A. Maria Lisboa. In: Cesariny, M. *Poesia de António Maria Lisboa*. Lisboa, Assírio & Alvim, 1977. p.401 (comentário, mais largo, a esta mesma carta. Prefácio. In: Cesariny, M. *A poesia de Teixeira de Pascoaes*. 1972 e 2002).

_____. A Teixeira de Pascoaes:/ O Universo Menino/ O Velho da Montanha/ O Rei do Mar (pintura (1979), coleção casa de Pascoaes). In: Pinharanda, J. L.; Cuadrado, P. E. *Mário Cesariny*. Lisboa, Assírio & Alvim, 2004. p.148.

_____.Comunicado. *Pascoaes – No centenário do nascimento de Teixeira de Pascoaes*. Lisboa, Imprensa Nacional – Casa da Moeda, 1980.

_____.Teixeira de Pascoaes (pintura (s/d). *Pascoaes – No centenário do nascimento de Teixeira de Pascoaes*. Lisboa, Imprensa Nacional – *Casa* da Moeda, 1980. p.79.

_____. João de Pascoaes. catálogo de João Vasconcelos, Lisboa, Galeria São Francisco (reproduzido no catálogo da exposição póstuma do pintor, Galeria Gilde, Guimarães, maio-junho de 1984, p.5; rep. no livro *Cartas para a Casa de Pascoaes*, Lisboa, Documenta-Sistema Solar, 2012, p. 237-8).

_____.Alguns Livros Tutelares (seleção de *O bailado* de Teixeira de Pascoaes, ao lado de livros de A. Breton, C. Fourier, Lautréamont, Novalis, Eliphas Levi e F. Manuel de Melo (*Tratado Sciencia Cabala*, 1724)). *Três poetas do Surrealismo*, catálogo de exposição, organização de Mário Cesariny, Lisboa, Biblioteca Nacional, 1981. p.139-42.

_____. 1915 e depois. Exposição de Vieira e Szenes nos anos 30 a 40 em Lisboa" (curiosa interpretação de Pessoa (*Mademoiselle Pascoaes*) como heterônimo de T. Pascoaes). *Vieira da Silva. Arpad Szenes ou o Castelo Surrealista*, Lisboa, Assírio & Alvim, 1984. p.45-7.

_____. Entrevista (há referência às palavras de Mário Cesariny (valorizando Teixeira de Pascoaes, por contraste com o Fernando Pessoa dos *pessoanos*). In: Martinho, F. J. B. *Pessoa e os surrealistas*. Lisboa, Hiena Editora, 1988. p.37-8). *Expresso – Revista*. Lisboa, 12 de janeiro, 1985.

_____. Três perguntas a Mário Cesariny. *A Phala*, Lisboa, nº 1, Assírio & Alvim, 1986.

_____. Comentário às "Reflexões sobre Teixeira de Pascoaes" de Joaquim de Carvalho" (com afirmações polêmicas sobre os poetas saudosistas (da Renascença Portuguesa)). In: Pascoaes, T. *Os poetas lusíadas*. Lisboa, Assírio & Alvim 1987.

_____Alheio. In: _____. *O virgem negra*. Lisboa, Assírio & Alvim, 1989. p.23.

_____. *Gatos Comunicantes – Correspondência entre Vieira da Silva e Mário Cesariny – 1952-1985* (três cartas de Cesariny concernentes a Pascoaes, poeta e lugar, p.105, p.108, p.124), intr. José Manuel dos Santos, ed. Sandra Santos e António Soares, Lisboa, Assírio & Alvim e Fundação Arpad Szenes-Vieira da Silva, 2008.

_____. Uma Carta (de 1993) de Mário Cesariny a Maria José. In: Cesariny, M. *Recordando Maria José Teixeira de Vasconcelos...* Amarante, Câmara Municipal-Biblioteca Municipal Albano Sardoeira, 2008, p.80.

_____. Correia, N. Teixeira de Pascoaes. In: Correia, N. *O surrealismo na poesia portuguesa*. Lisboa, Publicações Europa-América, 1973. p.239-42 e 412.

_____. Gnose e Cosmocracia in Pascoaes. *Pascoaes – No centenário do nascimento de Teixeira de Pascoaes*. Lisboa, Imprensa Nacional-Casa da Moeda, 1980.

_____. Saudade e *Soledad*: Duas Formas de Melancolia. *JL, Jornal de Letras, Artes e Ideias*. 1988; (328), 18 de outubro, 1988.

_____. Soneto Inconclusivo à Memória de Teixeira de Pascoaes (não foi recolhido na *Poesia completa* (Lisboa, Publicações Dom Quixote, 1999)). *Cadernos do Tâmega*. nº 3, Amarante, Edições do Tâmega, 1990.

Cuadrado, P. E. (coordenador do Centro de Estudos do Surrealismo (Fundação Cupertino de Miranda)). Introdução em Três Movimentos (abordagem de fundo do surrealismo em português (complementa-se com a entrevista que o autor deu por ocasião da saída do livro, *Público*, 10.4.1999). *A única real tradição viva – Antologia da poesia surrealista Portuguesa*. Lisboa, Assírio & Alvim, 1998. p.7-65.

_____. Existir não é pensar: é ser lembrado. *Teixeira de Pascoaes. Obra Plástica*. Vila Nova de Famalicão, Fundação Cupertino de Miranda-Centro de Estudos do Surrealismo, 2002. p.6-13.

França, J. A. Depoimento (sem título; é aí que se lê a declaração, *sei-me inteiramente alheio ao pensamento e à fonte de inspiração poética de Teixeira de Pascoaes*). *Cadernos de Poesia* (número dedicado a Teixeira de Pascoaes). 1953; III S.(14): 26.

Franco, A. C. Pascoaes e Cesariny. Os vasos comunicantes. *JL, Jornal de Letras, Artes e Ideias*. 1998; 727, Lisboa, 26 de agosto, 1998, p. 23.

_____. Nota Final do Editor. In: Cesariny, M. *A poesia de Teixeira de Pascoaes*. Lisboa, Assírio & Alvim, 2002. p.361-4.

_____. Carta a António Telmo (missiva a propósito do texto "A Cabra" de A. Telmo, v.). *Teoremas de Filosofia*, 8,. Braga, 2003 (reproduzida nas duas edições do livro do autor, *Congeminações dum Neo-Pitagórico*, 2006 (Al-Barzakh) e 2009 (Zéfiro), no capítulo "Bellum seme Bello").

Guimarães, D. A Casa-museu de Teixeira de Pascoaes – no décimo aniversário da sua morte (com fotografias da casa de Pascoaes e do cemitério de São João de Gatão; acrescentam-se dois trechos poéticos tirados do livro *Cânticos*, no mesmo número do jornal, página 13, Dórdio deu uma entrevista a propósito do seu livro *Cynthia*, acabado de dar à estampa). *Jornal de Letras e Artes.* 1964; III(119), Lisboa, 8 de janeiro: 8-9.

_____. Monólogo em Pascoaes. *Pascoaes – No centenário do nascimento de Teixeira de Pascoaes.* Lisboa, IM-CM, 1980.

Helder, H. Teixeira de Pascoaes. In: Doura, E. L. *Antologia das vozes comunicantes da poesia moderna portuguesa.* Lisboa, Assírio & Alvim, 1985.

Lisboa, A. M., Carta a Mário Cesariny (inédita (*Lisboa, março-1950*), traz o número *XVIII*). In: Cesariny, M. *Poesia de António Maria Lisboa.* Lisboa, Assírio & Alvim, 1977. p.265-6 (importantes referências a esta carta, Prefácio. Cesariny, M. *A poesia de Teixeira de Pascoaes.* 1972 e 2002 (v.)).

Margarido, A. *Marânus*: uma Linguagem Poética quase Niilista. *Arquivos do Centro Cultural Português* 1967; (X).

_____. Bailar é construir o mistério. *O bailado.* Lisboa, Assírio & Alvim, 1987.

Pacheco, L. O que é feito do argelino? (texto paródia; toma como pretexto a edição de *Aforismos* de Teixeira de Pascoaes (1972), selecionados por Cesariny e ilustrados por este e Cruzeiro Seixas, referência no texto à imprensa da época onde se noticia o lançamento do livro de Teixeira de Pascoaes, em Lisboa, galeria São Mamede, julho de 1972, com a presença de João Vasconcelos). *Diário Popular,* 24 de agosto, 1972. (rep. In: George, J. P. (org.) *Figuras, Figurantes e Figurões.* Lisboa, Independente, 2004).

_____.Outro Livro Importante (sobre a reedição de *Olhando para trás vejo Pascoaes,* Maria da Glória Teixeira de Vasconcelos (irmã mais velha de Teixeira de Pascoaes)). *Diário Econômico,* Lisboa, 30 de outubro, 1996.

_____. Mais Uma Carta. In: Franco, A. C. (org.) *Cartas ao Léu – Vinte e duas cartas de Luiz Pacheco a João Carlos Raposo Nunes.* Famalicão, Edições Quasi, 2005. p.91-6.

O'Neill, A. Recordação Precipitada de Pascoaes (relato de encontros com Pascoaes em Amarante (1940)). *Vértice*. 1953; (115) (rep. In: Rosa, V. (org.) *Coração Acordeão. o Independente*, 2004. p.21-6)).

_____.Um tecelão de dois fios. *O Comércio do Porto*. Porto, 14 de maio, 1963.

Pedro, A. Depoimento (sem título; com retrato de Teixeira de Pascoaes (1952)). *Cadernos de Poesia* (número dedicado a Teixeira de Pascoaes). 1953; III S.(14): 7.

Sampaio, E. Um texto crítico. *Luz central*, Lisboa, ed. autor, 1957 (1958) (reedição (em conjunto com *Para uma cultura fascinante*, 1959), Lisboa, Hiena Editora, 1990. p.56).

_____. Na Publicação de *Luz central*. (carta ao *Diário Popular* (com referência a texto de Afonso Cautela)). *A Pirâmide* 1959; (2). (rep. In; Cesariny, M. *A intervenção surrealista*. 1966 e 1997. p.245-6).

Seabra, J. A. Pascoaes relido por Cesariny (texto quase desconhecido; cito: "um acto cultural corajoso: referimo-nos à colectânea de aforismos do autor de *Marános*, selecionados e organizados por Mário Cesariny [...]". *O Público*, Lisboa, 10 de agosto, 1998.

Seixas, C. Dois desenhos de Teixeira de Pascoaes. *O Surrealismo Abrangente – coleção particular de Cruzeiro Seixas*. Famalicão, Fundação Cupertino de Miranda-Centro de Estudos do Surrealismo, p.46-7.

Silvestre, O. M. Pai tardio ou de como Cesariny *Inventou Pascoaes* (bom elenco bibliográfico sobre as relações Pascoaes-Cesariny; a tese do *parricídio ansioso*, que está no centro do texto, foi discutida com finura no mesmo volume por Perfecto E. Cuadrado (v.); a proposição é insustentável por mostrar total desconhecimento da poesia de Teixeira de Pascoaes; há carta (decerto inédita) de Manuel Rosa, editor da Assírio & Alvim, dirigida a Aníbal Pinto de Castro, da direção da Fund. Cupertino de Miranda, a propósito deste texto). Vila Nova de Famalicão, Fundação Cupertino de Miranda-Centro de Estudos do Surrealismo, 2002. p.14-31.

Simões, J. G. *Aforismos*, de Teixeira de Pascoaes, seleção de Mário Cesariny. (recepção crítica (entusiástica)). *Diário de Notícias*. 1972 (reproduzido *Crítica II, tomo II*. (Lisboa, IN-CM, 1999. p.423-4); rep. *Poesia de Teixeira de Pascoaes*. Org. Mário Cesariny, ed. António Cândido Franco, Lisboa, 2002. p.358-60).

Telmo, A. A Cabra (texto sobre Pascoaes (a partir dos *Desenhos* comentados por Bernardo Pinto de Almeida, Pascoaes ou a Dramaturgia dos Espectros, v.) e Mário Cesariny). *Teoremas de Filosofia*. Braga, 2003. (reproduzido nas duas edições do livro do autor, *Congeminações dum Neo-Pitagórico*, 2006 (Al-Barzakh) e 2009 (Zéfiro), no capítulo "Bellum sine Bello"; escrevi carta pública ao autor).

_____. O passeio que ficou por contar (novo texto sobre Pascoaes, o de *Duplo passeio*, e Cesariny; as minhas dúvidas, desta vez mais carregadas e muito mais suspeitosas, foram colocadas ao autor em carta privada e mereceram digna e esclarecedora resposta). *Nova Águia* 2009; (4).

_____. Uma carta de António Telmo sobre o Surrealismo (é a resposta do autor às dúvidas que lhe apresentei em carta privada, a propósito de "O Passeio que ficou por contar"; a carta foi por mim publicada com nota introdutória). *Cadernos de Filosofia Extravagante*. Coordenação de Pedro Martins e Renato Epifânio. 2011; 3:Sintra, Editora Zéfiro, p. 114-6.

7.2.3. BIBLIOGRAFIAS

Ávila, M. J; Cuadrado, P. E. Bibliografia. In: _____. *Surrealismo em Portugal 1934–1952*. Badajoz e Lisboa, Museu do Chiado e Museo Extremeño e Iberoamericano de Arte Contemporâneo, 2001. p.378–403.[2]

Borges, P. Bibliografia. (é a mais atualizada que hoje temos sobre Teixeira de Pascoaes). In: _____. *Princípio e Manifestação – Metafísica*

---

[2] Falta investigação bibliográfica – Luiz Pacheco dixit – sobre o surrealismo em português. Na sua ausência, consulte-se este rol (com gralha impertinente sobre a publicação Coletiva *Grifo*). Sabe-se (e lembra-se) que Cesariny negou a exposição como representativa do surrealismo em português, o que não tira nada ao mérito das bibliografias e das cronologias montadas no catálogo pelos dois organizadores.

e Teologia da Origem em Teixeira de Pascoaes. 2º.vol. Lisboa, Imprensa Nacional-Casa da Moeda, 2008. p.251-362.

Franco, A. C. *Uma bibliografia de Teixeira de Pascoaes* (separata da obra, *A Literatura de Teixeira de Pascoaes* (p.463-542)). Lisboa, Imprensa Nacional-Casa da Moeda, 2000.

Luiz Pacheco (1925-2008) – Contraponto Bibliografia. Lisboa, Biblioteca Nacional-Publicações Dom Quixote, 2009.

7.3. Surrealismo em Português (elementos inéditos)

7.3.1. Dispersos

Castro, M. de. Poema. *Pirâmide*, cadernos organizados por Carlos Loures e Máximo Lisboa (o segundo número acrescentou Sena Camacho). 1959; 2, junho, p. 31.

_____. Notas para Poesia (cito: *Chamar poesia à existência no plano do espírito, individual e universal*). *Pirâmide*, cadernos organizados por Carlos Loures e Máximo Lisboa. 1960; 3: 49. nº 3, dezembro, p. 49.

_____. Swift, a Gênese do Humor Negro (tópico que muito interessou o grupo de André Breton, que tinha nesse capítulo antecedente importante em estudos anteriores de Freud sobre o papel estabilizador do humor, negro ou não). *Jornal de Letras e Artes* 1962; I (15):, 10 de janeiro, p. 1 e 4.

_____. Céline, Ciclone (texto sobre um escritor pouco mais que desconhecido em Portugal da década de 1950 e que permite avançar novas extensões para o abjecionismo de parte da geração que fez as mesas do café Gelo). *Jornal de Letras e Artes* 1962; I (28):, 11 de abril, p. 1 e 14.

_____. Máscara do Artista (sobre o artifício da poesia; texto-bailado em um ato e duas cenas, a da ilusão e a do abandono). *Jornal de Letras e Artes* 1966; V (240), 18 de maio, p. 3.

Cautela, A. O Surrealismo é uma Filosofia? (toma como ponto de partida a publicação em 1963 do caderno *A Filosofia e a Arte perante o seu destino revolucionário*, de Jean Schuster e Gérard Legrand, em tradução de Luiz Pacheco, edição da "Antologia em 1958"; é uma das raras meditações em português, a de Cautela, depois de António Maria Lisboa, em que o horizonte do materialismo dialético é decisivamente deixado de lado e trocado de forma explícita *pela "tradição libertária do homem;* cito: "Claro que o poeta, o ato poético ou revolucionário é, como todos os atos de subversão absoluta, ferozmente punido: do hospital de loucos ao hospital comum, da excomunhão à fogueira, da deserção à loucura, da pena mínima à pena máxima, eis aí as sanções que os profissionais da ciência, da filosofia, da técnica, da política, da crítica, etc., ou a natureza por eles, se encarregam de aplicar aos que, à margem da filosofia, da ciência, da literatura e da arte oficiais, representam o Rio Subterrâneo e Proibido da Poesia: Artaud, Chesto, Holderlin, Rimbaud, Nietzsche, Fernando Pessoa, Kafka, Breton, Péret, Lautréamont, Cesariny, são apenas alguns nomes ao acaso [...]". *Jornal de Letras e Artes* 1963; II (98, 14 de agosto, p.): 7 e 15.

_____. Filosofia e Surrealismo (texto-resposta a Fernando Barros que contestou a 6 de novembro a reflexão de Cautela "O Surrealismo é uma Filosofia?"; reafirma nos parágrafos finais a "tendência libertária do homem" que vinha do texto anterior). *Jornal de Letras e Artes* 1963; III (114, 4 de dezembro, p.): 1 e 6 e 14.

_____. Surrealismo, a maior encruzilhada intelectual do nosso tempo (balanço lúcido sobre as aquisições do surrealismo ao longo da sua existência; cito: "Entretanto, o surrealismo excedia as suas próprias intrigas de bairro, as suas próprias teorias e realizações, as suas próprias fraquezas e falhanços. Iria constituir o ponto de encontro inevitável entre muitas coisas esquecidas pela história oficial e outras coisas que o homem subterrâneo, oposto à história visível, iria revelar e lembrar. A primeira pesquisa do subsolo pertence-lhe e pertence-lhe por isso o inegável mérito, o irrevogável direito de prioridade."). *Jornal de Letras e Artes* 1965; IV (200), 28 de julho, p. 1 e 3.

Cesariny, M. *As pontes* de Jean Arthur Rimbaud – tradução de Mário Cesariny (poema do livro *Illuminations*; Cesariny publicara em 1960, Ed. Portugália, a versão portuguesa de *Une Saison en Enfer* e publicava em 1972, Estúdios Cor, a versão das *Illuminations*, em que o poema se integrou; na mesma página do jornal publica Cesariny o texto, "Da Pintura de Vieira da Silva", hoje parte do livro *As mãos na água a cabeça no mar*). *Jornal de Letras e Artes* 1962; I (21, 21 de fevereiro, p.): 11.

_____. Comunicação – Orfeu tem setenta anos (poema visual). *Jornal de Letras e Artes* 1963; II (79, 3 de abril, p.): 16.

_____. Entrevista com Cesariny de Vasconcelos (entrevistador anônimo; não foi recolhida, como outras, no livro *As mãos na água a cabeça no ar*; tem por centro as pesquisas que então faz sobre Vieira da Silva, bolseiro que ainda era da Fundação Guklbenkian; elementos importantes sobre o dadaísmo). *Jornal de Letras e Artes* 1966; V (225), 19 de janeiro, p. 1-2.

_____. Nota sobre a Nota de Carlos Loures (texto-resposta à ruptura deste com o surrealismo; não foi recolhido por Cesariny em livro; cito: *para muitos será reconfortante que, vinte anos depois, a geração que está em Carlos Loures surja disposta a puxar pela mesma corda. Mas não vê Carlos Loures, debaixo do sino, que um som assim vai dar ao seu contrário [...]*). *Jornal de Letras e Artes* 1966; V (231, 2 de março, p.): 1-2.

_____. João Vasconcelos e Justino Alves na Galeria Alvarez (assinado por M.C.; na mesma página, com a mesma assinatura, José Rodrigues na Galeria Buchholz). *Jornal de Letras e Artes* 1968; VII (260, abril, p.): 35-6.

_____. *Impressões Digitais*, António Barahona da Fonseca (assinado por M.C.; nota de leitura; na mesma página duas outras notas: *Longos são os vales de Deus* de António Porto-Além e *Inverno Lua e laranja* de António Lino Portugal). *Jornal de Letras e Artes* 1968; VII (261, maio, p.): 13.

_____. Um novo Livro de Karl Krolow (assinado M.C.; recensão com poema em versão portuguesa). *Jornal de Letras e Artes* 1968; VII (261, Maio, p.): 13.

_____. O inquérito (fragmento) (poema e desenho (Conversação, julho, 1967); não dou pelo poema em livro). *Jornal de Letras e Artes* 1968; VII (265, setembro, p.): 12-3.

Cesariny, M.; Rodrigues, J. Cadáver-esquisito (doze versos; tipologia: ortodoxo; é parcela do "lorinhão escorreito" recolhido em livro). *Jornal de Letras e Artes* 1967; VII (258, dezembro, p.): 25.

Cruz, G. *Planisfério* de Mário Cesariny de Vasconcelos e *Queda Livre* de E. M. de Melo e Castro (texto nunca recolhido em livro, desconhecido quase, apesar da importância, pois mostra as relações críticas entre Mário Cesariny e a *poesia 61*, no momento do surgimento desta; cito o seguinte: "A sua poesia (Cesariny) apoia-se frequentemente numa eloquência discursivista, de alicerces conservadores; e se ele não soçobra mais vezes em intragável verborreia, deve-o à invulgar capacidade de invenção que já David Mourão-Ferreira certeiramente lhe assinalou. / Mas uma vez por outra soçobra mesmo, como é, em Planisfério, o caso do poema 'Fidelidade', onde o plano descritivismo narrativo só no último verso ganha um vislumbre do tal ingrediente metafórico indispensável a esta poesia./ Mário Cesariny de Vasconcelos foi vítima de uma falsa compreensão do surrealismo. Agarrou a linguagem tópica de uma escola que tem quase quarenta anos e, aplicando-a muitas vezes sem qualquer sentido de renovação, vestiu com inquietante frequência um puído fato de epígono, quando, não fora tal equívoco, poderia ter mais constantemente realizado uma poesia efetivamente vanguardista". O texto, cujos iniciais parágrafos são dedicados ao surrealismo enquanto tal ("uma descabelada e altamente mistificadora teoria metafísica"), deu origem à troca de palavras azedas com João Gaspar Simões. Cesariny por sua vez não perdoou os juízos e tomou o seu autor como motivo de paródia como se lê no livro *As mãos na água a cabeça no mar* (v. "Baile na Livraria" e prefácio a "Imagem Devolvida" de M. Henrique Leiria); há também poema em *Primavera autônoma das estradas* ("as maravilhas da publicidade ou o coporraita em 1968", 1980. p.151) que retoma os processos. Gastão Cruz, muitos anos mais tarde, em 2010, antologiou de memória as suas relações com Mário Cesariny, mas evitou, sem se perceber porquê, qualquer alusão a esse texto e aos juízos que nele fez (*Relâmpago*, revista de poesia, número dedicado a Cesariny. 2010; 26: 134-8), preferindo antes tópicos gerais, como o *ódio à universidade*, que nada dizem sobre a paródia de Cesariny (e pondo até nele o ônus dela). O texto não foi integrado pelo autor na coletânea *A poesia portuguesa hoje* (1973), porventura por não subscrever já então o que lá escrevera (e assim seguiu nas duas edições do livro, 1999 e 2008, com o título, *A vida da poesia – textos críticos reunidos*); ainda assim o magro e único texto que figura nas três edições do livro sobre Cesariny, "Mário Cesariny, Poeta

Realista", não se mostra mais concernente na abordagem da experiência poético-verbal do poeta-prestidigitador. Agitar o *realismo* de Cesariny, por diminuição furtiva do *surrealismo*, é cálculo de oportunidade que nada adianta para se comprcender aquilo que de verdade se joga numa poesia em que o real, como em Novalis, está no irreal). *Jornal de Letras e Artes* 1961; I (6, 8 de novembro, p.): 4.

_____. Considerações sobre a *Nova poesia e a nova crítica* (texto-resposta ao balanço de João Gaspar Simões (v.) sobre o ano literário de 1961; interessa para se montar o quadro da época e se entender, dum lado e doutro, o que se jogou na diatribe que opôs *nova crítica* e Gaspar Simões, sem desprimor nenhum para este ao que se percebe; nada esclarece porém quanto a Mário Cesariny, antes confunde, pois afirma Gastão que nunca avaliou o poeta de *Planisfério* como ultrapassado, remetendo para a crítica de novembro, que toma por sumamente ilustrativa da sua admiração; o juízo veio a merecer carregado dito de ironia de Gaspar Simões (v.); na mesma página resposta de Teresa Horta ao autor de *O mistério da poesia*, manifestando adesão à poesia de Mário Cesariny). *Jornal de Letras e Artes 1962*; I (18, 31 de janeiro, p.): 2.

Faria, A. Um Surrealismo de Trazer por Casa (leitura do surrealismo português; não sendo *antissurrealista* como a de Gastão Cruz, e mostrando sobre ela a enorme vantagem de questionar o realismo, tem porém, como desde logo se vê no título, um propósito de menorização, e mesmo má-fé, flagrante no caso de António Maria Lisboa, que fica muito para cá do que se pede a qualquer esforço compreensivo; Cesariny não perdoou o propósito e zurziu nele em carta para Pascoaes; texto dado à estampa pela primeira vez em Itália, *Quaderni Portoghesi*. 1978; (3), Primavera, foi acrescentado de *duas notas do autor* para a edição portuguesa). *Sema* (contém pasta temática "Surrealismo em Portugal: Subsídios", p.21-53, com textos de Almeida Faria, Jacqueline Risset (v.), José-Augusto França, Ernesto Sampaio, Pedro Oom, Cruzeiro Seixas, Mário Henrique Leiria, Carlos Eurico da Costa, Vítor Silva Tavares, Manuel Lourenço, Eurico Gonçalves e outros (Cesariny deve ter recusado participar);

a "Cronologia" refere em 1912 *O regresso ao paraíso* de Pascoaes mas desconhece dez anos depois *O bailado* e trinta anos depois *Duplo passeio*). 1979; 1, Primavera, p. 22-4.

Fonseca, A. B. Os poetas de *Poesia Experimental* não formam nenhum grupo que cada componente se veja obrigado a defender – disse-nos António Barahona da Fonseca (entrevista conduzida por Maria Augusta Seixas; toma como ponto de partida a colaboração do poeta no primeiro caderno de *Poesia Experimental*; termina com o projeto de escrever ou concluir *um poema longo –"Homenagem e Elegia a António Maria Lisboa"*). *Jornal de Letras e Artes* 1964; IV (170): 12-3.

Forte, A. J. Benjamin Péret. *Jornal de Letras e Artes* 1967; VII (258, dezembro, p.): 19.

Gama, S. da. 3 Poemas. *Pirâmide*, cadernos organizados por Carlos Loures e Máximo Lisboa (o segundo número acrescentou Sena Camacho). 1959; 2, junho, p. 30.

Gonçalves, E. Dádá-Zen – Yves, o monócromo: *a arte é a boa saúde. Jornal de Letras e Artes* 1968; VII (261, maio, p.): 32-4.

Helder, H. Poema (data: *maio de 1957*). *Pirâmide*, cadernos organizados por Carlos Loures e Máximo Lisboa (o segundo número acrescentou Sena Camacho). 1959; 2, junho, p. 19-20.

_____. Os cinco livros que até hoje publiquei pouco significam, agora para mim – diz-nos desassombradamente Herberto Helder (entrevista conduzida por Fernando Ribeiro de Mello; toma como pretexto o aparecimento do primeiro caderno de *Poesia Experimental*; passagens que marcam as diferenças entre o experimentalismo visual e a combinatório do surrealismo). *Jornal de Letras e Artes* 1964; III (113, 27 de maio,): 15.

Leiria, M. H. Informação Necessária. *Jornal de Letras e Artes* 1968; VII (261, maio, p.): 31.

Lima, S. O surrealismo atualmente (texto dum dos introdutores do surrealismo no Brasil num número do *Jornal de Letras e Artes* dedicado, como diz a capa, *à XIII Exposição Internacional Surrealista, I Mostra Surrealista de S. Paulo*). *Jornal de Letras e Artes* 1967; VII (258, dezembro, p.): 13-6.

Lisboa, M. Causas do determinismo antropolírico (com epígrafes de António Maria Lisboa, de Ernesto Sampaio, de João Gaspar Simões). *Pirâmide*, cadernos organizados por Carlos Loures e Máximo Lisboa (o segundo número acrescentou Sena Camacho). 1959; nº 2, Junho, p. 17-8.

_____. Iconoclasia, (texto programático, creio que único, da revista publicada por parte da geração do café Gelo, em 1959-1960; tem como ponto de partida poema de Jean Louis Bédouin; o texto alinha pelo surrealismo; cito o final: "A Pirâmide é Fé, a Fé que trazemos, trouxemos, hoje, ontem. Em todos os tempos, os colaboradores da *Pirâmide* – a Pirâmide cósmica, reduto instransponível do Amor. E esta é Aquilo que chamaremos o Farol do Mundo, a Religião do Conhecimento – Homero, Dante, Holderlin – perante a qual somos religiosos professos, os únicos crentes, e nós, tradicionalistas, porque a tradição é o Espírito".). *Pirâmide* 1960; 3, dezembro, p. 41-3.

_____. A morte da Literatura (texto do coordenador (com Carlos Loures) dos cadernos *Pirâmide*, que sem nomear o surrealismo o procura substituir, em conjunto com realismo e idealismo, pelo *conhecimento legítimo e ancestral do enquadramento do homem na sociedade*; Carlos Loures sofreu idêntica evulsão, mais estética todavia, mantendo no mesmo número do jornal polêmica com Cesariny sobre o desajustamento social do surrealismo. *Jornal de Letras e Artes* 1966; V (232, 9 de março); 3.

Loures, C. Aos Ladrões de Fogo – Poesia, Surrealismo, Controle (cita Mário Cesariny; declaração de fé no surrealismo: "cremos ser a Revolução Surrealista um ímpar brado de alerta, chamando-nos a lutar pela salvação do pouco que ainda há para salvar"). *Pirâmide*, cadernos organizados por Carlos Loures e Máximo Lisboa dezembro. 1960; 3: 51-2.

_____. Notas sobre Demônios do Absurdo (texto-ruptura com o surrealismo, do coordenador (com Máximo Lisboa) dos cadernos *Pirâmide*, voz do surrealismo da geração do café Gelo, que prosseguiram as pesquisas da geração anterior; cito: "as minhas opiniões […] no que diz respeito ao movimento surrealista modificaram-se integralmente […] o ainda simpatizante com as premissas bretonianas, de há quatro anos, deu lugar a um indivíduo que, entre coisas, não pactua com o que, hoje, sinceramente considera, para além de algumas facetas positivas, um movimento antidialético, alienatório e alienizante e mesmo, em certos aspectos, totalmente gratuito. [...] E assim afirmo – o surrealismo, que em 1921 era poesia ativa, é hoje, apenas, poesia estética; não estará ultrapassado, mas está certamente superado, transcendido por uma época onde já não faz sentido fora dos manuais de literatura"; a saída de Loures do surrealismo fez-se pela porta do materialismo dialético. *Jornal de Letras e Artes*, ano V, 9 de Fevereiro, 1966; V(228): 1-2.

_____. A Propósito da Nota de Mário Cesariny (réplica à resposta de Cesariny "Nota sobre a Nota de Carlos Loures" (v.); assume mais uma vez a ruptura com o surrealismo, dessa vez nomeando o *realismo socialista* como seu substituto; cito: "durante os tais três anos (...) tive ocasião de estudar os mestres de Mário Cesariny; um diálogo implicaria da sua parte e como condição prévia a leitura dos meus mestres atuais – não me parece razoável pedir-lhe que vá a correr estudar os teóricos do realismo socialista"). *Jornal de Letras e Artes*, ano V, n. 9 de março, 1966; V(232): 1 e 4.

Margarido, A. Nota sobre os *Poemas surdos* – Edmundo de Bettencourt (cito: "o silêncio de Edmundo de Bettencourt não é uma desistência, mas sim uma peculiar forma de revolta"). *Pirâmide*, caderno organizado por Carlos Loures e Máximo Lisboa, nº 3, dezembro, 1960; 3: 45.

Martinho, V. Sobre a Literatura de alguns – a propósito do *Movimento 57*" [texto-crítico sobre a revista 57). *Pirâmide*, cadernos organizados por Carlos Loures e Máximo Lisboa (o segundo número acrescentou Sena Camacho). junho, 1959; 2: 25-8.

_____. "*O grande cidadão* trata de um tema simples: como as pessoas podem ser reduzidas à condição de animais – afirma Virgílio Martinho" (entrevistador anônimo (talvez Bruno da Ponte, que por esta mesma época e para o mesmo lugar entrevistou Mário Cesariny, sem que o seu nome apareça); tem passagens finais acutilantes sobre a ética do surrealismo, mesmo que depois sucumba ante o materialismo dialético, um quisto do pensamento, cujas consequências foram o estrangulamento da liberdade política; cito: "A libertação do homem sob o ponto de vista social, a extinção da sua miséria em qualquer latitude, é condição essencial para a libertação do espírito. A posição moral que é o surrealismo não pode germinar enquanto o homem for explorado por outro homem. [...]

A princípio o surrealismo bateu-se pela revolta integral, pela investigação ilimitada do inconsciente. Mais tarde, voltou-se, sem preterir aqueles valores básicos da sua existência, para o materialismo dialético, realizando assim a triangulação de que precisava para uma completa valorização dos dados com que impõe".). *Jornal de Letras e Artes*, ano II, 15 de maio, 1963; II (63): 5 e 14.

Oom, P. *Pedro Oom: Um homem pode entrar livremente numa prisão e sair dela mais amarrado do que quando para lá entrou* (entrevistador anônimo (diz-se dela o mesmo que se disse da de Virgílio Martinho); informações valiosas no que às diferenças entre surrealismo e abjecionismo respeita; cito: "A diferença fundamental entre surrealismo e abjecionismo está no seguinte: nós também acreditamos na existência dum determinado ponto do espírito onde a vida e a morte, o alto e o baixo, o sonho e a vigília, etc., deixam de ser contraditoriamente apercebidos, mas cremos igualmente na existência de um outro ponto do espírito onde, simultaneamente à resolução das antinomias se toma consciência das forças em germe que irão criar novos antagonismos. Em resumo, Breton diz que há um ponto do espírito onde as antinomias deixam de ser contraditoriamente apercebidas e eu digo que, mesmo idealmente, duas proposições antagônicas não se podem fundir sem que logo nasça uma proposição contrária a essa síntese. Por isso, tanto a posição surrealista como a contrária me parecem limitadas". A limitação estava em baixo, não em cima, digo eu). *Jornal de Letras e Artes* 1962; II (75, 6 de março): 1 e 15.

_____. Registo de propriedade (foi recolhido no livro *Atuação Escrita*, & etc. 1980. p.60). *Jornal de Letras e Artes* 1967 VII(258): , dezembro, p. 25.

_____. Comunicação (não foi recolhido no livro *Atuação Escrita*). *Jornal de Letras e Artes* 1968; VII(259): 25.

_____. Poema (gráfico; não foi recolhido no livro *Atuação Escrita*). *Jornal de Letras e Artes* 1968; VII (261, maio, p.): 31.

_____. Os legados do Surrealismo (Mário Cesariny-André Breton; António José Forte-Benjamin Péret; Natália Correia-Nora Mitrani; Pedro Oom-Marcel Duchamp) *Sema* (pasta temática "Surrealismo em Portugal: Subsídios", p.21-53; v. Almeida Faria). 1979; 1, Primavera, p. 22-4.

Pacheco, L. Surrealismo e sátira – de André Tolentino a Nicolau Breton. *Pirâmide*, cadernos organizados por Carlos Loures e Máximo Lisboa, Lisboa 1959; 1, fevereiro, p. 13-4.

_____. *A Pirâmide* & a Crítica. *Pirâmide*, cadernos organizados por Carlos Loures e Máximo Lisboa (o segundo número acrescentou Sena Camacho). 1959; (2), junho, extra-texto.

Pellegrini, A. Comentários a três frases de autores célebres (tradução de Mário Cesariny). *Jornal de Letras e Artes* 1967; VII (258, dezembro, p.):16-7.

Ponte, B. da, Charles Fourier (texto raro do editor da Minotauro (1961-1967), que editou Mário Cesariny e outros surrealistas de primeira e segunda geração; mostra contiguidade ao surrealismo, mesmo depois das saídas de Carlos Loures e Máximo Lisboa e do suicídio de João Rodrigues; cito: "só o surrealismo, sobretudo através de André Breton, conseguiu detectar e propor à nossa compreensão o universo visionado por Fourier. A figura foi erguida e esplendorosamente iluminada"). *Jornal de Letras e Artes* 1967; VII (258, dezembro, p.): 20.

Risset, Jacqueline, Os discípulos de Breton: Paradoxos de uma vanguarda inatual (elementos dalguma pertinência sobre o abjecionismo (tenha-se sobre este em conta a tensão permanente entre *o amor admirável e a vida sórdida*, na expressão de Luis Buñuel); cito: "para mais, na fase chamada 'surrealismo abjecionismo' encontram-se os germens duma crítica radical a Breton. A própria palavra 'abjecionismo' assinala uma espécie de revolta contra o aspecto 'elevado' de Breton, aquilo que Bataille lhe imputava como 'icariano' e ao qual opõe – num texto de 1931 publicado somente em 1968, que os surrealistas portugueses não podiam conhecer – a vitalidade da 'podridão' e a atividade revolucionária da 'velha toupeira' (contra a 'águia luminosa da elevação surrealista'"; texto dado à estampa pela primeira vez em Itália, *Quaderni Portoghesi*. 1978; (3, Primavera) in). *Sema* (pasta temática "Surrealismo em Portugal: Subsídios". p.21-53; v. Almeida Faria). 1979; (1), Primavera, p. 22-4.

Rodrigues, J. João Rodrigues: o surrealismo português é um abjecionismo adulto, com horário e apto a ganhar a vida (entrevistador anônimo (talvez Bruno da Ponte); importante testemunho, talvez o mais lúcido que se conhece, sobre o que separa o abjecionismo e o surrealismo; cito:

"o abjecionismo foi definido por Pedro Oom como uma atitude de negação sistemática e auto-repulsa [autorrepulsa]. […] O abjecionismo é um dadaísmo português, mais concretamente, lisboeta. É uma fatalidade de certa circunstância portuguesa, da sua impotência.; nessa entrevista, com o único autorretrato que conheço do autor, declara-se abjecionista, não surrealista: para ser surrealista falta-me convicção e ortodoxia; devo ser considerado de preferência um abjecionista"). *Jornal de Letras e Artes* 1965; IV (207, 15 de setembro, p.): 1 e 7.

_____. Árvore genealógica de um muito sério homem (desenho, 1957; ataca nele o real quotidiano lisboeta de raiz pequena burguesa; uma das legendas diz: *avó Zinha Peido*). *Jornal de Letras e Artes* 1968; VII (261, Maio, p.): 30.

Sampaio, E. O teatro e a ciência – Texto de Antonin Artaud, tradução de Ernesto Sampaio. *Pirâmide*, cadernos organizados por Carlos Loures e Máximo Lisboa. 1959; 1: 6-9.

_____. Fragmento de um mapa para uso interno (*fragmento* ou nota, onde se reencontra o verbo luminoso de António Maria Lisboa pensando a poesia ou poetizando o pensamento; cito: "Porque a poesia é conhecimento, em todas as suas grandes épocas – pensamos sobretudo no romantismo e na expressão mais moderna deste, o surrealismo – o poeta foi sempre o teórico da sua poesia, desdobrando-se numa atividade partilhada entre a poesia e a filosofia".). *Jornal de Letras e Artes* 1963; II (87, 29 de maio, p.): 1 e 5.

_____. *Amor* e de Sérgio Lima (abordagem da obra édita, à altura, deste mentor da presença do surrealismo no Brasil; cito: "saudemos em Sérgio Lima um desses efêmeros portadores de leis negras, impetuosas e sem justificação, capazes de recusar tudo – sentimentos, valores, ilusões, esperanças – por aquilo que Artaud chamava o *éter do novo espaço*"). *Jornal de Letras e Artes* 1967; VII (258, dezembro, p.): 21.

Sebag, J. Letra para uma música em voga. *Pirâmide*, cadernos organizados por Carlos Loures e Máximo Lisboa (o segundo número acrescentou Sena Camacho). 1959; 2, junho, 1959, p. 34.

Seixas, C. Cruzeiro Seixas: precisam-se pintores em Angola (entrevista sem entrevistador; é talvez a primeira conversa pública de Cruzeiro Seixas depois do seu regresso de Angola que acontecera no princípio do Verão desse ano; há catorze anos que o pintor abandonara o país). *Jornal de Letras e Artes* 1964; III (153, 2 de setembro, p.): 1-5.

_____. Uma História Curta (narrativa; desconheço se foi reproduzida; na mesma página do jornal há caixa com cena jogralesca de Manuel de Lima). *Jornal de Letras e Artes* 1967; VII (258, dezembro, p.): 24.

Simões, J. G. Sob o Signo da antipoesia e do mais que se verá (é balanço geral do ano literário de 1961 no domínio do ensaio, da crítica, do romance e do verso; debruça-se, a propósito deste, sobre o aparecimento recente de *poesia 61*, recorrendo menos a aspectos relativos aos cadernos que constituem esta coletânea do que a questões críticas; nesse sentido a atividade jornalística de Gastão Cruz foi largamente aproveitada pelo autor. Assim diz: "De fato, com surpresa geral, enquanto os jovens de *poesia 61* rendem preito a críticos e poetas que pela sua escolaridade e o seu formalismo não podem servir de paradigma a uma arte poética renovadora declaram caducos líricos ainda na plena maturidade. Para eles, Mário Cesariny de Vasconcelos, que nos deu este ano em *Poesia* um sumário antológico da primeira década da sua carreira de poeta, e que em *Planisfério* acusa a juventude de um estro que soube fazer pessoal a mensagem do surrealismo, já é um poeta ultrapassado". O texto de Simões contém alusão final ao trabalho de Alfredo Margarido sobre Teixeira de Pascoaes ("um estudo sobre Teixeira de Pascoaes [...], em que a obra do grande poeta do *Regresso ao paraíso* se estuda no que menos vale e o homem nem sequer comparece".) O que menos vale, nas palavras de Gaspar Simões, é o pensamento, objeto da abordagem de Margarido). *Jornal de Letras e Artes* 1961; I (13, 27 de dezembro): p.p. 3 e 10.

_____. João Gaspar Simões responde a Teresa Horta e Gastão Cruz (resposta sobretudo a Gastão Cruz, repetindo-lhe algumas das palavras escritas a propósito de Cesariny no texto de novembro e ironizando com "aquele que diz nunca ter considerado ultrapassado o poeta do *Planisfério*"). *Jornal de Letras e Artes* 1962; I (19, 7 de fevereiro, p.): 4.

Sousa, R. F. e. Na morte de Virgílio Martinho – Surrealista, Dramaturgo, Boêmio e tudo (sobre o turbulento itinerário lisboeta da segunda leva do surrealismo português, entre a segunda metade da década de 1950 e o início da de 1970 (*Grifo.* 1970)). *O Público*, 6 de dezembro, 1994; 28.

7.3.2. Dispersos não assinados

Carta da Alemanha – Bailado com figurinos e cenários de D'Assumpção. *Jornal de Letras e Artes* 1965; IV (197, 7 de julho, p.): 10.

Cruzeiro Seixas na Galeria Buchholz. *Jornal de Letras e Artes* 1968; VII (259): 21.

John Cage passou perto (tem fotografia de Mário Cesariny e de Ricarte-Dácio lado a lado). *Jornal de Letras e Artes* 1967; VII (257, novembro, p.): 29.

Surrealismo-Abjecionismo (antologia mínima daquilo que virá a ser no ano seguinte o volume com esse título; textos e imagens de António José Forte, António Maria Lisboa, António Porto-Além, Carlos Loures, Cruzeiro Seixas, Helder Macedo, José Sebag, Luís Veiga Leitão, Mário--Henrique Leiria, Natália Correia e Pedro Oom). *Jornal de Letras e Artes* 1962; I (16): 17 de janeiro, p. 1 e 8-9.

Surrealismo-Abjecionismo (noticia o surgimento do volume, organizado por Cesariny, com este título, e sua apresentação pública na Casa da Imprensa). *Jornal de Letras e Artes* 1963; II (79, 3 de abril, p.): 4.

Surrealismo-Abjecionismo – uma sessão na cada Imprensa (nova notícia, dessa vez meia página, com fotografia de Cesariny, sobre o surgimento do volume). *Jornal de Letras e Artes* 1963; II (79, 3 de abril, p.): 4.

II. Outros Textos

8. UMA CRONOLOGIA DE MÁRIO CESARINY[1]

1923 – Nasce em Lisboa, freguesia de Benfica, em 9 de agosto, filho de Viriato de Vasconcelos, oficial de ourives, beirão, e de Maria Mercedes (Rossi Escalona) Cesariny de Vasconcelos, professora de francês, castelhana, que veio de Hervás, na Extremadura espanhola, entre Cáceres e Plasência. É o mais novo dos quatro filhos do casal.

1933-1944 – Estuda música na Academia de Amadores de Música. Frequenta o liceu Gil Vicente por um ano; sai para se iniciar aprendiz no ofício estabelecido pelo pai, fabricante-joalheiro com casa, oficina e escritório na rua da Palma. Frequenta a Escola António Arroio, curso de cinzelagem. Transfere-se, na mesma escola, para o curso de habilitação à Escola Superior de Belas Artes, ramo de Arquitetura, que frequenta entre o ano letivo de 1938-1939 e o de 1942-1943. Há certificado de aprovação no curso: aprovação em Português com dezanove valores. Na escola António Arroio conheceu, conviveu e deu as primeiras salvas com Cruzeiro Seixas, Pedro Oom, Fernando José Francisco, António Domingues e alguns outros. Retoma os estudos de música com Fernando Lopes Graça, que conheceu à saída adolescência por mediação da pianista Maria da Graça Amado, que passava o Verão nas praias do Norte (Póvoa e Moledo do Minho), onde a família de Cesariny (a mãe e as três irmãs) também

---

1 A tábua biográfica que de seguida se apresenta foi elaborada tendo em vista várias fontes. A primeira, a mais importante, exclusiva quase, no que respeita aos anos de 1923 a 1977, é a "Notícia Biográfica" que surge no volume *Mário Cesariny* (Lisboa, Secretaria de Estado da Cultura, 1977), montada, ao que sugere nota do livro, por Cesariny. No respeitante aos trinta anos ulteriores, 1977-2006, consultamos "Vida e Obra" (Mário Cesariny. Lisboa, EDP-Assírio & Alvim, p.227-36), da responsabilidade de António Martins Soares, "Biografias" (*Surrealismo em Portugal 1934-1952*. Badajoz–Lisboa, MEIAC e Museu do Chiado, p.350-73) e "Mário Cesariny – 1923-2006" (*Benvidos/You Are Welcome to Elsinore–Mário Cesariny e Artur Cruzeiro Seixas, textos de António Gonçalves e Perfecto Cuadrado, Compostela, Xunta de Galicia, 2010. p.98-103*). Em qualquer dos casos – a que se deve juntar "Vida e Obra" de António Martins Soares (*Relâmpago* 2010; 26: 173-9) – não me limito a transcrever; procuro enriquecer e alargar o percurso biográfico geral com elementos inéditos, dispersos, esquecidos ou pouco conhecidos, retificando lapsos ou incongruências e acrescentando registos que possam completar ou beneficiar as épocas tratadas. Sempre que cito Cesariny ao longo desta "tábua", faço-o a partir dum único texto, "Notícia Biográfica" de 1977, por esse motivo não referido no meu texto (as exceções vão assinaladas).

veraneavam. Primeira discordância do pai. A partir de 1942, primeiras pinturas, poemas e desenhos. Escreve os versos de "A Poesia Civil" e de "Burlescas, Teóricas e Sentimentais", recolhidas em antologias posteriores (1961 e 1972) e onde se encontra o "Políptico de Maria Koplas dita Mãe dos Homens". Época do café "Herminius", ao cimo da Almirante Reis, no cruzamento com a praça do Chile, onde se reúnem ou aparecem José Leonel Martins Rodrigues, Fernando José Francisco, Cruzeiro Seixas, Fernando de Azevedo, Júlio Pomar, Pedro Oom, António Domingues e outros. Projeto de exposição *Dádá*. Pinta o quadro "Quando o pintor é um caso à parte", que se perdeu e de que fez uma réplica em 1970. O mesmo fará em 1972 com uma tentativa de reconstituição do quadro "História do arco-da-velha" de José Leonel Martins Rodrigues (irmão do pintor João Rodrigues), que Cesariny dirá algures que enlouqueceu.

1944-1945 – Adere ao neorrealismo, com certeza por forte influência de Lopes Graça, e à atividade política correspondente, adesão que mantém até 1946. Participa no Movimento de Unidade Democrática (MUD), nascido em outubro de 1945, com certidão legal de vida, um mês antes das eleições de 18 de novembro para a Assembleia Nacional (o movimento não concorre porém às eleições, alegando falta de condições; no ano seguinte recolhe numerosas adesões, sobretudo entre os jovens, sendo ilegalizado no ano seguinte). Escreve "Nicolau Cansado Escritor", publicado na antologia de 1961, *Poesia* (*1944-1955*). Cesariny aludirá, mais tarde, *à perda de textos que constituíam essa "biografia" de um momento da falta de espaço português.* Conferência no Barreiro, "A Arte em crise", repetida em Évora com a participação de Mário Ruivo e Júlio Pomar. Publica artigos – que mais tarde classificará de *bastante maus* – no jornal *A Tarde*, do Porto, onde colaboram também Fernando José Francisco, José Leonel, Vespeira, Pomar, Aníbal Alcino, Victor Pala e outros; colabora ainda nas revistas *Seara Nova e Aqui e Além*. Os textos esperam um investigador que os recolha e comente.

Relações próximas com Fernando Lopes Graça; chega a dirigir o grupo coral deste em visitas a fábricas e sociedades de recreio (inclusive na primeira audição do hino do MUD). Conhece José Cardoso Pires, Luiz Pacheco e Alexandre O'Neill; os dois primeiros vinham do Liceu Camões, nas imediações da escola António Arroio e do café Herminius, o terceiro talvez das reuniões do MUD e das manifestações de rua relativas ao fim da guerra e da derrota do nazifascismo. Escreve os poemas do livro *Nobílissima visão* (1959), primeira edição, dedicada a Fernando Lopes Graça, já que a segunda, 1976, funciona como antologia de textos escritos entre 1945-1946 (poemas de *Nobílissima Visão* e de "Nicolau Cansado Escritor", a que junta *Um Auto para Jerusalém* e *Louvor e Simplificação de Álvaro de Campos*), já sem a dedicatória.

1946 – Primeira colagem, com fotografia de De Gaulle. Escreve o poema "Louvor e Simplificação de Álvaro de Campos", que apresentará como *despedida da teorética neorrealista e primeiro exercício de constatação de que, em realidade abjeta, não há nada para reabilitar, sendo a única estrada de fortuna a da vagabundagem social, moral e política.*

1947 – Visita em Paris, agosto, André Breton. Há registo do encontro (v. *Gatos Comunicantes*, p.38). Dirá: "encontra no surrealismo a teoria (prática) que melhor corresponde ao seu próprio caminho, na exaltação da imaginação, da liberdade e do amor como verbos sinônimos: manifestos 'Rupture inaugurale', de 1947, e 'À la niche les glapisseurs de Dieu', do ano seguinte – de ruptura, o primeiro, com todo o sistema de obediência marxista-stalinista; de recusa, o segundo, de qualquer aparato teológico ou empatia devoradora (antropomórfica)". Lê com entusiasmo Charles Fourier. Em resultado, tem (com Alexandre O'Neill, António Domingues, João Moniz Pereira) a ideia de formar um grupo surrealista português. Primeiras adesões: Fernando de Azevedo e Vespeira; depois, António Pedro e José-Augusto França. Oficina numa água-furtada da avenida da Liberdade, com Alexandre O'Neill e António Domingues. Experimentação dos processos surrealistas então conhecidos e encarados como processos de libertação da alma. Pinta "O operário" e "Uma homenagem a Victor Brauner" (o que voltará a fazer em 1966 na morte do pintor romeno). Dirá que o exemplo de Brauner, vida e obra, foi o que mais "direta e longamente influenciou o seu pendor para certo esquematismo mágico".

1948 – Em agosto desliga-se do grupo surrealista criado no ano anterior. Escreve grande parte dos poemas do *Discurso sobre a reabilitação do real quotidiano* e de *Alguns mitos maiores alguns mitos menores propostos à circulação pelo autor.* Conhece António Maria Lisboa, Carlos Eurico da Costa, Henrique Risques Pereira e Fernando Alves dos Santos, todos mais novos do que os elementos do grupo formado na António Arroio e no café Herminius.

1949 – Texto do manifesto coletivo *A Afixação Proibida*, composto segundo as liberdades do *cadavre-exquis*. Formação e ações do antigrupo "Os Surrealistas": primeira sessão de "O surrealismo e o seu público em 1949" na Casa do Alentejo, com António Maria Lisboa, Henrique Risques Pereira, Carlos Eurico da Costa, Fernando Alves dos Santos e Artur do Cruzeiro Seixas; I Exposição dos Surrealistas, na antiga sala do Pathé-Baby, com os mesmos e António Paulo Tomaz, Mário-Henrique Leiria, Fernando José Francisco e Carlos Calvet. António Maria Lisboa vai para Paris, onde conhece e convive com Vieira da Silva, Arpad Szenes, Sarmento de Beires e D'Assumpção.

1950 – II Exposição dos Surrealistas na Galeria da Livraria "A Bibliófila". Estreia em livro, *Corpo visível* (composto em Lisboa, Tipografia Ideal; frase de Sade na contracapa), edição subsidiada por Eugênio de Andrade. Vai ao cine-teatro de Amarante com Eduardo de Oliveira, em março, ouvir comunicação de Teixeira de Pascoaes sobre Guerra Junqueiro. No mesmo dia sobe pela primeira vez à casa de Pascoaes, freguesia de Gatão, onde conhece a mãe do Poeta. Acompanha António Maria Lisboa nas leituras públicas que este faz do manifesto *Erro Próprio* em Lisboa (Casa da Comarca de Arganil) e no Porto (Fenianos). Lamentará a ausência de Teixeira de Pascoaes neste último clube. Lê e dá a ler aos amigos do seu grupo surrealista o poema *Regresso ao paraíso* de Teixeira de Pascoaes.

1951 – Primeira exposição individual em casa de Herberto de Aguiar, na Foz do Douro. Partida de Cruzeiro Seixas para o Oriente e depois para África.

1952 – Publica, por intermédio de Luiz Pacheco, *Discurso sobre a reabilitação do real quotidiano*. Escreve *A bruxa, o papagaio e a solteira*, peça para marionetes. Prefacia o livro de Carlos Eurico da Costa, *Sete poemas da solenidade e um requiem*. Conhece José-Francisco Aranda, amigo e estudioso de Buñuel, que se ligará às atividades dos surrealistas portugueses. Escreve, a partir de elementos multímodos, entre eles notas de António Maria Lisboa, tomadas ao vivo, o primeiro texto sobre Vieira da Silva, "Carta Aberta a Maria Helena Vieira da Silva", que levará ao encontro dos dois ainda nesse ano. Morte de Teixeira de Pascoaes.

1953 – Publica, por intermédio de Luiz Pacheco, *Louvor e simplificação de Álvaro de Campos*. Escreve *Titânia, história hermética em três religiões e um só Deus verdadeiro, com vistas a mais luz como Goethe queria,* que só verá a luz em 1977 (segunda edição em 1994, com importante texto final desse ano ou do anterior). É-lhe aplicada, pelos serviços da Seção Central da Polícia Judiciária de Lisboa, pena de cinco anos de liberdade vigiada, por "suspeito de vagabundagem". Morte de António Maria Lisboa.

1956 – Exposição na livraria Parceria António Maria Pereira, Lisboa, de capas-objetos para a obra póstuma *A verticalidade e a chave,* de António Maria Lisboa. Edita por intermédio de Luiz Pacheco o livro *Manual de prestidigitação.* Reuniões nos cafés Royal e Gelo, que durarão até ao início da década seguinte; encontros com D'Assumpção.

1957 – Novo livro, *Pena capital,* nova edição de Luiz Pacheco.

1958 – Manifesto, em folha volante, *Autoridade e liberdade são uma e a mesma coisa.* Cesariny classificá-lo-á mais tarde: *insulto ao Governo no ano da candidatura à Presidência da República do General Humberto Delgado.* Dá início à coleção editorial "A Antologia em 1958" com a publicação de dois livros: um dele próprio, *Alguns mitos maiores alguns mitos menores postos à circulação pelo autor,* e outro de António Maria Lisboa, *Exercício sobre o sono e a vigília de Alfredo Jarry, seguido de O senhor cágado e o menino,* edições, diz Cesariny, *possibilitadas pela venda dum guacho oferecido por Maria Helena Vieira da Silva.* Oficina com

João Rodrigues, Ernesto Sampaio e Fernanda Alves. Com o primeiro realiza figurinos para as peças *Dois reis e um sono* de Natália Correia e Manuel de Lima e *O rei veado* de Carlo Gozzi. *Cadavres-exquis* com João Rodrigues, Gonçalo Duarte, Ernesto Sampaio e outros. Primeira exposição individual em Lisboa na Galeria *Diário de Notícias*.

1959 – Publica *Nobílissima Visão*, dessa vez na Guimarães Editores, de Francisco da Cunha Leão. Expõe no Porto, Galeria Divulgação, "Poesia e Pintura". Continua a publicação da coleção "A Antologia em 1958", que publicará até ao ano seguinte cerca duma dezena de cadernos (Virgílio Martinho, António José Forte, Natália Correia, Luiz Pacheco, Pedro Oom, Jean Schuster e outros); o elenco da coleção é dado em *Gatos comunicantes*, 2008, p.49. Colabora no primeiro número da revista *Pirâmide*, de Carlos Loures e Máximo Lisboa, com o texto "Mensagem e Ilusão do Acontecimento Surrealista", mais tarde recolhido em *A intervenção surrealista*. Morte de Benjamin Péret.

1960 – Publica a versão portuguesa de *Une Saison en Enfer*, de Jean-Arthur Rimbaud, a que junta prefácio e notas.

1961 – Publica *Poesia 1944-1955* (com desenho de João Rodrigues), *Planisfério e outros poemas*, livro dedicado a Vieira da Silva e Arpad, e *Antologia surrealista do cadáver-esquisito* (colaborações escritas de Mário Cesariny, Alexandre O'Neill, António Domingues, Mário-Henrique Leiria, Carlos Calvet, João Artur Silva, António Pedro, Fernando de Azevedo, João Moniz Pereira, Pedro Oom, Henrique Risques Pereira, António Maria Lisboa, Mário de Sá-Carneiro, Alfredo Margarido, Carlos Eurico da Costa, José Sebag, Herberto Helder, João Rodrigues, Ernesto Sampaio e Gonçalo Duarte; pictóricas de Mário-Henrique Leiria, Cruzeiro Seixas, Simon Watson Taylor e Mário Cesariny).

1962 – Organiza a segunda edição, em dois volumes, na editora de Francisco da Cunha Leão, dos poemas e textos de *Ossóptico, Erro Próprio, Isso ontem único, A verticalidade e a chave* de António Maria Lisboa. Cita, ao lado de Fernando Pessoa, Teixeira de Pascoaes, numa entrevista ao *Jornal de Letras e Artes* (1962; (48), 29 de agosto; hoje recolhida no livro *As mãos na água a cabeça no mar)*, mostrando que nessa época tem já consciência da importância do autor de *Duplo passeio*. Cito: "Quer um péssimo poeta? Fernando Pessoa. É péssimo, não estou a distrair. No entanto, com Pascoaes, é ele o nosso grande, o nosso querido anti-gênio [antigênio]".

1963 – Expõe na loja de Carlos Battaglia. Organiza e publica o livro *SURREAL—ABJECCION-ismo*. Avaliá-lo-á assim: "coletânea não-surrealista [não surrealista] nem-abjecionista mas sim grafada *Surreal-Abjección*, o "ismo" em muitíssimo mais pequeno, coisa que, parece, não convenceu ninguém, o que foi e é pena pois aqui e agora e sempre em todo o lado o surrealismo não tem nada a ver com o abjecionismo ou só terão de comum o haverem-se conhecido na cadeia, onde vai tanta gente por tão diversos cantares e até só por recreio, visita de estudo e turismo [...]". (*As mãos na água e a cabeça no mar,* 1985, p.239).

1964 – Publica *Um auto para Jerusalém*, editora Minotauro, de Bruno da Ponte. Parte para Paris, com uma bolsa da Fundação Gulbenkian, com o fito de escrever um livro sobre Vieira da Silva. Colhe ao vivo, na sua oficina, elementos sobre a obra da pintora e vê em Grenoble a sua primeira grande retrospectiva. Encontra (ou reencontra) Alberto Lacerda em casa de Vieira da Silva. Escreve os poemas de *A cidade queimada* e o "Diário da Composição" que a eles se associam. No verão, salta até Espanha, a rever José-Francisco Aranda. Regresso de Cruzeiro Seixas de África. No regresso é encarcerado por maus costumes no estabelecimento prisional de Fresnes, Paris. Livre, sai para Londres, onde é recolhido por Ricarte-Dácio de Sousa, funcionário diplomático português apaixonado pelo surrealismo.

1965 – Publica *A cidade queimada,* editora Ulisseia, de Vítor Silva Tavares. Organiza uma antologia da poesia Dádá que não encontrou editor. Conhece Roland Penrose, Christopher Middleton e Michael Hamburger. Reencontra Simon Watson Taylor, que conhecera nas ações surrealistas de Lisboa da década de 1940. Corresponde-se com Jean-Louis Bédouin, a propósito da história do surrealismo em Portugal. Obtém dilatação de prazo na bolsa concedida pela Fundação Calouste Gulbenkian.

1966 – Em janeiro, vem a Lisboa ao lançamento do livro *A cidade queimada*. Regressa da Inglaterra, já sem bolsa, mas com um subsídio para indagações finais em Lisboa, na primavera ou verão. É pronunciado no processo movido a Natália Correia e a outros poetas por participação na *Antologia da poesia portuguesa erótica e satírica*, publicada nesse ano (Afrodite-Fernando Ribeiro de Melo), processo que se arrasta durante anos. Publica *A intervenção surrealista*, Ulisseia, súmula portuguesa das atividades surrealistas. Possível regresso à casa de Pascoaes, Amarante, onde estivera em 1950 com Eduardo de Oliveira. Convívio com João Pinto de Figueiredo. Morte de André Breton. Redige a folha *Não há Morte na Morte de André Breton*, assinado em coletivo (Mário Cesariny, António Dacosta, Cruzeiro Seixas, João Pinto de Figueiredo, Ernesto Sampaio, Virgílio Martinho, Ricarte-Dácio, João Rodrigues, Pedro Oom).

1967 – Em janeiro, comemorando o vigésimo aniversário do surrealismo em português, expõe na Galeria Buccholz, onde lê versões suas de textos e poemas de J. V. Foix, Agustin Espinosa, Luis Cernuda, Luis Buñuel, Octávio Paz, Francis Picabia, Aldo Pellegrini, Arrabal, Henri Michaux, Hans Arp, Kurt Schwitters, Raul Hausmann, Ricardo Huelsenbeck, Marcel Duchamp, Georges Ribemont-Dessaignes, André Breton, Benjamin Péret, L. T. Mesens, John Cage e Nick Totton, além de um fragmento do *Trans-siberiano* de Cendrars, versão portuguesa de Liberto Cruz. Uma segunda leitura, projetada para a semana seguinte com textos de poetas portugueses, é proibida pela polícia. Expõe com Cruzeiro Seixas na Galeria Divulgação, Porto; estada de ambos na casa de Pascoaes (maio). Participa na organização da XIII Exposição Internacional Surrealista, São Paulo, Brasil, e no número único da revista *A Phala*, revista e exposição criadas por Leila Lima e Sérgio Francescatti Lima com o apoio do grupo surrealista parisiense. Número do *Jornal de Letras e Artes* dedicado à exposição de São Paulo. Publica: "Do surrealismo e da pintura em 1967: Cruzeiro Seixas". Palestra sobre a obra de Vieira da Silva na livraria-galeria Buchholz, Lisboa, com projecção de diapositivos (no texto, primeira e talvez única referência ao movimento *beat*). Suicídio de João Rodrigues, em Lisboa.

1968 – Número de *Jornal de Letras e Artes* dedicado ao movimento Dádá. Primeira carta conhecida para João Vasconcelos ou João de

Pascoaes. Organiza pasta no *Jornal de Letras e Artes* com inéditos de Teixeira de Pascoaes, dando a conhecer pela primeira vez o trabalho pictórico do Zaratustra do Marão. Faz notas críticas e recensões no *Jornal de Letras e Artes*. De uma carta, março, a Vieira da Silva:"Tudo me leva a crer que consegui finalmente um estado de espírito capaz de levar a bom termo o texto para o seu livro. Como sempre, não fui eu sozinho a proeza, ou proeza: abrigaram-me, rodeado de sombras e silêncios ilustres, na casa onde a voz de Teixeira de Pascoaes toma todo o telhado, e mais para cima, as nuvens e a montanha; em Lisboa, é impossível trabalhar (num trabalho como este) (e gerado que foi entre a magnificência dos verdes de Londres)". No verão, Vieira da Silva possibilita-lhe novo estágio em Londres, para indagações plásticas, através da oferta dum guache. Corresponde-se com Octávio Paz. Visita Bruno da Ponte, editor de Minotauro, em Edimburgo. Tradução portuguesa – autoria Mário Cesariny – de *A subida de Hitler ao poder – a imprensa e o nascimento duma ditadura*, de Alfred Grosser (Lisboa, Editorial Estampa, p. 252).

1969 – Regressa de Londres na primavera. Conhece Laurens e Frida Vancrevel. Participa, com Cruzeiro Seixas, da exposição internacional surrealista organizada por Vancrevel em Scheveningen, Holanda, com o apoio do grupo de Paris. Primeira exposição na Galeria S. Mamede, com títulos das *Iluminações* de Rimbaud. Documentário filmado por João Martins para a Rádio Televisão Portuguesa. Conhece Édouard Roditi. Corresponde-se com John Lyle, animador do grupo surrealista em Inglaterra. Suicídio de D'Assumpção em Lisboa.

1970 – Escreve o texto do catálogo de Cruzeiro Seixas para a primeira exposição deste na Galeria S. Mamede. Viagem a Paris. Conhece Micheline e Vincent Bounoure. Apresenta e organiza o catálogo da exposição Vieira da Silva na Galeria S. Mamede. Viagem de Laurens e de Frida Vancrevel a Portugal. Conferência na Fundação Gulbenkian sobre a pintura de Vieira da Silva. Novas notas para o livro que se propõe escrever sobre a pintora. De uma carta, junho (?), para Vieira da Silva e Arpad Szenes: "O João Teixeira de Vasconcelos ficou transtornado com a memória da Maria Helena quando a Maria Helena lhe falou de mim, de nós, da minha estadia em Pascoaes a trabalhar no seu livro, e profundamente tocado com tudo o que o Arpad lhe disse do Teixeira de Pascoaes". É condenado à multa e prisão no processo movido em 1966 à *Antologia da poesia portuguesa erótica e satírica*, publicada por Fernando Ribeiro de Melo, prisão suspensa por dois anos; o valor dos poemas em tribunal plenário é considerado zero.

1971 – Organiza e com Cruzeiro Seixas edita o livro *Reimpressos cinco textos de surrealistas em português*. Publica *19 Projetos de Prêmio Aldonso Ortigão seguidos de Poemas de Londres*, Livraria Quadrante. Corresponde-se com Édouard Jaguer. Morte de Manuel de Castro.

1972 – Publica a recolha antológica *Burlescas, teóricas e sentimentais*, editora Presença, e a tradução das *Iluminações* e de *Uma cerveja no inferno* de Rimbaud, esta última republicação. Publica, em edição de autor, *As mãos na água a cabeça no mar,* recolha de panfletos, folhas soltas, recensões jornalísticas, apresentações de catálogo e outros textos de intervenção. Organiza e com Cruzeiro Seixas edita o volume *Aforismos* de Teixeira de Pascoaes. Aluga com João Vasconcelos oficina em Lisboa, perto do bairro da Graça. Organiza e prefacia, a pedido de Natália Correia, Estúdios Cor, uma antologia da obra completa de Pascoaes, *Poesia de Teixeira de Pascoaes*. Pinta duas homenagens a Teixeira de Pascoaes. Em Amesterdam, visita Laurens e Frida Vancrevel, e conhece Her de Vries, K. Tonny, Ted Joans e Rik Lina. Colabora na revista do núcleo surrealista holandês *Brumes Blondes*. Prefacia o catálogo da exposição de Raul Perez na Galeria S. Mamede.

1973 – Com Cruzeiro Seixas, volta a Amesterdam e conhece *Moesman* e Van Leusdan. Segunda exposição na Galeria S. Mamede. Com José-Francisco Aranda, visita em Tenerife Pedro Garcia Cabrera, Maud, Eduardo Westerdahl e Domingo Perez Minik. De uma carta a Édouard Jaguer: "Evidentemente, não sou um pintor – nem tampouco um escritor. Se continuo a pintar e, mais raramente a escrever, é por fatalidade que eu não podia supor, há 25 anos. O que chamam maturidade (nos jornais) é quase sempre uma coisa espantosamente ridícula. Há que pôr de lado todas essas maturidades. Eu tenho talvez a-boa-chance-má-chance de, em certo sentido, nunca lá chegar. Nunca estudarei as cores complementares, nem os pigmentos, nem os médiuns virtuosos. Deixei de escrever, poemas, quando senti o odor a experiência já vivida. Um estilo! Uma maneira de! Como um homem diplomado em amor. Realmente! O Super-Macho. Ou o Ultra-Gracioso [Ultragracioso]. Ou o Super-Sensível [...] Ou [...] estou a falar de profissões. Ou da profissão (o métier). O que também se passa é que, depois de Rimbaud, Rimbaud vai ter sempre razão. Em poesia como em tudo o mais. Desgraça que já não haja Abissínias. Só resta a Lua, com os americanos. Há também a prisão, lugar mágico, luz central da nossa civilização. Mas é sempre muito frio, a prisão, mesmo no Inverno".

Colaboração na revista *Phases*, da qual é correspondente em Portugal, com o texto "Para uma Cronologia do Surrealismo em Português" (versão francesa de Isabel Meyrelles). Organiza o volume *Contribuição ao registo de nascimento existência e extinção do grupo surrealista de Lisboa com uma carta acrílica do mês de Agosto de mil novecentos e 66 / número da besta / editado em trezentos exemplares por mário cesariny e cruzeiro seixas no quinquagésimo aniversário da recusa de duchamp em terminar o grande vidro e no do nascimento sempre possível ainda que sempre improvável de sete novos justos ignorados*. Haverá uma edição do mesmo volume, no ano seguinte, com referência ao *50º Aniversário do Primeiro Manifesto Surrealista*.

1974 – Publicação de *Pacheco versus Cesariny*, folhetim epistolar organizado por Luiz Pacheco. Publica *Jornal do Gato – contribuição ao sananeamento do livro* Pacheco versus Cesariny *edição pirata da editorial Estampa coleção direcções velhíssimas*. Prefacia o catálogo da exposição de Anne Ethuin na Galeria S. Mamede. 25 de abril – Revolução dos Cravos. Organiza em junho, na Galeria S. Mamede, a exposição "Maias para o 25 de abril", com a presença de 68 autores plásticos e 186 obras. Começa a trabalhar no livro *Textos de afirmação e de combate do movimento surrealista mundial*. Participa na "Poetry international" de Roterdão. Corresponde-se com Franklin Rosemont, animador do movimento surrealista nos United States of America (U.S.A.). Tradução e prefácio de *Os poemas de Luis Buñuel*, de José-Francisco Aranda, com alusão final, no prefácio, ao massacre de que foi vítima pela participação na *Antologia da poesia portuguesa erótica e satírica.* Participa na Exposição Internacional do Movimento *Phases*, Museu de Ixelles, Bruxelas, que reúne 67 pintores e 155 obras recentes. Prefacia *Imagem devolvida – Poema mito*, livro de Mário-Henrique Leiria. Desse livro dirá depois: Publicado pela "Editora Plátano" com veloz nota introdutória minha, escrita a duas dúzias de anos de vista do ano mágico que se introduzia, o livro tem belos desenhos de Cruzeiro Seixas, não datados, mas seguramente dos primórdios da aventura surrealista em coletivo; alguns deles serão mesmo anteriores a esse período de religação. ("Seis Poemas do Livro Inédito *Climas Ortopédicos* de Mário Henrique Leiria". *Revista da Biblioteca Nacional.* 1982; 101). Morte de Pedro Oom.

1975 – Solidariza-se com a direção e a redação do jornal *República*. Participa com comunicação no I Congresso dos Escritores Portugueses. Proporá a *suspensão de todos os cânones criados ao português escolástico e a criação na Universidade de uma cadeira de revolução da língua portuguesa.* Fecho das atividades da Galeria S. Mamede.

1976 – Artigo no jornal *O Dia* (3-1-76). Dirá sobre esse texto (a que Natália se associa): "pronuncia-se aí violentamente contra o chamado Movimento de Unidade dos Trabalhadores Intelectuais". Panfleto (desconhecido ou quase): *O França é pior do que a NATO.* Por convite de Franklin Rosemont organiza a representação portuguesa na Exposição Surrealista Mundial de Chicago, Galeria Black Swan, que reúne representantes de 33 países. Apoio da Fundação Gulbenkian a Mário Cesariny para envio das obras e deslocação a Chicago e a Nova Iorque. Colabora no terceiro número da revista *Arsenal – Surrealist Subversion*, orgão do movimento surrealista nos Estados Unidos. Visita Eugenio Granell (1912-2001) em Nova Iorque, de quem se tornará amigo próximo e declarado admirador, chegando mesmo a afirmar que a pintura de Granell, antigo militante trotskista catalão, é a mais original do século XX espanhol. A convite de Joan Ponsá y Call visita o México, onde reencontra Octávio Paz. No choque da viagem, requererá ao Governo português o lugar de adido cultural na Embaixada de Portugal no México, petição que não deve ter sido atendida.

Pinta uma série de cartões dedicados aos pintores e aos poetas do *Orpheu* e uma "Anti-homenagem a José Gomes Ferreira". Inicia a técnica das *linhas de água*, dando origem a um novo conjunto de pintura sua. Morte de Manuel de Lima.

1977 – Pinta "Cinco Memorizações do México". Publicação, na editora D. Quixote, de *Titânia* e *A cidade queimada* (com alterações novas no "Diário da Composição"). Edição maior da obra de António Maria Lisboa, *Poesia de António Maria Lisboa* – primeira colaboração sua, ao que lembro, com a editora Assírio & Alvim, de Hermínio Monteiro. Publicação do livro *Textos de afirmação e de combate do movimento surrealista mundial (1924-1976)*, edições Perspectivas e Realidades, de João Soares. Participa da exposição do movimento *Phases* na Galeria da Junta de Turismo, Estoril. Como em 1966, no livro *A Intervenção Surrealista*, diz: *encontrar a verdade em corpo e em alma é o único fim da boca humana, o único trabalho que deve prosseguir*. Exposição na Galeria Tempo, de obras inéditas, 1947 a 1977, patrocinada pela Secretaria de Estado da Cultura. Termina a tábua biográfica, 1923-1977, que para si mesmo elaborou e publicou no livro *Mário Cesariny* (Secretaria de Estado da Cultura) desse ano. Morte de Maria Mercedes Rossi Escalona de Vasconcelos, mãe de Poesia e de Mário Cesariny.

1978 – A Galeria S. Mamede retoma a sua atividade. Prefacia o catálogo de Vieira da Silva na mostra de litografias e serigrafias que a pintora faz nesta galeria. Participa nas seguintes exposições: "Surrealism Unlimited 1968-1978", Londres, Camden Arts Center (janeiro-março); "Surrealism in 1978 – 100th Anniversary of Histeria", Cedarburg, Ouzaukee Art Center (Março-Abril); "A António Maria Lisboa 1928-1953", Estoril, Junta de Turismo da Costa do Sol (maio); "Claridade dada pelo tempo – Homenagem a Mário-Henrique Leiria", Estoril, Junta de Turismo da Costa do Sol (agosto).

1979 – Traduz e prefacia o volume *Enquanto houver água na água e outros poemas*, Dom Quixote, de Breyten Breytenbach. Participa nas seguintes exposições: "Cesariny", Lisboa, Galeria Tempo (fevereiro) e Porto, Galeria Alvarez (março); "Presencia viva de Wolfgang Paalen", Cidade do México, Instituto Nacional de Belas Artes (julho); "Arte Moderna Portuguesa", Lisboa, Sociedade Nacional de Belas Artes (setembro). Pinta homenagem maior, em díptico de grandes dimensões, a Teixeira de Pascoaes, com nome "A Teixeira de Pascoaes:/ O Universo Menino/ O Velho da Montanha/ O Rei do Mar".

1980 – Publica *Primavera autônoma das estradas*, Assírio & Alvim, reunião de soltos e dispersos. Escreve o texto "João de Pascoaes", relativo a João Vasconcelos, dado à estampa em catálogo deste (Galeria São Francisco, Lisboa). Colabora, poema e pintura, no volume *Pascoaes – No centenário de Teixeira de Pascoaes*. Participa na exposição: "Fondo de arte", Santa Cruz de Tenerife, Sala de Arte e Cultura la Laguna (novembro-dezembro) e Sala de Arte e Cultura Puerto de la Cruz (dezembro). Morte de Mário-Henrique Leiria.

1981 – Organiza o evento – ideia, projeto, exposição, catálogo – *Três poetas do Surrealismo – António Maria Lisboa, Pedro Oom e Mário- -Henrique Leiria*, Biblioteca Nacional. Publica ou republica *Manual de prestidigitação*, Assírio & Alvim, volume que reorganiza parte da criação poética feita entre 1942 e 1956. Abre pesquisas na Biblioteca Nacional. Participa nas exposições: "Papeles invertidos", Santa Cruz de Tenerife, Caja Insular de Ahorros (fevereiro); "Mário Cesariny", Lisboa, Galeria S. Mamede (março); "Permanence du regard surréaliste", Lyon, Espace lyonnais d'art contemporain (junho-setembro); "Antevisão do Centro de Arte Moderna", Fundação Calouste Gulbenkian (julho-setembro); "Mário Cesariny", Viseu, Galeria 22 (dezembro).

1982 – Traduz e anota *Heliogabalo ou o anarquista coroado* de Antonin Artaud, Assírio & Alvim. Continua as investigações na Biblioteca Nacional. Publica *Seis poemas do livro inédito* Climas Ortopédicos *de Mário Henrique Leiria*, separata da revista *Biblioteca Nacional*. Republica *Pena capital*, Assírio & Alvim, volume que continua a reorganizar a criação poética anterior, dessa vez com uma pequena soma final de inéditos. Projeta a edição das obras de Teixeira de Pascoaes na editora Assírio

O Surrealismo Português e Teixeira de Pascoaes

& Alvim. Participa nas seguintes exposições: "Mário Cesariny", Amarante, Museu Municipal (janeiro); "Os anos 40 na arte portuguesa", Lisboa, Fundação Calouste Gulbenkian (março-maio).

1983 – Publica *Horta de literatura de cordel*, Assírio & Alvim, resultado das pesquisas feitas na BN. Publica ainda, *Sombra de almagre* (poema e serigrafia). Colabora com dois poemas na revista anarquista *A Ideia* (recolhidos na seção final de *Pena capital*, 2004). *De uma carta, dezembro (25), para Guy Weelen (secretário de Vieira da Silva e Arpad Szenes): De plus en plus vrai que les écrivains que ne révolutionnent que la littérature, ne révolutionnent pas la littérature.* Participa nas seguintes exposições: "Le surréalisme portugais", Montréal, Galerie UQAM (setembro-outubro); "Harvest of Evil – Group Surrealist Exhibition", Columbus, Ti Rojo Studio (outubro-novembro). Morte de João Vasconcelos, na casa de Pascoaes, Gatão, Amarante.

1984 – Publica *Vieira da Silva, Arpad Szenes ou o Castelo Surrealista*, Assírio & Alvim, resultado de vinte anos de pesquisas e 32 de adesão. Comparece na festa dos dez anos da revista anarquista *A Ideia* (maio). Sai a primeira obra de Teixeira de Pascoaes na Assírio & Alvim, *São Paulo*. Programa da RTP sobre Mário Cesariny, da responsabilidade de Maria Elisa e Artur Albarrã, que não chega ao fim. Participa nas seguintes exposições: "Os novos primitivos: os grandes plásticos", Porto, Cooperativa Árvore (janeiro); "Exposição internacional surrealismo e pintura fantástica", Lisboa, Teatro ibérico (dezembro) e Sociedade Nacional de Belas Artes (janeiro de 1985). Morte de João Pinto de Figueiredo.

1985 – Publica a segunda edição de *As mãos na água a cabeça no mar*, Assírio & Alvim, dessa vez com texto maior relativo a Teixeira de Pascoaes (1972). Participa nas seguintes exposições: "Um Rosto para Fernando Pessoa", Lisboa, Fundação Calouste Gulbenkian – Centro de Arte Moderna (julho); "Pinturas portuguesas: obras destinadas ao Museu de Arte Moderna do Porto", Lisboa, Galeria Almada Negreiros (setembro-outubro). Morte de Arpad Szenes.

1986 – Tradução e seleção de *Fragmentos* de Novalis, publicação da Assírio & Alvim. Escreve onze notas de extensão a texto de Joaquim de Carvalho, "Reflexões sobre Teixeira de Pascoaes", comunicação apresentada à Academia das Ciências de Lisboa, em novembro de 1954. Participa nas seguintes exposições: "Coletiva de pintura", Lisboa, Galeria Isaac Holly (janeiro); "O fantástico na arte contemporânea", Lisboa, Fundação Calouste Gulbenkian – Centro de Arte Moderna (fevereiro-março); "56 artistas da António Arroio", Lisboa, Sociedade Nacional de Belas Artes (maio-junho); "Mário Cesariny: 11 acrílicos comemorativos do nascimento da primeira linha de água", Lisboa, Livraria Assírio & Alvim (dezembro). Morte de Alexandre O'Neill.

1987 – Aparece a segunda edição de *Os poetas lusíadas*, Assírio & Alvim, trazendo como introdução o texto de Joaquim de Carvalho e os comentários de Cesariny. Participa nas seguintes exposições: "III Bienal Nacional de Desenho", Porto, Cooperativa Árvore – Mercado Ferreira Borges, (julho); "Anos 40 a 60", Macau, Galeria do Leal Senado (fevereiro--março); "VIII Salão de Outono", Estoril, Galeria de Arte do Casino do Estoril (novembro-dezembro); "Pintura", Torres Novas, Galeria Neupergama (novembro-dezembro); "Terceira exposição: pintura, desenho, cerâmica", Constância, Galeria de Constância (novembro-dezembro).

1988 – Participa nas seguintes exposições: "L'experience continue – Phases 1952-1988", Le Havre, Museu de Belas Artes André Malraux; "A Galeria d'arte de Vilamoura e a coleção de Cruzeiro Seixas", Vilamoura; "Pintura", Torres Novas, Galeria Neupergama (fevereiro); "O Mar-i-o Cesariny: o navio de espelhos", Lisboa, Galeria EMI-Valentim de Carvalho (maio); "Oitenta anos de arte portuguesa", Lisboa, Galeria São Bento (maio); "14+1 pintores contemporâneos", Torres Novas, Galeria Neupergama (junho); "IX salão de Outono", Estoril, Galeria de arte do Casino de

Estoril (outono); "9+3 pintores contemporâneos", Torres Novas, Galeria Neupergama (novembro-dezembro); "Exposição Outono/88 – Inverno/89", Constância Galeria de Constância. Morte de António José Forte.

1989 – Publica *O virgem negra* (com referências importantes a Teixeira de Pascoaes), Assírio & Alvim. Participa nas seguintes exposições: "15+3 pintores contemporâneos", Torres Novas, Galeria Neupergama; "13 pintores portugueses", Torres Novas, Galeria Neupergama (maio-junho); "Segundo Fórum de arte contemporânea", Lisboa, Fórum Picoas (junho); "Exposição de pintura e escultura do patrimônio da Caixa Geral de Depósitos", Porto, Casa de Serralves (julho-agosto); "12+2 pintores portugueses", Torres Novas, Galeria Neupergama (outubro-novembro); "X salão de Outono. Descobrimentos portugueses", Estoril, Galeria de arte do Casino Estoril (novembro-dezembro). Morte de João Moniz Pereira.

1990 – Participa nas seguintes exposições: "Coletiva de pintura", Lisboa, Galeria Nartis (maio); "Surrealismo e-não-só", Torres Novas, Galeria Neupergama (outubro-novembro); 20 pintores no décimo aniversário da Galeria", Torres Novas, Galeria Neupergama (novembro-janeiro). Morte de António Dacosta.

1991 – Publica *Dois poemas de Jonathan Griffin vertidos para português por Mário Cesariny e Philip West*, separata da revista *Colóquio-Letras* (nº 120). Participa nas seguintes exposições: "Cesariny: a ilha misteriosa", Costa da Caparica, Almadarte Galeria (junho-julho); "Jardim do Tabaco: exposição de pintura e escultura", Lisboa, Pavilhão AB do Jardim do Tabaco (julho); "3ª bienal de arte dos Açores e Atlântico", Horta (outubro-novembro); "17+2 pintores no décimo-primeiro aniversário da Galeria", Torres Novas, Galeria Neupergama (dezembro-janeiro).

1992 – Participa nas seguintes exposições: "17 pintores no décimo segundo aniversário da Galeria", Torres Novas, Galeria Neupergama;

"Automatismos", Las Palmas de Gran Canaria, Centro Atlântico de Arte Moderna (fevereiro-março); "Homenagem a D'Assumpção", Portalegre, Galeria Municipal de Portalegre (outubro); "Exposicion Surrealista", Madrid, Estudio Ancora (novembro-dezembro); "Arte portuguesa nos anos 50", Beja, Biblioteca Municipal (outubro-novembro) e Lisboa, Sociedade Nacional de Belas Artes (janeiro-fevereiro, 1993). Morte de Maria Helena Vieira da Silva.

1993 – Participa nas seguintes exposições: "Verão 93-14 pintores portugueses", Torres Novas, Galeria Neupergama; "Mário Cesariny, 47 anos de pintura", Torres Novas, Galeria Neupergama (outubro-dezembro); "18 pintores contemporâneos no 13º aniversário da Galeria", Torres Novas, Galeria Neupergama (dezembro-janeiro). Mortes de Natália Correia e de Fernando Alves dos Santos.

1994 – Reedição de *Titânia, história hermética em três religiões e um só Deus verdadeiro com vistas a mais luz como Goethe queria*, Assírio & Alvim, com importante nota final inédita. Participa nas seguintes exposições: "Phases – 87 images, 71 artistes, 23 pays de la planisphère", Galerias de Arte de Plemet Ploeuc, Lié et Quintin (maio-junho); "Primeira exposição do Surrealismo ou não", Lisboa, Galeria S. Mamede (julho-outubro); "Surrealismo (e não) – obras da coleção doada pelo eng. João Meireles", Vila Nova de Famalicão, Fundação Cupertino de Miranda (?) (novembro); "Coleção Manuel de Brito: imagens da arte portuguesa do século XX", Lisboa, Museu do Chiado (novembro-dezembro); "Vinte pintores no décimo quarto aniversário da Galeria", Torres Novas, Galeria Neupergama (dezembro-janeiro). Morte de Virgílio Martinho.

1995 – Publica *Uma combinação perfeita*. Participa nas seguintes exposições: "Mário Cesariny e Álvaro Lapa", Torres Novas, Galeria Neupergama (fevereiro-abril); "Plural", Torres Novas, Galeria Neupergama (junho-agosto); "Imagem 95", Almada, Câmara Municipal de Almada (dezembro); "Vinte e dois artistas no décimo quinto aniversário da Galeria", Torres Novas, Galeria Neupergama (dezembro-janeiro).

1996 – Publica *Corpo Imóvel* (ilustrações de Pedro Oom) e *António António*. Participa nas seguintes exposições: "Coleção Mário Soares", Lisboa, Museu do Chiado (fevereiro-abril); "António Areal, Mário Cesariny, Álvaro Lapa", Torres Novas, Galeria Neupergama (março-maio); "El Juego de los Espejos – colección Fundación Eugenio Granell", Léon, Instituto Leonés de Cultura (maio-junho); "Associação acadêmica de S. Mamede – 50 anos, 50 artistas", S. Mamede de Infesta, Galeria Municipal Arménio Losa (maio-junho); "Pluralidades", Torres Novas, Galeria Neupergama (junho-julho); "Mário Cesariny: regresso a 1947", Torres Novas, Galeria Neupergama (outubro-novembro); "Feira de arte contemporânea – FAC 96/ Fórum atlântico de arte contemporânea – Fórum 96", Matosinhos, Exponor (dezembro); "Vinte artistas no décimo sexto aniversário da Galeria", Torres Novas, Galeria Neupergama (dezembro-janeiro).

1997 – Publica a segunda edição de *A intervenção surrealista*, Assírio & Alvim. Participa nas seguintes exposições: "4 pintores – Cesariny, Charrua, Álvaro Lapa, Julião Sarmento", Torres Novas, Galeria Neupergama (março-abril); "Coleção José-Augusto França", Lisboa, Museu do Chiado (março-junho); "Gravura Moderna – Exposição comemorativa do X aniversário", Costa da Caparica, Almadarte Galeria (maio-agosto); "A arte, o artista e o outro", Vila Nova de Famalicão, Fundação Cupertino de Miranda; "Vinte e dois artistas no décimo sétimo aniversário da Galeria", Torres Novas, Galeria Neupergama (novembro-janeiro). Suicídio de Ricarte-Dácio de Sousa.

1998 – Reedição de *Aforismos* de Teixeira de Pascoaes, Assírio & Alvim. Participa nas seguintes exposições: "23 artistas contemporâneos", Torres Novas, Galeria Neupergama (junho-julho); "O que há de português na arte moderna portuguesa", Lisboa, Palácio Foz (junho-setembro); "Mário Cesariny, pintura surrealista monocromática e outra", Torres Novas, Galeria Neupergama (outubro-dezembro); "Dez artistas no décimo-oitavo aniversário da Galeria", Torres Novas, Galeria Neupergama (dezembro-fevereiro). Morte de Carlos Eurico da Costa.

António Cândido Franco

1999 – Participa nas seguintes exposições: "Desenhos dos surrealistas em Portugal 1940-1966", Porto, Museu Nacional de Soares dos Reis; "Linhas de sombra", Lisboa, Fundação Calouste Gulbenkian – Centro de Arte Moderna (janeiro-abril); "Surrealismo", Torres Novas, Galeria Neupergama (março-maio); "Doações recentes", Lisboa, Museu do Chiado (outubro-novembro); "Agriculturas", Lisboa, Caixa Geral de Depósitos (Edifício sede) (novembro-dezembro); "Natália: Arte e Poesia", Lisboa, Palácio Galveias e Porto, Fundação eng. António Almeida; "Doze artistas no décimo nono aniversário da Galeria", Torres Novas, Galeria Neupergama (dezembro-janeiro).

2000 – Publica *Tem dor e tem puta*. Participa nas seguintes exposições: "Caminha nos caminhos do surrealismo – Mário Cesariny: uma antologia", Caminha, Câmara Municipal de Caminha (maio-junho); "Feira de arte contemporânea – FAC 2000", Lisboa, FIL – Parque das Nações (novembro); "Dezasseis artistas no vigésimo aniversário da Galeria", Torres Novas, Galeria Neupergama (dezembro-janeiro).

2001 – Participa nas seguintes exposições: "Mário Cesariny, Enrique Carlón, J. F. Aranda", Torres Novas, Galeria Neupergama (fevereiro-abril); "Surrealismo em Portugal 1934-1952", Badajoz, Museo Extremeño e Iberoamericano de Arte Contemporâneo (março-maio) e Vila Nova de Famalicão (outubro-dezembro); "Catorze artistas no vigésimo-primeiro aniversário da Galeria", Torres Novas, Galeria Neupergama (dezembro-janeiro). Começa as filmagens-conversas com Miguel Gonçalves Mendes. Morte de Ernesto Sampaio e de Manuel Hermínio Monteiro.

2002 – Reedição de *Poesia de Teixeira de Pascoaes*, incluindo os *Aforismos*, Assírio & Alvim. Cinquentenário da morte de Teixeira de Pascoaes. Recebe aos setenta e nove anos o Grande prêmio EDP pela sua obra pictórica; foi o primeiro Prêmio que recebeu, entre letras e tintas, apesar de expor e publicar desde 1949-50. Documentário de Perfecto Cuadrado sobre Mário Cesariny, *Ama como a Estrada Começa*. Participa nas seguintes exposições: "Surrealismo em Portugal 1934-1952", Madrid, Círculo de Belas Artes; "1940/1960 – figuração e abstração nas coleções do Museu do Chiado", Castelo Branco, Museu de Francisco Tavares Proença Júnior; "Mário Cesariny – pintura", Torres Novas, Galeria Neupergama (março-maio); "Territórios singulares na coleção Berardo", Sintra, Museu de Arte Moderna (outubro-fevereiro); "Quinze artistas no vigésimo segundo aniversário da Galeria", Torres Novas, Galeria Neupergama (dezembro- fevereiro).

2003 – Participa nas seguintes exposições: "O surrealismo na coleção Berardo", Tavira, Palácio da Galeria (julho-setembro); "Vigésimo--terceiro aniversário – quinze artistas", Torres Novas, Galeria Neupergama (dezembro-janeiro); "Uma coleção", Montijo, Galeria Municipal (dezembro-fevereiro). Aparece o documentário fílmico, orientado por Perfecto E. Cuadrado, *Ama como a Estrada Começa*.

2004 – Reedição de *Pena capital*, com dedicatória a Ricarte-Dácio de Sousa e novos inéditos, do *Jornal do Gato* e de *Horta de literatura de cordel,* todos na Assírio & ALvim. Publicação do livro *Mário Cesariny*, organização de João Lima Pinharanda e Perfecto E. Cuadrado; o livro é catálogo de exposição ocorrida nesse ano no Museu da Cidade de Lisboa. Publicação de *Verso da autrografia*, conversas de Mário Cesariny com Miguel Gonçalves Mendes. Aparece o documentário fílmico deste, *Autografia*, com apresentação em sala da Cinemateca, Lisboa, 3 de maio, com a presença de Mário Cesariny e o autor. Participa nas seguintes exposições: "O Surrealismo abrangente: coleção particular de Cruzeiro Seixas", Vila Nova de Famalicão, Fundação Cupertino de Miranda (abril-maio); "Revisitar obras dos anos 60-70-80-90", Torres Novas, Galeria Neupergama (maio-junho); "La Belleza Convulsiva", Sevilha, Casa de la Provincia; "Retrospectiva de Mário Cesariny", Lisboa, Museu da Cidade (setembro-dezembro). Morte de Henriette Cesariny, irmã muito próxima de Mário Cesariny.

2005 – Recebe em casa, das mãos de Jorge Sampaio, Presidente da República, a Grã-Cruz da Ordem da Liberdade. Reedição de *Manual de prestidigitação*, Assírio & Alvim. Recebe o Prêmio Vida Literária, da Associação Portuguesa de Escritores. Necessitou de esperar pelos 82 anos para um júri dum prêmio poético-literário se lembrar dele, ele que se estreara 55 anos antes, com *Corpo vísivel*. Durante 55 anos, publicando verso e prosa, não houve prêmio que lhe coubesse. No ano de 1991, *Amor Feliz*, um romance hoje de todo esquecido, de David Mourão-Ferreira, arrecadava, só ele, cinco prêmios. Sobre o assunto se pronunciou Cesariny. Participa nas seguintes exposições: "O Surrealismo abrangente: coleção particular de Cruzeiro Seixas", Lisboa, Sociedade Nacional de Belas Artes; "Retrospectiva de Mário Cesariny", Vila Nova de Famalicão, Fundação Cupertino de Miranda; "O Surrealismo abrangente: coleção particular de Cruzeiro Seixas", Lagoa, Convento de S. José; "Coletiva de Verão", Aveiro, Galeria Vera Cruz; "Dali e os Surrealistas em Portugal", Porto, Centro de Cultura e Congressos da Seção Regional do Norte da Ordem dos Médicos; "Arte Portuguesa em Brasília", Brasília, Embaixada de Portugal; "Iluminações", Torres Novas, Galeria Neupergama; "O navio de espelhos – Mário Cesariny", Barcelos, Biblioteca Municipal; "Coletiva de dezembro", Aveiro, Galeria Vera Cruz; "Obra Gráfica de Mário Cesariny", Lisboa, Convento do Beato-Perve Galeria; "Fernando Lemos e o Surrealismo", Sintra, Museu de Arte Moderna; "Exposição Retrospectiva", Vila Nova de Famalicão, Fundação Cupertino de Miranda; "O Contrato Social", Lisboa, Museu Bordalo Pinheiro; "60 Anos a Celebrar a Cor", Castelo Branco, Solar dos Cavaleiros – Museu Cargaleiro.

2006 – "Mário Cesariny: Navio de Espejos", Madrid, Círculo de Bellas Artes; "Cesariny, Cruzeiro Seixas, Fernando José Francisco e o passeio do Cadáver-Esquisito", Lisboa, Perve Galeria; "Os Anos 40 e 50 na Colação do Museu do Chiado", Lisboa, Museu do Chiado; "20 Quadros Internacionais", Porto, Galeria Nasoni; "10 Artistas Contemporâneos", Coimbra, Galeria 132A; "Fernando Lemos e o Surrealismo na coleção Berardo e na Fundação Cupertino de Miranda", Calheta, Madeira, Centro das Artes Casas das Mudas; "Equilíbrio e Indisciplina – Pintura Portuguesa dos Anos 1930-40", Lisboa, Galeria do *Diário de Notícias*; "Outras Obras", Lisboa, Galeria 111; "20 Anos – 20 Nomes Portugueses", Porto, Galeria Nasoni; "Impressões Múltiplas", Lisboa, Museu de Água; "A Nossa História – Arte em Portugal nos Séculos XX/XXI", Porto, Galeria Nasoni; "Exposição Coletiva de Pintura e Escultura Portuguesa", Lisboa, Galeria de Arte da Cervejaria Trindade. Encontra a 2 de novembro, na Galeria Perve, pela última vez Cruzeiro Seixas e Fernando José Francisco (não encontrava este desde a década de 1940). Morre poucos dias depois, na madrugada de 26 de novembro, na casa onde vivia desde há muito, Lisboa, Palhavã, rua Basílio Teles.

9. TEIXEIRA DE PASCOAES: UMA CRONOLOGIA

1877 – Nasce no centro da vila de Amarante, a 2 de novembro, Joaquim Pereira Teixeira de Vasconcelos, filho de João Pereira Teixeira de Vasconcelos e de Carlota Guedes Monteiro. Pouco depois mudar-se-á com a família para a casa de Pascoaes, na freguesia de Gatão, Amarante. Assinará mais tarde, por via da ligação ao lugar, Teixeira de Pascoaes.

1895 – Publica *Embriões* (assina excepcionalmente Joaquim P. Teixeira de Pascoaes e V.), livro de versos, que logo recusará, mandando destruir os exemplares em seu poder. Partida para Coimbra, onde frequenta o último ano do liceu. Convive nessa época com Gregório Nanzianzeno de Vasconcelos, depois conhecido por Neno Vasco, que mais tarde se tornará no mais profícuo teorizador do anarquismo português (v. Alexandre Samis, *Minha Pátria é o mundo inteiro – Neno Vasco, o Anarquismo e o sindicalismo revolucionário em dois mundos*, Lisboa, Letra Livre, 2009).

1896 – Matricula-se na Faculdade de Direito da Universidade de Coimbra. Publica a primeira parte do poemeto em verso *Belo*, ponto de partida reconhecido de toda a sua obra posterior.

1897 – Publica a segunda parte do poemeto em verso *Belo*.

1898 – Publica o poemeto em verso *À Minha Alma* e o livro de versos *Sempre*, que depois, em 1915, para a terceira edição do livro, reelaborará por inteiro.

1899 – Com Afonso Lopes Vieira, Augusto Gil, Fausto Guedes Teixeira e outros publica *Cantigas para o Fado e para as 'Fogueiras' de São João*.

1900 – Publica o livro de versos *Terra proibida* e com A. Lopes Vieira o opúsculo em verso *Profecia*.

1901 – Publica o poemeto em verso *À Ventura*. Conclusão do curso de direito em Coimbra. Abre escritório de advogado, de parceria com Carlos Babo, em Amarante.

1903 – Publica o poema em verso *Jesus e Pã*. Suicida-se em Coimbra o irmão de Pascoaes, António, que se sente vítima de perseguição política – perfilhava o ideário anarquista. Desloca-se a Salamanca para conhecer, por intermédio de Eugênio de Castro, Miguel de Unamuno.

1904 – Publica o livro de versos *Para a Luz*.

1906 – Publica o livro de versos *Vida Etérea*, que integra o poema "Elegia", mais tarde, em 1924, dado a lume de forma autônoma com o título de *Elegia do Amor*. Muda-se para o Porto, onde abre escritório de advogado. Unamuno visita a casa de Pascoaes, Gatão, em Amarante.

1907 – Publica o livro de versos *Sombras*. Estreia-se em prosa no jornal anarquista *A Vida* (Porto) com dois textos sobre "O sentido da vida".

1909 – Publica o poemeto em verso *Senhora da Noite*.

1910 – Proclamação da República em Portugal e aparecimento da primeira série da revista *A Águia* (dezembro), com capa de Cristiano de Carvalho; Pascoaes publicará regularmente até 1915 textos em verso e prosa na revista (a prosa está hoje recolhida nas duas grandes selecções feitas por Pinharanda Gomes: *EEL – Ensaios de Exegese Literária e Vária Escrita* e *SS – A Saudade e o Saudosismo*). Desenha-se o aparecimento do saudosismo como movimento cultural e escola poética – a primeira do século XX português.

1911 – Publica o longo poema em verso *Marános*, momento fundador do saudosismo, como atualização do impulso messiânico da cultura portuguesa mais inovadora. Fundação da associação cultural Renascença Portuguesa (Pascoaes faz parte dos corpos gerentes). Pascoaes, juiz substituto em Amarante. Abandonará pouco depois o lugar público, dedicando-se à escrita dos seus livros, às campanhas doutrinárias da Renascença Portuguesa e à administração da sua casa agrícola.

1912 – Publica o longo poema em verso *Regresso ao paraíso*, onde universaliza o espírito saudosista da cultura portuguesa. Início da publicação da segunda série da revista *A Águia* (Pascoaes é seu diretor literário). Publica o primeiro opúsculo em prosa, *O espírito lusitano ou o Saudosismo* (recolhido hoje em *SS – A Saudade e o Saudosismo*), no quadro do arranque das campanhas do saudosismo como movimento cultural. Textos de Fernando Pessoa na revista *A Águia* a favor da poética e do espírito do saudosismo. Inquérito Literário de Boavida nas páginas do jornal *República*, onde a opinião pública se divide apaixonadamente entre os que apoiam o saudosismo (Teixeira de Pascoaes, Jaime Cortesão, Leonardo Coimbra, Augusto Casimiro, Fernando Pessoa e outros) e os que o condenam violentamente (Adolfo Coelho, Júlio de Matos, Júlio Brandão e outros). O Inquérito será passado a livro em 1915.

1913 – Publica o livro de versos *Elegias*, o longo poemeto *O doido e a morte* e o opúsculo em prosa *O gênio português na sua Expressão filosófica, poética e religiosa* (recolhido hoje em *SS – A Saudade e o Saudosismo*), que dá seguimento ao opúsculo em prosa do ano anterior. António Sérgio entra em polêmica com Teixeira de Pascoaes nas páginas da revista *A Águia* a propósito do saudosismo. A polêmica, por tudo o que arrasta, é talvez a mais importante contenda de ideias, da cultura portuguesa do século XX. Mário Sá-Carneiro colabora na revista *A Águia*.

1914 – Publica o livro em prosa *Verbo Escuro* e o opúsculo em prosa *A Era Lusíada* (recolhido hoje em *SS – A Saudade e o Saudosismo*), terceiro manifesto do movimento saudosista. Ruptura de Fernando Pessoa com Álvaro Pinto, secretário da Renascença Portuguesa e administrador da revista *A Águia*.

1915 – Publica o livro em prosa *Arte de ser português*, escrito para servir de manual cívico nas escolas da República e que é hoje a súmula do saudosismo enquanto movimento cultural.

1916 – Publica o livro em prosa *A beira num relâmpago*.

1917 – Abandona a direção literária da revista *A Águia*.

1918 – Desloca-se a Barcelona, convidado pelo Institut de Estudios Catalans, por intermédio de Eugênio d'Ors, para pronunciar um conjunto de palestras sobre a poesia portuguesa.

1919 – Publica em livro as palestras feitas no ano anterior em Barcelona, *Os poetas lusíadas*, que é a súmula do saudosismo como visão poética.

1920 – Publica o poema em verso *Elegia da Solidão* (integra as edições posteriores de *Elegias*). Tradução castelhana de *Terra Proibida*.

1921 – Publica o livro em prosa *O bailado* e o livro de versos *Cantos indecisos*. Sobre *O bailado* dirá Mário Cesariny em 1973, no texto "Para uma Cronologia do Surrealismo em Português" (revista *Phases*), que o livro é surrealista sem o surrealismo. Transcrevo: O Bailado, *impresso em*

1921 e não mais reeditado, pude eu já defini-lo como "rimbaldiano sem Rimbaud e surrealista sem o surrealismo", tal o encontro interior com as teses de Breton. Nesse mesmo texto avalia Pascoaes como *poeta bem mais importante* do que Fernando Pessoa.

1922 – Morte do pai de Teixeira de Pascoaes. Publica os opúsculos em prosa *Conferência* (hoje recolhido em *SS – A saudade e o saudosismo*) e *A Caridade* (hoje recolhido em *HU – O homem universal e outros escritos*). Tradução castelhana de *Regresso ao paraíso*.

1923 – Publica o opúsculo em prosa *A nossa fome* (hoje recolhido em *HU – O Homem universal e outros escritos*).

1924 – Publica o livro em prosa *O Pobre Tolo*. Reedita a "Elegia" de *Vida Etérea*, que Fernando Pessoa comentou nos textos de 1912, em opúsculo, com o título *Elegia do amor.*

1925 – Publica o texto dramático em verso *D. Carlos*, o livro inédito de versos *Cânticos* e a compilação *Sonetos* (recolhidos de livros anteriores, sobretudo dos publicados entre 1898 e 1913). A encenação da peça dramática só acontecerá em 2009, pela mão de Carlos Avillez e o Teatro Experimental de Cascais.

1927 – Publica de parceria com Raul Brandão o texto dramático em prosa *Jesus Cristo em Lisboa*. A encenação terá lugar meio-século depois, em 1978, com intervenção de Alexandre O'Neill e de Mendes de Carvalho.

1928 – Publica em prosa o *Livro de memórias*.

1929-32 – *Obras completas* (sete volumes), com uma única novidade, a versão em verso do livro *O pobre tolo* (vol. VI). Tradução francesa de *Regresso ao paraíso* (1931).

1934 – Publica o livro em prosa *São Paulo*.

1935 – Publica o poemeto em verso *Painel*. Tradução castelhana de *São Paulo*, com prefácio de Miguel Unamuno.

1936 – Publica o livro em prosa *São Jerónimo e a Trovoada*. Tradução checa de *Regresso ao paraíso*.

1937 – Publica o livro em prosa *O homem universal*. Tradução holandesa de *São Paulo*.

1938 – Tradução alemã de *São Paulo*.

1939 – Tradução holandesa de *São Jerónimo e a Trovoada*. Albert Vigoleis Thelen, tradutor alemão de Pascoaes, refugia-se em Portugal, na casa de Teixeira de Pascoaes.

1940 – Publica o livro em prosa *Napoleão*.

1941 – Tradução alemã de *São Jerónimo e a trovoada*.

1942 – Publica os livros em prosa *O penitente (Camilo Castelo Branco) e Duplo Passeio*. Recebe do poeta brasileiro Jorge de Lima uma carta de louvor a propósito deste segundo livro, que é porventura o pico da sua obra escrita e da criação poética do século XX português.

1943 – Tradução húngara de *São Paulo*.

1945 – Publica o livro em prosa *Santo Agostinho*, o trabalho preferido do autor e que lhe consumiu vários anos de investigação. Não é uma hagiografia mas uma hagiomaquia. No pórtico desse livro está a declaração: *Nasci para flagelar os santos*.

1946 – Tradução espanhola de *Napoleão*. Tradução holandesa de *Verbo escuro*.

1947 – Tradução alemã de *Napoleão*. O tradutor alemão de Teixeira de Pascoaes regressa à Europa Central (Holanda e depois Suíça alemã).

1949 – Publica o livro *Versos pobres*. Tradução alemã de *Verbo escuro*.

1950 – Publica o livro em prosa *O empecido* e três opúsculos em prosa: *Guerra Junqueiro, Drama Junqueiriano e "Pro Paz" (Duas Conferências em Defesa da Paz)*, os dois primeiros reproduzidos em *EEL – Ensaios de exegese literária e vária escrita* e o terceiro em *HU – O homem universal e outros escritos*. Tradução holandesa de *Napoleão*. Mário Cesariny – que neste ano se estreou com o livro *Corpo visível* – vai a Amarante ouvir uma conferência de Pascoaes sobre Guerra Junqueiro (cujo centenário de nascimento passa nesse ano) e visita a Casa de Pascoaes.

1951 – Homenagem da academia de Coimbra a Teixeira de Pascoaes. Publica o livro em prosa *Dois jornalistas* e ainda dois opúsculos em prosa, *Apresentação do Teatro dos Estudantes de Coimbra no Cine-Teatro Amarantino e Aos Estudantes de Coimbra*, ambos recolhidos hoje em *EEL – Ensaios de Exegese Literária e Vária Escrita*.

1952 – Publica a separata em prosa *António Carneiro* (recolhido hoje em *SS – A Saudade e o saudosismo*). Desloca-se ao Conservatório Nacional de Lisboa, a 14 de março, para proferir a sua derradeira conferência sobre a saudade (será publicada em 1973, com o título *Da Saudade*; hoje recolhida em *SS – A Saudade e o saudosismo*). Morre a 14 de Dezembro na velha casa de Gatão, onde viveu quase toda a sua vida.

1953 – Aparece póstumo (pela mão de Álvaro Bordalo) o livro *Últimos versos*.

1954 – Publicação póstuma de *A minha cartilha* (com o empenho de Ilídio Sardoeira e Joaquim de Montezuma de Carvalho).

1957 – Surge póstumo *Epistolário Ibérico – Cartas de Pascoaes e Unamuno*, organização de Joaquim de Montezuma de Carvalho.

1972 – Trabalhos maiores de Mário Cesariny sobre a obra (poesia e pintura) de Teixeira de Pascoaes. Edição de *Aforismos*, seleção e nota de Mário Cesariny e edição do mesmo com Cruzeiro Seixas (desenhos de Mário Cesariny, Cruzeiro Seixas e João Vasconcelos); edição de *Poesia de Teixeira de Pascoaes*, organização e introdução de Mário Cesariny. Esta última apresentou pela primeira vez os trabalhos pictóricos de Pascoaes (vinte e duas aguarelas).

1973 – Publicação póstuma de *João Lúcio* (conferência).

1978 – Publicação póstuma de *Uma fábula (o advogado e o poeta)*, continuação do *Livro de memórias*.

1984 – A editora Assírio & Alvim, Lisboa, orientada por Manuel Hermínio Monteiro, a conselho de Mário Cesariny, inicia a publicação das "Obras de Teixeira de Pascoaes". Entre 1984 e 2010 publicar-se-ão 24 volumes.

1994 – Edição póstuma de *Raul Brandão – Teixeira de Pascoaes. Correspondência*, organização e notas de António Marques Vilhena e Maria Emília Marques Mano.

1995 – Publicação póstuma de *Cartas de amor*, organização de A. Cândido Franco e António José Queiroz.

1999 – *Os intelectuais galegos e Teixeira de Pascoaes. Epistolário*, organização e edição de Eloísa Álvarez e Isaac Alonso Estraviz.

2013 – Continuam inéditas (pelo menos) duas obras maiores de Teixeira de Pascoaes: *O senhor fulano* e *O anjo e a bruxa*.

10. TEIXEIRA DE PASCOAES: O OUTRO MODERNISMO

Teixeira de Pascoaes (1877-1952) – nome poético de Joaquim Pereira Teixeira de Vasconcelos – deixou uma vasta obra escrita, em prosa e em verso, que se estende por quase todos os gêneros conhecidos e se mostra em muitos outros momentos, pela inovação e alteridade, renitente a qualquer classificação.

Estreou-se muito cedo, aos 17 anos, em 1895, usando o nome de Joaquim P. Teixeira de Pascoaes e V., com um livro de versos, *Embriões* (Porto), pouco personalizado como seria de esperar em idade tão precoce, que mandou pouco depois destruir, recusando aceitá-lo como ponto de arranque da sua criação.

A obra de Pascoaes ganhou porém desde cedo uma tintura original, marcada por uma tristeza elegíaca – a saudade – e servida por um verso terso e versátil, de efeito clássico; é o que acontece logo nas duas primeiras partes de *Belo*, uma écloga que ele tomou como o momento personalizado da sua estreia, dada à estampa, em Coimbra, nos anos de 1896 e 1897, e subscrita já com o nome definitivo.

Ainda assim esses primeiros opúsculos – a que se acrescentam *À minha alma* (1898); *Sempre* (1898); *Terra proibida* (1899); *À Ventura* (1901) – estão ainda longe da individualidade definitiva do autor e por isso mais tarde, insatisfeito com os lineamentos que eles apresentavam, Pascoaes sentiu necessidade de reescrever em profundidade os versos dos principais livros desse período, cujas versões que temos hoje pouco ou nada têm a ver com as desses anos.

A originalidade da obra em verso de Pascoaes, que a distinguiu de imediato dos pares – Augusto Gil, António Correia d'Oliveira, Fausto Guedes Teixeira, Afonso Lopes Vieira, mas não João Lúcio (1880-1918), que será o grande contemporâneo de Pascoaes –, só surgiu de forma sazonada com livros como *Jesus e Pã* (1903); *Vida etérea* (1906) e *As sombras* (1907), a que podemos juntar *Senhora da noite* (1909), que abandonaram em absoluto a tristeza elegíaca anterior, a saudade, enquanto motivo epidérmico, ornamento de superfície, sem eficácia expressiva real, para

António Cândido Franco

fazer dela um lugar retórico de surpreendente efeito textual. Só nesse momento o verso de Pascoaes se fez inconfundível.

É com certeza a essa alteração textual, assente na dinâmica imaginativa da metáfora analógica e no choque intuitivo do paradoxo, que se chama *saudosismo*, apesar da designação só tomar forma posteriormente, no quadro das atividades da Renascença Portuguesa (1911-32), quando as incidências de pensamento desta metamorfose se apresentarem de forma inconcutível.

O saudosismo de Teixeira de Pascoaes surgiu assim como *poética*, a primeira do século XX português, poética de expressão inovadora, apesar de nela se reconhecerem elementos característicos do final do século XIX, sobretudo vindos do Antero das *Odes modernas* (1866) e do Junqueiro do evolucionismo metafísico, disperso este por quase toda a obra do autor de *A morte de D. João* mas especialmente condensado, em explosiva síntese final, nas duas *Orações* (1902; 1904), quase contemporâneas da revolução poética saudosista.

Depressa o autor percebeu que a densidade expressiva do novo modo poético, plasmado sobretudo nos dois grandes livros de 1906 e 1907, tinha implicações novas de pensamento, tornando-se possível explanar numa prosa expositiva, de tipo conceptual, os tópicos verbais, o espaço retórico, dos novos versos, enigmáticos e obscuros que estes se faziam ao entendimento racional.

Ao mesmo tempo que tinha lugar este transvanse, levando o autor a transitar da poesia para filosofia, ou do verso para a prosa, a crítica literária da época, pela mão de Leonardo Coimbra (1883-1936), retirava da revolução poética de 1906-1907 uma nova terminologia crítica, cuja intertextualidade é reconhecível no trabalho anterior de Oliveira Martins sobre a poesia de Antero de Quental e Guerra Junqueiro, que foi depois a nomenclatura que Fernando Pessoa desenvolveu e fez frutificar nos textos que deu à estampa em 1912 na revista *A Águia* sobre a *nova poesia portuguesa*.

Foi assim por via do referido trasfego que nasceu a prosa de Teixeira de Pascoaes, revelada pela primeira vez num jornal anarquista do Porto, *A vida*, em dois longos textos sobre o sentido da vida (14.7.1907 e 18.8.1907), coetâneos das analogias imaginativas que cavalgam os versos de *As sombras* e que podem ser encarados como a sua dedução filosófica em prosa.

Esse propósito expositivamente conceptual encontrou pouco depois na queda da monarquia e na implantação da República um húmus favorável ao desenvolvimento pleno; a publicação do primeiro número da revista *A Águia*, no dia 1 de dezembro de 1910, e a fundação da associação cultural Renascença Portuguesa, sediada no Porto, em finais de 1911, estimularam Teixeira de Pascoaes a prosseguir a dedução filosófica da sua poesia, centrando-se dessa vez quase em exclusivo naquilo mesmo que estava no centro do seu canto poético, a saudade.

Nasceu assim *o saudosismo* como corrente de ideias ou como doutrina social – maioritária no seio da Renascença Portuguesa – e ainda como escola estética e movimento de pensamento. O saudosismo de que estamos a falar contém-se em três conferências *(O espírito lusitano e o saudosismo*, 1912; *O gênio português na sua expressão filosófica, poética e religiosa*, 1913; *A era lusíada*, 1914) e em dois livros, *Arte de ser português*, 1915, e *Os poetas lusíadas*, 1919.

Esse volume considerável de páginas, escritas entre 1912 e 1919, a que se juntam ainda alguns dispersos, exarados sobretudo na revista *A Águia*, interpelaram até hoje a favor e contra inúmeros depoentes; o primeiro deles foi António Sérgio, que logo em 1913, numa época em que o pensamento de Pascoaes estava ainda em botão, tentou apontar nas páginas de *A Águia* os limites, sobretudo utilitaristas, do Saudosismo nascente.

Impossível fazer aqui, por falta de espaço, a leitura crítica da polêmica que opôs António Sérgio ao Saudosismo; menos ainda parece possível traçar a história da recepção do Saudosismo ao longo do século XX, desde António Sérgio, passando por Fernando Pessoa, José Régio, José Marinho, Eugênio de Andrade, Mário Cesariny ou Eduardo Lourenço, para só referir meia dúzia, sem sair do país, pois em boa verdade para se fazer uma tal história é preciso saltar fronteiras, já que o Saudosismo teve nas duas décadas da Renascença Portuguesa um largo acolhimento na Galiza e na Catalunha, onde o autor fez de resto as conferências que deram origem a *Os poetas lusíadas*, e até na Castela salmantina e madrilena de Miguel de Unamuno, onde Pascoaes chegou a ir fazer palestras sobre o Saudosismo.

Assim como assim, cabe aqui dizer que o saudosismo como doutrina e como corrente de ideias está enquadrado na esquerda política da época, defendendo a separação do clero português de Roma – que a República não ousou pôr em prática – e promovendo, no seio dum municipalismo de cepa federalista e matriz proudhoniana, a educação cívica e a ilustração popular; aí se reconhece o lastro *libertário* do pensamento de Pascoaes, que, não se olvide nunca, se expressou pela primeira vez numa publicação anarquista, que tinha como diretor Manuel Joaquim de Sousa, um operário do calçado, que se tornou depois, na moldura da primeira República, um dos estrategistas principais da ascensão do anarcossindicalismo.

Alguns outros fios se podem juntar para se perceber o impulso libertário do Saudosismo, antes de mais aquela advertência no exórdio de *Os poetas lusíadas*, contra *os integralistas do caruncho e das teias de aranha*. Desse ponto de vista o mais significativo nesse campo é ainda a própria atividade cívica da Renascença Portuguesa, com um programa educativo de quatro Universidades Populares a funcionar no Norte do país (Coimbra, Porto, Póvoa de Varzim e Vila Real); os lineamentos dessa ação parecem corresponder aos propósitos pedagógicos do sindicalismo libertário da época. Não espanta pois que Cristiano de Carvalho, que de resto desenhou a capa da primeira série da revista *A Águia* (1910-1911), tenha feito um curso sobre a Comuna de Paris de 1871 na Universidade Popular do Porto no ano de 1913.

Além desse alinhamento geral na esquerda da época, o saudosismo, aceitando a ideia de abertura da cultura portuguesa ao universal, singularizava-se porém pela recusa em imitar os modelos culturais estrangeiros, como propusera a geração de 1970 e como continuavam a defender António Sérgio e Raul Proença; Teixeira de Pascoaes via na *cópia* um sinal de inferioridade cultural e de menoridade mental, se não de colonização geral, e preferia por isso, a partir da seleção dos momentos criadores da cultura portuguesa, apurar um modelo próprio, original e inconfundível, capaz de se universalizar e concorrer em pé de igualdade com os modelos das culturas fortes.

O saudosismo como ideário social, político, filosófico e religioso, naquilo que constituiu pretexto para as censuras de António Sérgio, foi

O que mais que importa reter hoje para compreender o saudosismo de Pascoaes é todavia que se trata duma forma de *pensamento poético*; convenço-me que muitas das incompreensões que se geraram em volta do saudosismo, e logo as de António Sérgio, teriam sido menos severas, e até porventura evitadas, se se percebesse o ideário saudosista desses anos como o pensamento dum poeta, um poeta que, para escrever a sua prosa dita doutrinária, empregou, ao modo de Novalis ou de outros, as mesmas faculdades de expressão usadas para criar a sua poesia em verso.

Essa premissa não solve nem resolve a questão do saudosismo, que é das mais complexas e contraditórias da história da cultura portuguesa do século XX, mas ainda assim dá-lhe o atributo necessário para a entender no espaço que é o seu, a poesia; o saudosismo é o fruto dum poeta, não dum economista, dum político, dum financeiro, dum teólogo, dum administrador ou dum arquiteto social e há de ser no seu campo próprio, o da linguagem poética, que o saudosismo há de em primeiro ser avaliado.

Ao mesmo tempo que tinha lugar o processo dedutivo do pensamento saudosista, o verso lírico de Pascoaes, tocado de sombra e visionarismo, derivava sem dificuldades para formas de epopeia narrativa, emoldurado que estava por um momento histórico de grande exaltação e novidade criadora; o saudosismo filosófico de Pascoaes, muito centrado no amplexo refundador que a implantação da República suscitava, estimulou o primitivo *saudosismo* de livros como *Vida etérea* ou *As sombras* a libertar-se de formas exclusivamente líricas, vincando-lhe uma vertente dramática, que se expressou sobretudo nessa época em formas narrativas amplas e cada vez mais universalizantes.

Os dois grandes poemas em verso do período – *Marános* (1911) e *Regresso ao paraíso* (1912) – são expressões desse alargamento dramático-narrativo, o primeiro por via dum iberismo tenso e dialogante, reconhecível também ele no pensamento da esquerda da época, sobretudo por intermédio de marcas pimargallianas, e o segundo por meio duma intertextualidade muito vasta, universal, com a qual interage de forma original, pois faz da saudade, ou do que nessa há de anamnese, ao modo até do Camões da paráfrase do Salmo 136, a condição do retorno da plenitude.

Esse alargamento toca ainda uma curta narrativa em verso, *O doido e a morte* (1913), que põe em jogo a tensão das forças estruturais contrárias, o amor e a morte, num esboço de representação dramática de grande efeito cênico e impressivo simbolismo vital.

Essa capacidade narrativa, que desde logo mostrou uma facilidade de dramatização, muito perceptível na fluência dos diálogos e no movimento simbólico das ações, levou algum tempo depois à publicação de dois textos dramáticos, *D. Carlos* (1925) – contraponto do grande poema satírico de Guerra Junqueiro de 1896 e seu natural desenvolvimento, centrado dessa vez no regicídio de 1908 e não na assinatura do Tratado Inglês de 1890 – e *Jesus Cristo em Lisboa* (1927), escrito de colaboração com Raul Brandão. As duas peças só foram levadas à cena depois da revolução dos cravos, a primeira em 2009 e a segunda em 1978.

Entretanto, com o passar dos anos, Teixeira de Pascoaes dava por concluída a sua tarefa junto da Renascença Portuguesa, abandonava a direção da revista *A Águia* (1917), punha termo à montagem teórica do saudosismo com as conferências de 1918 na Catalunha, retirava-se para sempre na casa de São João de Gatão, freguesia rural de Amarante, para se dedicar à obra poética, dessa vez quase exclusivamente em prosa, à administração da casa agrícola que herdava do pai (falecido em 1922), à proximidade despretensiosa com a vida social da aldeia, cuja observação fazia as delícias de Pascoaes, e sobretudo ao convívio íntimo e intenso com a natureza selvagem do Tâmega e do Marão, numa absoluta e apaixonada solidão.

É o momento do nascimento da prosa inclassificável do autor, sem propósitos doutrinários, pelo menos sistemáticos, ao modo da *Arte de ser português*, com três livros maiores, *O bailado* (1921), *O pobre tolo* (1924) e *Livro de memórias* (1927), cujos antecendentes se encontram em dois livros anteriores, uma poética de aforismos relampejantes, em versículos lapidares e visionários, *Verbo escuro* (1914), e um diário de viagem, captado ao vivo, com teor vertiginista, propínquo do futurismo, *A beira num relâmpago* (1916)

Essa prosa poderosa, que só tem paralelo na época com a de Raul Brandão, refinou-se depois nas hagiografias laicas e sacras – *São Paulo* (1934); *São Jerónimo e a trovoada* (1936); *Napoleão* (1940); *O penitente (Camilo Castelo Branco)* (1942); *Duplo passeio* (1942) e *Santo Agostinho* (1945), a que se deve juntar *O homem universal* (1937), autobiografia mental e filosófica, e os romances finais, *O empecido* (1950) e *Dois jornalistas* (1951) – que calcorrearam muita Europa e fizeram de Teixeira de Pascoaes, ao lado de Ferreira de Castro, o escritor português mais traduzido na primeira metade do século XX.

A prosa desse período é vigorosa, instintiva, ágil, repleta de espessura reflexiva, não desmerecendo todavia de elegância, engenho, finura, graça e esmero; percebe-se na linha melódica da frase, na ondulante respiração de largo fôlego, no espírito vivo das significações, uma originalidade única no quadro da literatura do período; os seus antecedentes são endógenos, dependem apenas de si, de *Verbo escuro O bailado*, e não têm qualquer paralelo com a prosa da época, o que reforça a sua índole original e criadora.

Essa *fala escrita*, como Pascoaes a sentia, apresenta ainda, como era inevitável em tão singular criação, uma notável capacidade de antecipação das mais conspícuas experiências da prosa portuguesa da segunda metade do século XX, em primeiro lugar a de Agustina Bessa-Luís, que sempre reconheceu a dívida que tinha para com esse Pascoaes.

No capítulo da recepção europeia de Pascoaes, aponte-se o escritor tudesco Albert Vigoleis Thelen (1903-1989), que havendo conhecido em Maiorca a tradução espanhola de *São Paulo* (1935), com prólogo entusiástico de Miguel de Unamuno, iniciou um vasto trabalho de tradução dos livros do escritor português, sobretudo da última fase, a das hagiomaquias, para as línguas alemã e holandesa (nesse caso, com a colaboração do poeta modernista Hendrick Marsman), que teve como ponto de partida a tradução holandesa do *São Paulo* – um sucesso editorial com quatro edições entre 1937 e 1949 – e como fecho a publicação da versão alemã do *Napoleão* em 1998.

Albert V. Thelen, que se refugiou do nazismo em Amarante, aí vivendo entre 1939 e 1947, foi porventura quem mais vastamente compreendeu na época os meandros *ultramodernos* do pensamento de Pascoaes, muito sacolejados em livros como *Santo Agostinho* e *Duplo passeio*, apetrechado que estava com os rasgos paradoxais de Nietzsche, com os quais o *ateísmo* de Deus de Pascoaes, o ateoteísmo, tem nexos íntimos.

A única biografia de Teixeira de Pascoaes que chegou a ser tentada teve como autor Albert V. Thelen e como título, *Die Gottlosigkeit Gottes (o ateísmo de Deus)*, o que mostra quanto a questão do ateoteísmo, derradeiro paradoxo dum Deus ateu, era supina na abordagem do perfil do português; assim como assim, no romance mais conhecido e traduzido desse escritor alemão, *Die Insel des Zweiten Gesichts (A Ilha do Segundo Rosto)* (1953), há elementos biográficos da maior importância sobre Teixeira de Pascoaes, além de vislumbres interpretativos de monta, intorneáveis, ainda hoje por explorar nas suas implicações mediatas, sobre o miolo da sua experiência poética e religiosa (ou antirreligiosa).

Essa derradeira fase da obra de Pascoaes, aparentemente muito descentrada dos temas portugueses – basta atentar na galeria de figuras – do ideário saudosista anterior, não é porém para ser encarada em oposição ao saudosismo epocal da Renascença Portuguesa mas em franco e livre desenvolvimento dele, como se tira dos versos finais do autor – *Versos pobres* (1949) e *Últimos versos* (1953) – em que, a par dos grandes motivos universais tratados na torrencialidade das biografias e dos romances, a saudade regressa àquele espaço expressivo, marcado pelo poder da imagem analógica e do paradoxo, que foi o motor do primeiro *saudosismo* poético do autor; é isso que acontece, por exemplo, no seguinte caso: "*ó saudade, ó saudade/ Que nos meus olhos és claridade/ [...]/ Árvore da tristeza, com os ramos/ Floridos de alegria*" (*Versos pobres*, LXX; *OCTP*, vol. VI, 1970).

Uma das últimas aparições públicas de Teixeira de Pascoaes foi para proferir, em Lisboa, a pedido do Centro Nacional de Cultura, uma palestra sobre a saudade, "Da Saudade", em que afirma a universalidade desta, como matriz geradora da manifestação ou reintegração do patente na impessoalidade anterior ao princípio, o que foi, aliás, antecipado em muitas das joias aforísticas do período formador do saudosismo, muito menos *lusitanista* do que se tem avançado, como se vê da ideia central da súmula de 1915, de fácies universalista, que aponta a humanidade como superior à pátria e o homem que vive para a humanidade como acima do homem que vive para a pátria (cf. Cap. V).

Também nesse caso o pensamento do autor se desenvolveu no seio do ideário de esquerda, se bem que de novo se tenha singularizado dentro deste por uma atenção valorativa da natureza e uma sátira mordaz dos modelos industriais fáusticos, que reatualizaram no quadro do pós-guerra – numa época em que a natureza era por todos vista como uma matéria inerte e inerme, ao serviço exclusivo das tenções do homem titânico – a oposição de Teixeira de Pascoaes ao estrangeirismo cultural de António Sérgio, sempre preso este ao modelo utilitarista industrial, mesmo que agora atenuado por novas preocupações, estrangeirismo esse dominante já nessa época no seio da oposição de esquerda, se é que não tendo dela em absoluto o monopólio.

Prova desse alinhamento à esquerda é o apoio público que o escritor deu à candidatura oposicionista de Norton de Matos, em 1949, de que resultou uma cortante entrevista ao *Diário de Lisboa* (25.1.1949), em que defende a liberdade e o pluralismo duma sociedade aberta, inclusive no que respeita à representação política, e a conferência que fez no Porto, ao lado de Maria Lamas, em 1950, a convite da Associação Feminina Portuguesa para a Paz, *Pro Paz*, onde assume a ética pacifista, o internacionalismo, o feminismo, a solidariedade social e ecológica, a democracia de sentido e finalidade libertária.

A esses dois momentos marcantes do pensamento final de Pascoaes, será necessário acrescentar o livro que deixou inédito, *A minha cartilha*, publicado em 1954, verdadeiro testamento de ideias, em que o autor, no modo poético e na deriva assistemática que caracteriza a última prosa, faz profissão de fé no comunismo libertário, de matriz kropotkiniana, o que não deve surpreender os exegetas, pois o tópico é logo reconhecível na estreia em prosa de 1907 – numa época em que o seu diálogo com um dos nomes mais representativos do anarquismo português, Neno Vasco, era efetivo – e encontra-se reatualizado trinta anos depois nos enredos de *O homem universal*, em assumpção plena do anarcossindicalismo no quadro da guerra civil espanhola.

No seu conjunto, a obra de Teixeira de Pascoaes é das mais universais da língua portuguesa e constitui um dos mais elevados e perenes patrimônios do pensamento humano. A sua herança imediata, na segunda metade do século XX português, foi sobretudo recolhida e desenvolvida pela hermenêutica filosófica de José Marinho (1904-1975), que em artigo do *Diário de Notícias* (24.1.1963) reconheceu no *ateoteísmo* o rasgo mais fecundo da literatura portuguesa contemporânea, e pelo surrealismo de Mário Cesariny (1923-2006), que a partir da década de 1960 reconheceu na poesia em verso ou em prosa de Teixeira de Pascoaes o ponto cimeiro do contínuo poético do século XX português, chegando mesmo a afirmar, em 1973, sem equívoco e para sempre, *"Teixeira Pascoaes, poeta bem mais importante, quanto a nós, do que Fernando Pessoa"* (Para uma Cronologia do Surrealismo Português (v. Bibliografia)).

Qualquer classificação da obra de Teixeira de Pascoaes é incompleta e arrisca-se hoje a praticar uma injustiça, deixando na sombra parcelas significativas da sua experiência poética. Renitente às vanguardas poéticas da primeira metade do século XX, nas quais via uma brincadeira ingênua, salutar porventura, mas sem espessura de choque, inofensiva portanto, se não lesiva do que mais importa, a obra de Teixeira de Pascoaes continua a ser arrumada numa gaveta do neorromantismo, apertada de mais para uma obra que se desenvolveu como *ateidade* ou *anarquismo dos princípios,* sem encontrar contemporâneos à altura entre nós, precisando dum pícaro alemão, em afinidade estreita com Dádá, e dum modernista holandês para na sua época ser devidamente saboreada.

Se formos fiéis a essa ilegibilidade portuguesa da obra de Pascoaes, se não olvidarmos o sopro universalista que a anima, se percebermos que a sua palavra se eleva sobre o mundo como uma antevisão espantosa da crise do modelo econômico baseado na delapidação em larga escala dos recursos naturais, temos de falar a propósito da obra de Teixeira de Pascoaes dum *outro modernismo*, que não é o primeiro, nem o segundo, mas o da alteridade, aquele que ainda não passou, aquele que está presente, aquele que vai ficar, por conter em si, por meio da consciência intrínseca dos limites mesmos da modernidade europeia, sobretudo na vertente econômica e financeira, a sua própria disrupção.

Daí a forte afinidade da obra de Teixeira de Pascoaes com a de autores como Antonin Artaud ou André Breton, para só falar de dois, que se mantiveram sempre à distância do espetáculo mediático e da indústria cultural e até em franca e declarada guerra contra eles. É o direito ao silêncio, em que Teixeira de Pascoaes parece ter entrado depois do seu regresso a São João de Gatão, fazendo da aldeia rural e sobretudo da natureza selvagem o coração da sua vivência. Sente-se nessa escolha do Poeta a reserva feita em 1912 ao industrialismo triunfante.

Daí ainda as últimas fotografias de Pascoaes, captadas na solidão do ermo, parecerem instantâneos de Artaud à saída de Rodez, o mesmo rosto, o mesmo verbo, o mesmo delírio; dois índios inadaptados, dois objetores, dois desertores, ao modo de Thoreau, ou dois fugitivos que metem por um carreiro nas traseiras da civilização, que tanto vai dar à origem arcaica, quando não havia manifestação, como ao futuro sem horizonte, quando já não houver manifestação. Esse trilho, apontado a nenhures, é o da consciência da eternidade do instante, o do presente eterno.

Entende-se pois o fascínio, a devoção e a celebração dessa experiência por Mário Cesariny; não só o poeta de *Pena Capital* acabou por identificar na obra de Pascoaes o antecedente mais autêntico do surrealismo português como acarinhou, comentou e antologiou essa palavra poética, que avaliou como superior à de Pessoa, ou calhando, como *pós-pessoana,* o que na verdade foi, pois o autor dos heterônimos não teve já vida para se confrontar com a escrita do ateísmo de Deus, em milhares e milhares de páginas, algumas delas ainda hoje inéditas, tópico quase exclusivo da derradeira fase criativa da obra de Pascoaes, que vai de 1934 a 1952, e que é com certeza a mais importante de todo o seu longo curso de escritor.

Essa situação insituável da obra de Teixeira de Pascoaes, num modernismo alterizado muito menos episódico do que os historicamente determinados, com uma resistência interna que lhe vem da própria recusa duma moda epocal, se não de qualquer historicidade, não foi atendida pela crítica literária portuguesa. O principal obstáculo tem sido uma periodização confortável mas obtusa – primeiro e segundo modernismos, com o consequente neorromantismo para o resto – que deixa de fora, sem entendimento, sem lugar, sem justiça, uma experiência poética tão avançada e tão crucial como a de Teixeira de Pascoaes; por tal subtração se vê quanto tal critério é desajustado à compreensão geral da literatura do período em causa.

Basta a existência dum escritor como Teixeira de Pascoaes, que produziu a sua obra escrita no período que corresponde ao dessas duas categorias, a que se junta a do neorromantismo, para se fazer imperiosa a sua substituição por um novo elemento de aproximação, capaz de ler o período em causa sem menorizar e sem sonegar a referida obra, como é de força acontecer se continuarmos a insistir em modelos tão circunstanciais e arbitrários.

A periodização hoje usada no estudo da literatura da primeira metade do século XX é nociva, capciosa, levando a erros, que doutro modo podem ser evitados. Sem o escudo de critério tão desordenado talvez Rui Ramos não tivesse cometido o erro clamoroso, de afirmar taxativamente, num texto em que de resto as imprecisões, os lapsos, os enganos são quase enxame, que "finalmente foram os católicos que ficaram a guardar a memória de Teixeira de Pascoaes" (v. Bibliografia). Mário Cesariny, católico? Ernesto Sampaio, católico? Cruzeiro Seixas, católico? Luiz Pacheco, católico? Não se afigura! Ao que se sabe, surrealistas em português, muito da graça de Benjamin Péret, aliás como Pascoaes, que nesse capítulo, como em tantos outros, foi mais longe do que todos quando pôs Cristo, bêbedo, a ingerir goles de moscatel, numa circularidade ininterrupta, e a invectivar a Igreja e os fiéis.

São do Cristo *rojo* de Pascoaes essas palavras espantosas – podiam ser do Péret mais feroz: "*Não ames o próximo; odeia-o por amor de ti. Eu também odeio estes fantoches ridículos, ajoelhados aos pés da minha cruz. [...] Odeio-me também, e tenho o nome de Anticristo*" (*Duplo passeio*, II, cap IV; *OCTP*, vol. X, 1975 e *OTP*, vol. 13, 1994).

Paradoxos assim não tiveram ainda, no domínio poético, salvante a destemida estimação de Mário Cesariny, escólio à altura.

10.1. Bibliografia

10.1.1. De Teixeira de Pascoaes

Pascoaes, T. de. *Obras completas* (sete volumes (seis em verso e um em prosa)). Lisboa, depositária Aillaud & Bertrand, s/d (1929-1932).
_____. *Obras Completas de Teixeira de Pascoaes* (edição crítica; onze vols. (seis em verso e cinco em prosa). Org. Jacinto do Prado Coelho, Lisboa, Bertrand, 1965-1975.
_____. *Obras de Teixeira de Pascoaes* (vinte e três volumes (o primeiro publicado em 1984)). Lisboa, Assírio & Alvim.
_____. *Poesia de Teixeira de Pascoaes*. Org. Mário Cesariny, Lisboa, Estúdios Cor, 1972. reed. ed. A. Cândido Franco, Lisboa, Assírio & Alvim, 2002 (com marginália crítica; reedita ainda *Aforismos*. Org. Mário a Cesariny, desenhos de Cruzeiro Seixas (Lisboa, 1972, ed. dos autores)).
_____. *Desenhos*. Lisboa, Assírio & Alvim, 2002.

10.1.2. Sobre Teixeira de Pascoaes

Almeida, B. P. de. *Pascoaes ou a dramaturgia dos espectros*. In: _____. *Desenhos de Teixeira de Pascoaes*. Lisboa, Assírio & Alvim, 2002. p.177-91.
Bessa-Luís, A. Duplo passeio. *Diário de Notícias*, 2.10.1993.
Borges, P. *Princípio e manifestação. Metafísica e teologia da origem em Teixeira de Pascoaes*. Lisboa, Imprensa Nacional-Casa da Moeda, 2008.
Caeiro, O. *Albert Vigoleis Thelen no solar de Pascoaes*. Porto, Brasília Editora, 1990.
Cesariny, M. Homenagem a Pascoaes (pintura (1972)). In: Pinharanda, J. L.; Cuadrado, P. E. *Mário Cesariny*, catálogo de exposição. Lisboa, Assírio & Alvim, 2004. p.149.

_____. Prefácio. *A poesia de Teixeira de Pascoaes*. 1972 e 2002 (o texto foi reproduzido com o título "Teixeira de Pascoaes". *As mãos na água a cabeça no mar*. Lisboa, Assírio & Alvim, 1985. p.255-60].

_____. Para uma cronologia do Surrealismo Português. *Phases* 1973; II S.(4). (rep. *As mãos na água a cabeça no mar*. Lisboa, Assírio & Alvim, 1985).

_____. A Teixeira de Pascoaes:/ O universo menino/ O velho da montanha/ O rei do mar (pintura (1979)). In: Pinharanda, J.L.; Cuadrado, P.E. *Mário Cesariny*, catálogo de exposição. Lisboa, Assírio & Alvim, 2004. p.148.

_____. Comunicado. *Pascoaes – No centenário do nascimento*. Lisboa, Imprensa Nacional-Casa da Moeda, 1980. p.79.

_____. Três perguntas a Mário Cesariny. *A Phala* 1986; (1), Lisboa, Assírio & Alvim, 1986.

Alheio. In: _____. *O virgem negra*. Lisboa, Assírio & Alvim, 1989. p.23.

_____. *Cartas para a casa de Pascoaes*. Org. de A. Cândido Franco, Lisboa, Documenta-Sistema Solar, 2012.

Correia, N. Gnose e cosmocracia. In: _____. *Pascoaes – No centenário do nascimento*. Lisboa, Imprensa Nacional-Casa da Moeda, 1980.

Coutinho, J. *O pensamento de Teixeira de Pascoaes*. Braga, Faculdade de Filosofia da Universidade Católica, 1995.

Franco, A. C. *A literatura de Teixeira de Pascoaes*. Lisboa, Imprensa Nacional-Casa da Moeda, 2000.

_____. Viagem a Pascoaes. Lisboa, Ésquilo, 2006.

Garcia, M. *Teixeira de Pascoaes. Contribuição para o estudo da sua personalidade e para a leitura crítica da sua obra*. Braga, Faculdade de Filosofia da Universidade Católica, 1976.

_____. *Um olhar sobre Teixeira de Pascoaes*. Braga, Faculdade de Filosofia, 2000.

Margarido, A. *Teixeira de Pascoaes – A obra e o homem*. Lisboa, Arcádia, 1961.

Marinho, J. *Teixeira de Pascoaes, Poeta das Origens e Outros Textos*. ed. Jorge Croce Rivera, Lisboa, Imprensa Nacional-Casa da Moeda, 2005.

Pacheco, L. *Cartas ao léu*. Org. A. Cândido Franco, Famalicão, Quasi, 2005.

Ramos, R. Vasconcelos, Joaquim Pereira Teixeira de. In: _____. *Dicionário de História de Portugal – IX*. Porto, Figueirinhas, 2000. p.583-4.

Sá, M. das. G. M. de. *Estética da saudade em Teixeira de Pascoaes*. Lisboa, Icalp, 1993.

Sampaio, E. *Luz central*. Lisboa, ed. autor, 1958 (reed. Hiena editora (Lisboa, 1990)).

Sardoeira, I. *Influência do princípio de incerteza no pensamento de Pascoaes*. Braga, separata da Revista Portuguesa de Filosofia. 1955.

Seixas, C. *Local onde o mar naufragou*. Lisboa, Centro Português de Serigrafia, 2001.

_____. *Prosseguimos cegos pela intensidade da luz*. Lisboa, Galeria Perve, 2009.

_____. *De Mário Cesariny para Artur Manuel do Cruzeiro Seixas*. ed. Perfecto Cuadrado, Lisboa, Assírio & Alvim, 2009.

Silvestre, O. M. Pai tardio ou de como Cesariny inventou Pascoaes. *Teixeira de Pascoaes. Obra plástica*. Famalicão, Fundação Cupertino Miranda-Centro de Estudos do Surrealismo, 2002.

Thelen, A.V. *Schloss Pascoaes*. Zurique, Reinh Verlag, 1942.

_____. *Die Insel des Zweiten Gesichts*. Düsseldorf, Classen Verlag, 1992 (1. ed. 1953. Trad. francesa, 1988. Trad. espanhola, 1993).

_____. *Cartas a Teixeira de Pascoaes* (1935-1952). Org. António Cândido Franco, Lisboa, Assírio & Alvim, 1997.

II. SENTIDO DO DISSÍDIO ENTRE TEIXEIRA DE PASCOAES E FERNANDO PESSOA

Percebe-se, mais do que se entende, a dissidência entre o autor que magnetizou a "Elegia" e o que construiu a "Ode Triunfal". É tempo pois de perscrutar o sentido duma tal divergência.

Antes porém de tomar a questão, é preciso conhecer o ponto de origem do dissídio de que falamos. Ao invés do que primeiro se pensa, o sentido oposto dos dois criadores não se manifestou, pelo menos de forma clara e definitiva, sem hesitações, na relação viva que os dois mantiveram. Temos dum lado e doutro, ao longo do tempo, entre 1912 e 1932, quer dizer, até à morte de Fernando Pessoa, expressões de convergência e admiração mútua, que não têm sido estimadas como merecem, salvo raras exceções, pelos leitores e comentadores de ambas as partes.

Vejamos de forma sucinta alguns dos aspectos convergentes. Primeiro, os conhecidos estudos de Fernando Pessoa publicados na revista *A Águia* (1912), em que Teixeira de Pascoaes surge como o modelo de poeta mais adiantado da nova poesia portuguesa. Esses estudos, que acabarão por dar a primeira recolha crítica em livro do autor, *A nova poesia portuguesa* (1944, org. Álvaro Ribeiro), têm adjacências várias que seguem pelo mesmo curso: antes de mais, os apontamentos inéditos da época, esquissos e notas de mão para os quatro grandes estudos críticos publicados na revista portuense e dados à estampa depois da morte do autor; de seguida, a intervenção escrita, édita esta, no jornal *República*, em setembro de 1912, na polémica literária de Boavida Portugal, recolhida em livro três anos depois, a que se deve acrescentar, em idêntico rumo, a carta escrita e enviada a Teixeira de Pascoaes em janeiro de 1914 (ou ainda as epístolas a Mário Beirão e a Jaime Cortesão com essa concordantes, no tempo e no sentido).

Da parte de Teixeira de Pascoaes, mais velho doze anos, encontramos também no mesmo período manifestações de simpatia e estima próxima por Fernando Pessoa. Leiam-se as dedicatórias que por então o poeta de *As sombras* apôs em alguns livros seus oferecidos ao novel autor dos textos críticos da revista *A Águia* e a carta cheia de apreço e direção comum que lhe escreveu, com a data de 21 de outubro de 1912.

Com o mal-estar entre Fernando Pessoa e a Renascença Portuguesa, cujos lineamentos se observam com nitidez no conjunto de missivas que o poeta de *Mensagem* trocou em 1914 com Álvaro Pinto, sobretudo na segunda metade do ano, a bifurcação dos dois caminhos, até aí convergentes, se não homólogos, inicia o processo de divergência. Também Teixeira de Pascoaes, no mesmo ano, em momento crucial de *Verbo escuro,* se escusa – mostrando-se frio e até maximamente depreciativo – aos arrebatamentos do futurismo, centrados na apologia emocional da vertente ostensiva e belicista do moderno.

De qualquer modo, distanciamento ou afastamento não é dissídio nem oposição. Daí que, no momento da criação dos heterônimos, que coincide com as primeiras desvalorações da Renascença Portuguesa e a publicação de *Verbo escuro,* Fernando Pessoa faça descender genealogicamente, ainda que por reação, Caeiro de Teixeira de Pascoaes – *o poeta místico* do poema XXVIII de *O guardador de rebanhos.*

Por sua vez, o cosmopolitismo de *Orpheu*, por muito que recorde a reativa europeia e estrangeirada da Geração de 1970, sobretudo no decalque – Fernando Pessoa ajustando no verso Walt Whitman ou psitacizando o tom dos manifestos marinettinos – de modelos importados, sendo divergência, não é, pelo alcance *português* dos principais colaboradores da revista de 1915, polaridade adversa, menos ainda contrária, ao plano da Renascença Portuguesa. O mesmo se diz, em sentido reverso, do grupo portuense, cujo nacionalismo tem alcance supranacional ou universal.

Só uma tal convergência na diferença, ou até no afastamento, pode ajudar a compreender certas posições ulteriores, pósteras até, de Fernando Pessoa, como aquela ideia de que o provincianismo português se traduz no desejo – ridículo e sumamente vergonhoso – de pôr Paio Pires a falar francês (v. O Provincianismo Português. *Notícias Ilustrado* 12.8.1928 e O Caso Mental Português. *Fama* 1.11.1932), num tópico que parece dever mais ao universalismo português do grupo do Porto que ao cosmopolitismo europeu de *Orpheu.* O necessário corolário poético dessa asserção cultural é porventura a afirmação de 1923 que toma Pascoaes como limiar duma nova idade portuguesa em que ele próprio, Fernando Pessoa, entra: "*Os sinais do nosso renascimento próximo estão patentes para os que não veem o visível. São o caminho de ferro que vai de Antero a Pascoaes e a nova linha que está quase construída*" (*Revista Portuguesa* 13.10.1923).

Da parte de Teixeira de Pascoaes, na mesma época temos, pelo menos, um testemunho ímpar de proximidade com Fernando Pessoa, a oferta dos sete volumes das suas *Obras completas*, publicados entre 1929 e 1932, todos eles com dedicatórias de efusiva admiração, a contrastar talvez com a estima apenas tímida dos primeiros tributos escritos, entre 1912 e 1914. Leia-se por exemplo a seguinte oferta, aposta num dos derradeiros volumes do conjunto: *"Ao Fernando Pessoa, querido e grande camarada, lembrança afetuosa de Teixeira de Pascoaes – Lisboa, 1931, maio, 3"*. E ainda esta: *"Ao grande Poeta Fernando Pessoa, lembrança muito amiga de Teixeira de Pascoaes"*. A esses sete momentos junta-se o tributo de oferta de *Livro de memórias* (Coimbra, 1928), que diz assim: *"Ao Fernando Pessoa, muito querido e admirado confrade, afetuosa lembrança de Teixeira de Pascoaes – Lisboa, Março, 1928"*.

Conquanto os afastamentos e até as incompreensões tenham existido entre os dois poetas, dificilmente se pode falar de dissídio entre eles a partir dos espaços que lhe foram próprios e que aqui se mostraram em rápido sumário. A divergência acelarada, que acabou em oposição sem conciliação, dando origem ao dissídio que ainda vigora e que para aqui nos interessa, é posterior ao desaparecimento de Fernando Pessoa e coincide com os derradeiros momentos de Teixeira de Pascoaes.

Foi o autor de *Marános* que de modo abrupto abriu as hostilidades, no instante em que subia a preia-mar editorial de Fernando Pessoa. Recordemos que a obra deste poeta apenas surgiu em livro a partir de 1942, primeiro com a antologia que dela fez Adolfo Casais Monteiro – dois volumes, Editorial Confluência – e depois com a Editorial Ática, que entre 1942 e 1946, em cinco volumes (dois ortônimos e três heterônimos), com organização de João Gaspar Simões, publicou em livro o essencial da poesia em verso de Fernando Pessoa.

Os livros da editora de Luís Montalvor, com reimpressões sucessivas em poucos anos, multiplicaram os leitores de Fernando Pessoa, criando e desenvolvendo um fenômeno crítico de grandes dimensões, em que a figura de Fernando Pessoa passou a obscurecer e a deslustrar boa parte do que o rodeia. Tudo aquilo que escapava ao itinerário pessoano, tudo o que lhe fora minusculamente divergente, ou corria pelos arrabaldes, fora das suas vistas, passou a ser remetido para um espaço de anacronismo ilegível. Foi assim que se criou a ideia dum *primeiro modernismo*, com

António Cândido Franco

arranque exclusivo em 1915, que passou a ser a única fronteira aceitável da moderna poesia portuguesa.

Para além dos *presencistas*, em que se destacam os dois primeiros editores de Pessoa, Gaspar Simões e Casais Monteiro, contribuíram para esse estado de coisas dois estudos críticos contemporâneos da edição da Ática: o prefácio e as notas de Jorge de Sena ao florilégio pessoano *Páginas de Doutrina Estética* (Editorial Inquérito, 1946), recolha de textos dispersos, e a dissertação universitária de Jacinto do Prado Coelho, *Diversidade e Unidade em Fernando Pessoa* (1949).

As primeiras avaliações negativas de Teixeira de Pascoaes sobre Fernando Pessoa surgem em 1950, numa época em que o fenômeno crítico *pessoano* era já inquestionável, no texto da primeira conferência sobre Guerra Junqueiro, cujo centenário de nascimento então se assinalava. A depreciação de Fernando Pessoa por Teixeira de Pascoaes acontece assim a propósito dum poeta, o dramaturgo de *Pátria* e o satírico da *Velhice*, em que eram por demais visíveis os estragos que esse mesmo *pessoanismo* crítico estava a provocar na poesia portuguesa. O texto foi dado em livro; temos assim a possibilidade de ler ainda hoje na íntegra o *contrapessoanismo* inicial de Teixeira de Pascoaes.

São dois os momentos. O primeiro, a propósito de Camões, diz assim:

> Camões é o responsável do nosso orgulho de herdeiros, da nossa auto-divinização [autodivinização] caricatural. Quem fez o português da cana verde? Assim o Camões preparou o advento do seu Supra [...] — suicidou-se [...] poeticamente, é claro [...] Ó lápis do Bordalo e do Monterroso! (*Ensaios de exegese literária e vária escrita*, 2004, p.53).

O segundo, no quadro duma crítica da modernidade industrial ou cientista, é como segue:

> E o nosso Sumo Poeta da atualidade, que é ele, senão uma desintegração atômica de Homero, de Dante e de Virgílio? atômica, ou, antes, psíquica,

pois há duas desintegrações, a dos corpos e a das almas, ou do psichon que é o fóton anímico (Teixeira de Pascoaes. Op. cit., p.57).

Essas referências virulentas contra o *Supra*(-Camões) ou o *Sumo Poeta da atualidade*, coladas ou associadas à morte ou à desintegração da poesia, entendem-se menos em meu entender a partir da atuação escrita do autor de *Mensagem*, que mereceu como vimos a admiração incondicional do autor do *Pobre tolo*, que no contexto das leituras críticas que tomando por ponto de partida Fernando Pessoa se estavam a fazer da poesia portuguesa, com patente menosprezo pela complexidade dum patrimônio vário e desastroso resultado em termos de vida mental. O contrapessoanismo tardio de Teixeira de Pascoaes parece pois nos seus propósitos mais escondidos visar menos Fernando Pessoa que os *pessoanos*, seus seguidores ulteriores.

É porventura ainda essa a direção das palavras de Teixeira de Pascoaes na importante entrevista que logo no rescaldo da conferência sobre Guerra Junqueiro dá a Álvaro Bordalo, "Fernando Pessoa apreciado por Teixeira de Pascoaes" (*Primeiro de Janeiro* 24.5.1950); aí se pronuncia a favor do excesso e da exuberância da poesia de Mário de Sá-Carneiro, *poeta de raiz* como o substantiva, e a desfavor do esquematismo raciocinante de Fernando Pessoa, cujo perigo estava na drenagem, se não na esterilização, das fontes bravias de inspiração da poesia portuguesa.

O contrapessoanismo do possesso do Marão foi na segunda metade do século XX, após o seu desaparecimento, retomado e desenvolvido por Mário Cesariny, uma das figuras tutelares do surrealismo em português, que em 1973 ousou mesmo afirmar que "Teixeira de Pascoaes, poeta bem mais importante [...] do que Fernando Pessoa". Curioso é que o primeiro – e único – encontro cara a cara entre Teixeira de Pascoaes e Mário Cesariny tenha acontecido no Teatro Amarantino, em março de 1950, na palestra sobre Guerra Junqueiro em que o autor do *São Jerónimo* desceu da lura de Gatão para invectivar pela vez primeira Fernando Pessoa.

O sentido *transpessoano* de Cesariny passou a comportar, para além da crítica corrosiva da limitada existência do que é pessoano, cujas acanhadas fronteiras mentais se contraíram ainda mais à medida que o século apontava ao termo e Fernando Pessoa, enquanto figura, se tornava pouco mais que uma *inutilidade* oficial que tudo patrocinava, óculos, sapatos, esferográficas, chapéus e por aí fora, passou a comportar, dizíamos, uma nova e mais larga esfera, a do primigênio, donde brotam na palavra geradora as cosmogonias teândricas.

Enquanto o espaço de Teixeira de Pascoaes era o do mundo arcaico, intato e poético, tal como os portugueses ainda o encararam na ilha do Amor, o de Fernando Pessoa era o da história, o do comércio ou o da arte, o dos infernos diários, afinal bem assinalado nessa sua dispersiva geografia lisbonina, do Terreiro do Paço à rua do Ouro, do Chiado à praça do Comércio, por ou em contraste vivo com o território selvagem mas uno, sem marcas ainda degradantes, da Abobreira ao Marão, passando por Travassos da Chã e Gatão, em que Pascoaes oficiou o júbilo criador do verbo escuro.

Estabelecido e entendido o sentido do dissídio entre Pascoaes e Pessoa, que o inverso não chega sequer a existir, não obstante alguns beliscões ao provincialismo do *homenzinho* de Amarante, resta inquirir se tal oposição permanece válida.

Num tempo que insiste em reduzir Fernando Pessoa a *marca* registada da indústria cultural, a ponto de obscurecer partes cada vez mais vastas do círculo à roda, o dissídio de Teixeira de Pascoaes e Fernando Pessoa – que Mário Cesariny num quadro próximo do nosso transformou em afastamento máximo, a fazer lembrar o derradeiro Breton, o de l'*écart absolu (O afastamento absoluto)* – faz-se mais presente e necessário do que em qualquer outro momento. É o próprio fôlego da poesia, como verbo gerador e substantivo, cosmogonia superlativa e festiva, quer dizer, enquanto sobrevivência máxima da vida, que dele depende.

11.1. Bibliografia

Cesariny, M. *As mãos na água a cabeça no mar.* Lisboa, Assírio & Alvim, 1985.

_____. *O virgem negra.* Lisboa, Assírio & Alvim, 1989.

Nogueira, M. *Fernando Pessoa, imagens duma vida* (com as dedicatórias de Teixeira Pascoaes a Fernando Pessoa, p.143). Lisboa, Assírio & Alvim, 2005.

Pascoaes, T. de. *Ensaios de exegese literária e vária escrita* (tem a palestra sobre Guerra Junqueiro e a entrevista a Álvaro Bordalo). Org. Pinharanda Gomes, Lisboa, Assírio & Alvim, 2004.

_____. Carta a Fernando Pessoa (21.10.1912) In: França, I. M. *Fernando Pessoa na intimidade*. Org. Isabel Murteira França, Lisboa, Publicações Dom Quixote, 1987.

Pessoa, F. *Crítica. Ensaios, artigos e entrevistas*. Org. Fernando Cabral Martins, Lisboa, Assírio & Alvim, 2000.

_____. *Correspondência I (1905-1922); Correspondência II (1923-1935)*. Org. Manuela Parreira da Silva, Lisboa, Assírio & Alvim, 1999.

12. SOBRE UMA FRASE DE MÁRIO CESARINY

A frase encontra-se no texto já citado "Para uma Cronologia do Surrealismo em Português" – escrito e publicado em 1973 e reproduzido hoje no livro *As mãos na água a cabeça no mar* (1985) – e é a seguinte: "Teixeira de Pascoaes, poeta bem mais importante, quanto a nós, do que Fernando Pessoa" (Op. cit., 1985, 261). Servi-me dela, ao lado de três outras, para abrir o livrinho *Teixeira de Pascoaes nas palavras do surrealismo em português* (2010) e volto agora a pegar nela, dessa vez isolada, para a tomar como epígrafe solitária desse que ora entrego ao leitor. Pela importância que lhe tenho dado, pelo que apresenta de tão inaudito e de tão inesperado, ofensivo mesmo, a frase fica a merecer da minha parte um excurso interior de comentário ou um tentame de esclarecimento.

A primeira pergunta a fazer é a seguinte: que quererá Cesariny dizer com ela? A afirmação não tem na aparência sentido obscuro ou dúbio. A resposta é pois imediata – mas não é mansa: Teixeira de Pascoaes é para Cesariny um poeta mais importante do que Fernando Pessoa. Posso deixar de lado o sujeito singular da afirmação, que não a restringe a si, universalizando o sentido: Pascoaes é poeta mais importante do que Pessoa. E posso, sem trair, traduzir a expressão por uma nova, que a alarga e esclarece: "Pascoaes é um poeta superior a Pessoa".

A segunda pergunta, tendo em atenção a direção do significado encontrado, no mínimo surpreendente, não pode deixar de ser: a afirmação é a sério ou a brincar? Nada me leva a questionar a seriedade da frase, nem o que vem antes nem o que vem depois. Não posso esquecer o quadro em que ela aparece, um dos mais sérios em que Cesariny se meteu: um texto que ensaia ser um contributo avantajado à história do surrealismo português, "Para uma Cronologia do Surrealismo em Português". A afirmação vem no primeiro capítulo, na zona dos precursores, e abre os períodos dedicados a Teixeira de Pascoaes, nos quais se fala dum livrinho rimbaldiano sem Rimbaud e surrealista sem o surrealismo, *O bailado* (1921), e dum homem que praticou ao longo de mais de meio-século a poesia como pedra filosofal.

Não parece pois que seja de tomar a brincar a afirmação de Cesariny, como fez Osvaldo Silvestre ao falar do *pai tardio* de Cesariny. Até se aceita a ideia de relação filial entre Cesariny e Pascoaes, mas sem querer aplicar nela qualquer estratégia de luta cdipiana entre Cesariny e Pessoa. A luta edipiana com o pai situa-se no plano chão da primeira consciência e resulta da interdição do incesto; não é mais do que um contrainvestimento traumático da libido, penalizada que esta foi pela impossibilidade do incesto parental. Quando a prática do incesto era corrente, em pleno matriarcado, num período de promiscuidade sexual sem limite, como aquele que se vê em todos os mamíferos, a luta do pai e do filho pela posse da mãe, ou da filha pela posse do pai, não fazia qualquer sentido, já que essa posse estava ao alcance de qualquer um. No plano do surreal ou do sobrenatural, em que se situa por exemplo a cosmologia masdeísta da criação incestuosa do homem, a luta edipiana não existe, pois o conflito psíquico originado pela interdição do incesto nem sequer se apresenta. Ora Cesariny, mesmo sem incesto, que a *liberdade* dele não chegou aí, e o sonho com Lisboa é em tal ponto revelador, não é homem nem poeta para ser visto no plano comezinho e apertado da primeira consciência, em que vive e escouceia qualquer careta de colarinho branco; ao fazer profissão de fé no surrealismo, ao manter-se-lhe fiel até ao fim da vida, é à (ou para a) segunda consciência que Cesariny se dirige e é à luz dela que o intérprete, se quiser entender algo desta experiência, o há de ler.

Fica pois afastada a possibilidade analítica de ler a frase em causa como uma estratégia da luta edipiana entre Cesariny e Pessoa. E já agora pai *tardio* por quê? Haja mais atenção, senhores! Cesariny leu um livro marcante de Pascoaes aos 26 aninhos, no princípio das suas lides, e foi tocado por ele; disso até registo ficou em carta de António Maria Lisboa, que na segunda metade do ano de 1953 já cá não estava. E tudo fez na época em que o seu grupo surrealista estava ativo, e bem, com peixinhos de vinte anos, para conhecer cara a cara o Poeta, não hesitando mesmo em se deslocar a Amarante e em subir a Gatão, à Casa de Pascoaes. Pascoaes, pai de Cesariny? Aceite-se! Serôdio? Nunca, nem por sombras. Bem temporão foi ele; basta ver com um pouco de atenção a questão.

Passado esse cabo, faça-se a terceira e última pergunta: que significado tem para Cesariny Pascoaes ser um poeta superior a Pessoa? É a

O Surrealismo Português e Teixeira de Pascoaes

pergunta decisiva, aquela de cuja resposta depende o descascar a frase, dando a provar o interior do seu miolo. As hipóteses são tão variadas que os caminhos, se bem que cheios de piada, com tanta silva, se fazem labirinto. Pascoaes é superior a Pessoa porque fumava tabaco de enrolar e Pessoa cigarros de pacote? Pessoa é inferior a Pascoaes porque bebia no Vale do Rio e Pascoaes na pipa de Gatão? Pascoaes é superior a Pessoa porque comia castanha pilada e Pessoa se ficava pela batata de Caneças? E por aí fora, até ao Tâmega e ao Tejo, dois rios que começam pela mesma letra, chegam do mesmo país e vão dar ao mesmo mar. Pessoa inferior a Pascoaes porque não tem onda em Cascais para surfar com tanta altura como Pascoaes tem em Matosinhos? Pascoaes superior a Pessoa por causa da asa delta do Marão? Os trilhos são infinitos e quase sem enfado de tão piadéticos.

Uma coisa é segura para mim na frase de Cesariny: tenho de afastar a leitura mais vulgar e imediata em que qualquer leitor cairá quando a lê. Qual é ela? Pascoaes é superior a Pessoa porque tem mais talento literário do que ele. Não! Concedo desde já que não era esse o significado que Cesariny emprestou à frase e que não é nesse sentido que a uso. Concedo até mais: no plano da literatura o inverso parece-me mais certo; Pessoa é mais talentoso que Pascoaes. A habilidade linguística, a capacidade de manobrar palavras, o virtuosismo do instrumento *literário* é em Pessoa imbatível e sem paralelo à altura. No estrito plano da literatura Pessoa bate qualquer outro.

Sobrevive pois por resolver a questão: de que modo e onde Pascoaes é superior a Pessoa? Note-se que Cesariny não diz que Pascoaes é um literato ou mesmo um letrado superior a Pessoa; diz antes que é um *poeta*. É pois no campo da *poesia* que Pascoaes é superior a Pessoa. A poesia não é apenas feita de palavras e de emoções vividas; a *poesia* para ser inteira e ter largo alcance precisa de algo mais. Não lhe basta ser virtuosa no plano da literatura ou da vida (deste mundo). Uma poesia feita apenas de palavras e de emoções não chega a ser uma *arte real*; não vai além, no melhor dos casos, duma gramática. Esse algo em falta é a imaginação. Só com essa faculdade a poesia se faz criação da segunda instância e trilho de acesso ao suprarreal; só com ela se pode falar de automatismo psíquico e de criação simbólica ao nível do poético. Em última visão, uma poesia constituída apenas por palavras e por emoções está ao nível dos conteúdos da primeira consciência, ou das ambições do Eu social, e não chega sequer a entrar em contato com o mundo da alma.

Ora Pessoa, pela extraordinária habilidade linguística que tinha, fez uma poesia de palavras e de emoções – mesmo que essas muitas vezes mentais. A sua capacidade imaginativa é medíocre ou só sofrível; está muito longe de atingir a luminosidade lapidar, a cristalização mágica, que se encontra em Pascoaes ou até em Sá-Carneiro. Ele próprio confessa em certos momentos a pouca apetência que tinha pelo imaginar, que lhe parecia forma de expressão confusa, incômoda, embrulhada. Quando se quer exprimir, ele prefere de longe o raciocínio do intelecto à imagem da imaginação, que se lhe apresenta sempre um grau abaixo do juízo lógico. É a raciocinar que ele se encontra à vontade e não a imaginar, e isso até quando escreve versos. Tome-se como exemplo Alberto Caeiro. É a secura raciocinante em exaustão, levada ao extremo, recusando através da tautologia em bruto um mínimo residual que seja de imagem metafórica ou de aproximação analógica. Uma tal poesia obtém-se, como revelou o seu criador, virando do avesso Pascoaes; é pôr em ação um antiPascoaes por meio duma anti-imaginação.

O antídoto da escaldante imaginação pascoaesiana é pois o intelecto descarnado do raciocínio pessoano. E o pouco que há em Pessoa de imaginação deve-se mais à possibilidade de intelectualizar a imagem do que em imaginar esta em estado virgem. O intelecto de Pessoa é tão poderoso, foi tão musculado momento a momento, praticou tanto e de tão variados modos, que o seu possuidor tenta mesmo suprir com ele as falhas que percebe nas faculdades sensitivas e psíquicas. Pessoa faz por isso de conta que imagina, organizando e esclarecendo com o intelecto algumas imagens que vai buscar por via erudita aos poetas imaginativos. Parecem-me raras e pobres as imagens que se coam na poesia de Pessoa por contato direto da alma.

Faz agora mais sentido a frase em causa. Vede. Pessoa interessa menos Cesariny do que Pascoaes, já que a força da expressão não reside nele na imagem mas no raciocínio; Pascoaes interessa mais do que Pessoa, já que a esfera da imaginação se sobrepõe nele ao mundo empírico dos sentidos e ao universo abstrato do intelecto. O bailado simbólico da imaginação de Pascoaes, mesmo sem o talento literário-sintático de Pessoa, importa mais do que tudo o resto; um tal bailado equivale ao automatismo psíquico que um poeta surrealista deve exigir da poesia. Ao invés o talento literário de Pessoa, mas sem o gênio imaginativo de Pascoaes, tem irrisório valor, pois não chega sequer para ou a descolar da realidade empírica dos sentidos ou da abstração do intelecto. Para um poeta surrealista, a poesia sem o automatismo psíquico, a poesia sem contato direto com o mundo da alma, a poesia feita apenas de palavras ou de emoções, a poesia amassada com a terra da primeira consciência, é apenas literatura e esta tem uma importância tão nula como qualquer outro material do Eu social.

Pascoaes, como batedor da imagem, como vedor dos veios interiores que levam ao perdido continente alma, é pois um poeta para Cesariny mais importante do que Pessoa. Entende-se. A inferioridade dum em relação a outro é apenas a diferença de grau que para um poeta surrealista existe entre a imagem fulgurante, a ferver, que põe o ser em contato com o Eu interior, o *daemon* do mundo da alma, e o raciocínio frio, que um ser de invulgar inteligência sabe brilhantemente, sem mais, ordenar em palavras. A literatura é essa *letra dura* que não descola do mundo, a palavra sensível ou abstrata, mas sem rasgo de suprarreal, enquanto a poesia é aquela imagem que voa num lugar livre do entre mundo, onde a palavra fogo não é apenas a palavra fogo mas o arquétipo, a labareda que queima a boca.

13. O HIPERÉDIPO E O ANTIÉDIPO VISTOS POR CESARINY

O trabalho de Cesariny sobre a obra escrita e pintada de Teixeira de Pascoaes é público e conhecido, pelo menos desde 1968, momento em que organizou uma pasta de materiais do poeta do Marão, ainda não assinada, para o *Jornal de Letras e Artes* 1968; (261); um tal trabalho teve seguimento imediato, em 1972, vinte anos depois da morte de Pascoaes, em duas antologias, organizadas por Cesariny, *Aforismos*, a primeira; e *Poesia de Teixeira de Pascoaes*, a segunda.

Ao contrário, os contatos de Cesariny com a Casa de Pascoaes em grande parte se mantiveram na sombra até hoje. Mesmo a sua primeira visita em março de 1950, no dia da palestra de Pascoaes no cineteatro de Amarante, passou por despercebida, o que levou aos dislates do *tardio*, apesar do autor de *Pena capital* a referir por várias vezes, uma delas, se bem que só ao de leve, por sugestão, no exórdio introdutório da antologia geral de 1972. Tenho hoje à disposição um conjunto de materiais que me permitem perceber como evoluiu a relação de Cesariny com a Casa de Pascoaes e até fazer a história da relação dele com a Casa, o espaço, a biblioteca, o Poeta, os herdeiros. São 53 cartas escritas por Cesariny para a Casa de Pascoaes entre 3 de março de 1968 e novembro de 2004, que atestam ao longo de 36 anos um convívio direto com os herdeiros da Casa, João Vasconcelos e Maria Amélia Vasconcelos, uma atenção a tudo o que diz respeito ao Poeta e um entendimento por dentro do espaço natural que envolveu a Poesia desse e ao qual será ainda necessário, mais tarde, regressar.

Uma das cartas mais curiosas desse acervo trata, por contraste com a de Pessoa, da sexualidade de Pascoaes, um tema surpreendente, nunca tratado, mesmo para os estudiosos mais colados ao autor de *Regresso ao paraíso*, para quem a sexualidade de Pascoaes ou não existe, já que se trata dum solteiro que escreveu a vida inteira e não deixou descendência física, ou se resume, no que resumir se pode, e que pouco é na largueza que tem, aos poemas de ardente paixão amorosa que na primeira fase da sua poesia em verso escreveu. Falo da "Elegia" de *Vida etérea*, de "A Sombra do Amor" de *Sombras*, do poemeto *Senhora da noite* ou da complexa construção mítica e narrativa que é *Marános*.

Sobre estes e outros poemas, na verdade muitos outros, pois desde a estreia de *Belo* em 1896 que Pascoaes afina o verso pela paixão amorosa, paga o trabalho dizer que aquilo que deveras interessa o poeta é menos o que de carnal e de sensível possa haver na paixão erótica e mais o impato psíquico, interior, que esse contato produz. Daí as sublimações da "Elegia", que se repercutem depois em círculos cada vez mais largos, cada vez mais atentos ao que de si cresce, nos restantes poemas, até entrarem pelo céu dos arquétipos em *Marános*. Falar da paixão amorosa em Pascoaes é pois falar do trânsito do Eu ao *daemon* ou da passagem da primeira à segunda consciência. Eis o que os mais adiantados intérpretes da poesia de Pascoes têm até hoje adiantado sobre a *sexualidade* que nos seus versos se encontra, de resto numa linha próxima daquilo que os estudiosos constatam no platonismo camoniano, que é de resto, pelo menos em parte, o de dois outros contemporâneos, imediatamente anteriores, João de Deus e Antero.

A carta é hoje pública e regista as palavras que Cesariny escreveu em junho de 1977, a propósito dum filme homenagem então feito por Dórdio Guimarães, a João Vasconcelos, sobrinho do Poeta. Transcrevo:

> Do Fernando Pessoa, conhece-se o comportamento sexual: teve ele o cuidado de pôr isso em escrito. Pôs que, se tivesse algum, seria homossexual. Do Pascoaes, nada se pode escrever, ou filmar, mas, pensando por cálculo de probabilidades, e segundo ouvi dizer – não sei se alguma vez lho disseram a si – há bastas mais hipóteses de histórias com um antigo caseiro. Invenções, como temos de dizer agora, porque a noite, nisso também é generosa, e a morte dos poetas, não o é menos, nisso também. Quanto à chamada à mãe (no final do filme) isso sim está certo: a parca que nos pare e nos deixa sós, queixa-se o poeta. Tive o privilégio de conhecê-la, quando estive em Pascoaes (em 1950?) (não posso confirmar agora) e a imagem do filme, embora com muito longe, resulta certa. A Mãe o Amor, o Filho a Morte – os Grandes Esponsais do Minuto Terráqueo.

Começo por Fernando Pessoa, que Cesariny dá como não tendo comportamento sexual. Dizer que Pessoa se algum instrumento sexual tocasse seria o homossexual e dizer que nenhum tocou é a mesma coisa, com a diferença do primeiro ser capaz de intelectualizar a esfera da sua insensibilidade, escolhendo para si uma hipotética vida sexual, que no plano sensível não tem, e o segundo, fora do complexo instintivo, nem da paralisia se dar conta. Não tenho à mão a afirmação de Pessoa que Cesariny reporta. Demais, nem à letra, de forma radical, a tomo. Algum instrumento Pessoa há de ter tocado, de Durban a Campo de Ourique, mais que não fosse, a espaços, o de Onan. Fugiu ainda assim a confessar--se onanista e preferiu intelectualizar, vendo do alto, do plano abstrato do intelecto, o mundo dos sentidos e desse plano, mas só dele, viu-se ou escolheu-se homossexual.

Se isso não foi sempre assim, foi-o quase sempre e no geral a vida sexual de Pessoa foi vivida por mediação estrita do intelecto. O papel do raciocínio tem nele uma tal importância que até na vida sexual de Pessoa ele se intrometeu, para ordenar, esclarecer e orientar. O ato sexual em Pessoa nunca é um ato sexual, é ele mais, no intelecto, a sua matemati-zação raciocinada; a coisa chega a tal ponto que se pode ver, como viu Cesariny, que o ato sexual em Pessoa já não é ato nenhum mas só a linha de intelecto que o substitui.

Mesmo sem ter à mão a citação que Cesariny refere, tenho outra que vai no mesmo sentido. Está numa carta a Gaspar Simões e diz o seguinte:

> Uma explicação. Antinous e Epithalamium são os únicos poemas (ou, até, composições) que eu tenho escrito que são nitidamente o que se pode chamar obscenas. Há em cada um de nós, por pouco que se especialize instin-tivamente na obscenidade, um certo elemento desta ordem, cuja quantidade, evidentemente, varia de homem para homem. Como esses elementos, por pequeno que seja o grau que existem, são um certo estorvo para alguns pro-cessos mentais superiores, decidi, por duas vezes, eliminá-los pelo processo simples de os exprimir intensamente. É nisto que se baseia o que será para v. a violência inteiramente inesperada de obscenidade que naqueles dois poemas –

e sobretudo no Epithalamium, que é directo e bestial – se revela. Não sei porque escrevi qualquer dos poemas em inglês (carta de 18-11-1930).

Ele não sabe mas eu sei e à frente se dirá.

Assinale-se para já o processo de substituição, o *transfer* do instinto para o poema, dando razão à ideia de que em Pessoa a linha do intelecto é tão forte que elimina o ato sexual em si, mais que não seja pela operação conceptual a que o sujeita e que tão bem se conta na carta a Gaspar Simões. A forma de eliminação da sexualidade em Pessoa passa pelo processo catártico que Breuer pôs em prática na hipnose e Freud desenvolveu no processo analítico das associações verbais livres. *O processo de exprimir intensamente* os elementos obscenos da consciência é em Pessoa um processo verbal e não vital; ele, Pessoa, não exprime na vida, pois não precisa, a sexualidade que em si existe, por menor ou por maior que ela se apresente, antes a transfere para o plano verbal, naquele tipo de poesia sopesada pelo intelecto, em que as imagens não surgem da alma mas da tradição erudita. Em *Epithalamium* – o *Antinous* não chega sequer aí – a descrição metafórica do ato sexual é disso um bom exemplo: *The fortress made but to be taken, for wich/ He feels the battering ram grow large and itch.*

Por aí, pelo plano verbal, se percebe o motivo que levou Pessoa a escrever esses dois poemas em inglês e não em português; pelo esforço exigido, a língua inglesa era muito mais *verbal* do que a portuguesa. Destarte, em Pessoa, quanto mais artificioso, tanto mais purgativo. Deixo assim de lado a questão do pudor, que se pode sempre brandir contra o Pessoa que se esconde atrás duma língua quase desconhecida, até pelo arcaico clássico dela. E assim procedo porque qualquer poema erótico de Bocage é muito mais escandaloso e obsceno que os dois de Pessoa; tivessem sido escritos esses em portuguesa língua e ficariam sempre ao lado dos de Bocage a fazer figura de anjinhos constipados. Fica-me pois alguma dúvida diante de *a violência inteiramente inesperada de obscenidade,* um deles até *bestial,* com que ele os caracteriza na carta a Gaspar Simões.

O Surrealismo Português e Teixeira de Pascoaes

Não posso deixar de ligar este comento aos versos com que Cesariny abre um poema de *O virgem negra* (1989), logo na abertura, e em que encontro Seth associado a Rimbaud, o da alquimia do Verbo, que por sua vez nada tem a ver, daí o alheio, com a operação conceptiva de Pessoa e aqui merecia uma nota que agora passo:

Alheio ao céu e à luz/ De Seth e de Rimbaud/ No Antínoo depuz/ O paneleiro que sou// E no Epithalamium fiz/ Que pudessem saber/ Que feliz ou infeliz/ O sou como mulher// As costas do meu ser / Deixei em inglês/ Por isso em português/ Não o podia escrever.

E isso, que é a deposição de Antínoo, pelo menos do Antínoo vivo, que havia no rapaz das meias pretas de seda que veio de Durban para Lisboa, tem por sua vez a ver com a tautologia paradoxal com que Pessoa tantas vezes se apresentou e que Cesariny no mesmo livro, poema "Introdução ao Volume", aproveitou para, na boca do próprio, traduzir a sexualidade pessoana: "Quando não fodo é que fodo/ E quando fodo é a mim".

Custa a crer que no meio de tanto pessoano e ao longo de tantos e tantos anos de escava na arca pessoana nunca ninguém tenha notado, até à chegada de Cesariny, que os heterônimos, que eram para ser gente a sério, de carne e osso, além de intelecto e alma, nenhuma vida sexual tenham. O seu criador até lhes arranjou horóscopo, com hora e local de nascimento, mas nunca cuidou, ou nunca se lembrou, ao que dou nota, de lhes arranjar um comportamento sexual qualquer. Têm horóscopo; pilita não. Até o engenheiro, que era para ser o menos entupido de todos, o mais modernaço, se retrai naquela historieta amorosa em Barrow-in--Furness com uma rapariga do liceu local, quando a relata por escrito a Ferreira Gomes, e onde há tudo – mesmo a série de cinco sonetos com o nome do local lá está – menos um beijo que seja. Não é pois por acaso que ele começa o relato dizendo que "não costumo pôr à arte a canga da sexualidade". Nem à arte nem à vida, digo eu.

E que bem ficaria ao criador dos heterônimos, ao lado das inúmeras notas que deixou para a sua gente, ter escrito sobre a sexualidade de cada um deles. Cesariny viu a falha e tirou com muito gozo uns apontamentos no livro de 1989 para suprir o espaço: "O Álvaro gosta muito de levar no cu/ O Alberto nem por isso/ O Ricardo dá-lhe mais para ir/ O Fernando emociona-se e não consegue acabar". A coisa continua no poema e pode sempre seguir fora. Assim, por exemplo: a primeira masturbação de Caeiro ao pé do Tejo e o seu pasmo ontológico (e tautológico) ante o ato; Reis e a sodomia numa sacristia do Chiado, com uma seleta de latim aberta por acaso num poema de Catulo; Mora e um bacanal em São Lázaro, no Porto, em noite de São João com luar e muita gritaria; a ejaculação triunfal de Soares num recanto escuro da velha Biblioteca Nacional ao pôr mão na primeira edição de *Os sermões* de Vieira; o infinito cansaço de Campos depois de ter pago numa pensão do centro de Londres o serviço de dez prostitutos.

E que dizer das cartas de Fernando Pessoa a Ofélia Queiroz? Que são as cartas dum homem que pensa e não dum homem que ama? Que são as cartas do Nininho à Ofelinha? Que chupam no dedo? Que ainda não saíram do primeiro estádio da sexualidade? Que a sexualidade oral infantil é nelas dominante? Que o subscritor faz beicinho? Que tem obstipação? Que é virgem? Que ainda não entrou na fase adulta da sexualidade? Que o subscritor tem oito meses de idade – como diz de resto num requerimento que dirige à bebê? Tudo isso e mais qualquer parcela que aqui me escapa mas que parece sempre reiterar, por qualquer lado, que esse sujeito não tem, nem quer ter, mesmo podendo, sexualidade alguma.

Talvez o mais curioso disso tudo seja por isso aquela saída no passo da carta a Gaspar Simões atrás transcrito e em que o autor confessa que escreveu os poemas ingleses para se livrar do estorvo que a obscenidade é "para alguns processos mentais superiores". E obscenidade é aqui um sinônimo de sexualidade. Assinale-se ainda que Pessoa não diz processos da alma mas "processos mentais superiores", quer dizer, operações do intelecto descarnado. O mundo abstrato das intelecções opõe-se aqui em absoluto ao mundo empírico dos sentidos. Pessoa tinha de se libertar desse para se entregar ao outro. Não creio que o mundo da alma e do sonho, o plano do suprarreal, pedisse dele tal sacrifício. Ao invés é mesmo de crer que um tal mundo não exista sem tomar os sentidos como termo de equivalência. O corpo astral sente tudo da mesmo forma que o corpo terreno, com uma só diferença: as sensações neste são corruptíveis e no outro indeléveis. Por esse motivo o Paraíso dos Arquétipos no Islão iniciático é muitas vezes representado sob a forma de Harém.

E foi sob o império do êxtase erótico mais intenso que a mística visionária duma Teresa de Ávila ou dum João da Cruz tocou ou entrou no outro mundo. Deus não é neles um conceito ou uma abstração mas o Amado que instila no coração da alma o Amor.

É altura agora de pegar em Pascoaes. Que diz Cesariny a João Vasconcelos sobre a sua sexualidade? Que Pascoaes, ao contrário de Pessoa, que falou para o seu caso de *transfer* verbal, se calou. Apesar de o autor nada dizer, Cesariny adianta ter ouvido histórias dele com um antigo caseiro, daí lhe tirando a homossexualidade. Esta, se existiu, diga-se, reporta-se à velhice, pois outros amores heterossexuais, e bem ardentes, se dão ao Poeta na juventude. O caseiro da carta de Cesariny não pode ser senão Zé Cobra, pai da Adelaidinha, que Pascoaes no fim da vida perfilhou como afilhada. Também eu, e de variadas fontes, ouvi histórias idênticas, mas também eu direi como o subscritor diz, *invenções*, que a noite é generosa e o tempo ainda mais. Invenções ou não, o que se diz, para o poeta, tem valor de realidade; a palavra fogo, recordo, é nele escaldante e queima os lábios. Cito de cor, decerto dos seus primeiros livros: "Acreditai num nada que não exista/ E esse nada existirá".

Que Pascoaes cantou, e com alto e apaixonado ardor, "o que há, em mim, de lírio e de donzela, e que a brancura do lírio enche meu ser de neve", cantou, sem ponta de dúvida, pois isso se lê na *Senhora da noite* e na "Elegia" de *Vida etérea*. Também Eugênio de Andrade afirmou na abertura do curto prefácio à reedição de *Senhora da noite* (1988) esta sibilina coisa: "sabemos dele coisas que vamos calar". Calar o que se sabe, aplaude-se, mas sem que isso equivalha a soterrar e soterrar a recalcar. Nessas notas sobre o surrealismo português nada é tão contrário ao que procuro, o mundo da alma, mundo que ignora censuras morais e preocupações exteriores, como querer esconder, em nome do Eu social e exterior, o Eu formado pela primeira consciência, o universo plástico e livre da sexualidade interior.

Uma coisa é certa, a escrita de Pascoaes está cheia de *beijos* e até de perversões, num grau que a do Pessoa vanguardista desconhece. Até Campos ficou em dívida – mas que Cesariny pagou já com juros. Veja-se este *beijo* necrófilo no poema "Idílio" de *Terra Proibida* (1900): "Ó Virgem da Tristeza/ Ouço-te os passos... Vejo/ Impresso na minh'alma,/ O talhe dos teus pés.../ Vens, de longe... Lá vens,/ Sorrindo, dar-me um beijo,/ Com uns lábios que a terra já desfez". Eis um beijo dado com uns lábios que a terra já comeu. A carne que nele beija faz lembrar a do António Maria Lisboa do sonho de Cesariny, o que desde já me leva a tomar esta *Virgem da Tristeza* como um *daemon* ou um Eu imagem. As *imagens* de Pascoaes e de Cesariny têm ainda assim diferenças, para além do denominador comum: primeiro, o *sonho* de Pascoaes é um devaneio acordado, não resultante do sono, como acontece no caso de Cesariny; segundo, Pascoaes aceita, na *alma*, como diz, e com êxtase, o beijo que o *daemon* lhe propõe, apesar dos lábios comidos pela terra, ao contrário de Cesariny, que recua em pânico ante o apelo dum Lisboa carnalmente decomposto.

Não se pense que essa fantasia sexual de Pascoaes com o mundo dos mortos se fica por aqui. Ela perpassa quase toda a poesia amorosa que se conhece do primeiro Pascoaes. Está em poemas do *Sempre*, de *Sombras* e em muitos versos de longos poemas como *Senhora da noite, Marános* ou *O doido e a morte*. Neste último um maltrapilho que anda ao deus-dará pelo mundo, cruza por acaso o espectro da Morte e dela se enamora. Ao ouvir do doido amante os apodos, a Morte não resiste e rende-se, por momentos se transmutando em vida. A transfiguração da gelada caveira em donzela fremente é uma das mais exaltantes manifestações eróticas do verbo criador de Pascoaes. Diz assim (cap. II):

> Era a Parca fitando Apolo; a noite/ Abrasada de estrelas, invocando/ O sol esplendoroso... E delirante,/ O Doido vagabundo em suas mãos/ Tomou, beijando-a, a fria mão da Morte./ Mas, em vez – que milagre! – do contacto/ Duma ossada, sentiu tocar-lhe os lábios/ A carne viva, quente, apetecida!/ Caiu aos pés da Parca a negra túnica./ E a repentina luz dum corpo em flor/ Deslumbra os olhos ávidos do Doido,/ Onde o desejo ardia e fumegava.

Que fabuloso beijo num cadáver gelado! Que contato miraculoso! Nunca a erotização da Morte foi tão real como na terra verbal desse poema.

Será ainda de ver como esse ponto se desenrola no momento da exumação da Maria do Adro por Camilo na biografia que em 1942, Pascoaes deu a lume sobre esse escritor e que proporciona ao narrador alguns dos excursos mais exaltantes do livro. Traslado o seguinte (cap. VI):

> Os artistas têm uma mulher no sangue, exceptuando-se um Alexandre Herculano ou um padre António Vieira. Camilo tinha um esqueleto de virgem na fantasia. Outros, têm a sombra de Proserpina, como Antero, ou a de Maria Magdala, como Frei Agostinho, ou duma Oceânide, como Camões e Prometeu.

Às exceções de Herculano e Vieira, podia Pascoaes nessa prosa sublime, gêmea da de *Duplo passeio*, ter acrescentado Pessoa. Tudo isso está muito próximo daquele platonismo amoroso de que atrás falei e que vem de Camões e de Bernardim. O que Pascoaes lhe introduz de novo é a ousadia necrófila, em que a morte é redimida na Terra da Alma pela loucura do amor.

Mas há outros segmentos sexuais na obra de Pascoaes, que até agora não têm sido atendidos pelos intérpretes e que têm basta matéria para uma hermenêutica da sexualidade em Pascoaes. Veja-se a zoofilia desse beijo num texto final, *O empecido* (1950):

O pai fuma, pega na sachola [sacola] por desfastio, passeia, com ela ao ombro, nas leiras cultivadas por um irmão. O seu único cuidado é tratar do penso da vaca, mais do seu amor, muito mais, do que a esposa. Como ele a afaga e acaricia, e lhe anedia o pêlo [pelo], com a mão direita só ternura, como a esquerda é só erva[...] Ternura e erva, ou erva sentimental e a dos lameiros. Não resiste: beija-a no focinho. Junto da vaca, é uma espécie de homem-boi (já houve homem-cavalo) ou um boi falhado, não no moral, mas no físico, ou sem a anatomia do simpático quadrúpede, condenado a trabalhos forçados até ao dia em que o matam no açougue (cap. I).

Sem a relação sexual entre o homem e o animal a história de *O empecido* não se entende. Nesse livro há dois planos de história, o natural, onde acontece o ato sexual de dois adolescentes, Isabel e António, e o sobrenatural ou suprarreal, onde tem lugar o amor de Albino pela Ruça. A libido é a corrente que une os dois planos. Assim: António não se pode entregar por inteiro a Isabel, porque está preso à mãe, Maria, que por sua vez, vivendo interiormente para o filho – morre de ciúme por causa de Isabel –, deixa o marido entregar-se à vaca. Ora o livro fecha no planalto da Abobreira, nas faldas do Marão, com a aparição duma vaca a trinta ou quarenta mil pessoas, o que significa a passagem da zoofilia à zoolatria coletiva. Veja-se a morte de Albino no fim do livro:

> O Albino, por fim, morreu subitamente na corte. Encontraram o cadáver do homem, muito deitado no esterco, aos pés da Ruça, a espargir-lhe bosta benta sobre a testa e os bigodes... Um ato de estranha liturgia, ou, então, uma prova da inconsciência dos animais; e creio na ironia dos brutos, esse reflexo da luz do sol entranhado no mais profundo da Zoologia (Epílogo).

As fantasias sexuais de Teixeira de Pascoaes estão ainda em larga medida por conhecer, como de resto está por estudar a *corrente sexual*, bem mais acessível, dum livro como *O empecido*. Esse livro mostra como Pascoaes estava em contato direto com um mundo arcaico, primígeno, ante-histórico, correspondente a um período que desconheceu em absoluto as condicionantes da formação do Eu social tal como o conhecemos desde a civilização do Bronze e que levou à severa proibição do incesto parental. O mundo de que falo é mesmo em termos humanos anterior à *horda* pré-edipiana de que Freud fala em *Totem e Tabu*.

Agustina, que nasceu no Tâmega, e algumas tramoias deve ter escutado, atreveu-se a romancear já depois da morte do Poeta alguns desses mistérios (*O susto*, 1958), com muito transtorno e revolta daqueles que ainda por cá andavam. A versão de Agustina por muita água que traga deixa porém muito por conhecer. Cesariny interessou-se pelo caso e deixou aquele parágrafo numa carta a João Vasconcelos, que termina daquela forma simbólica, não mais mas também não menos, *A Mãe o Amor, o Filho a Morte – os Grandes Esponsais do Minuto Terráqueo.*

Pelo meu lado, aqui, nessas notas, abeirei-me dos textos e tentei descortinar neles, de forma explícita, sugestões sexuais. Parece-me fora de dúvida que palpita neles uma sexualidade pujante, fora do comum e que lá está não por efeito purgativo dum HiperÉdipo, substituindo o mundo das sensações pelo das abstrações intelectuais, como acontece no Pessoa do *Epithalamium* e do *Antínoo*, mas por efeito ou presença em *carne* do mundo da alma.

Outro ponto sintomático desse novelo é a notícia de que Albert Vigoleis Thelen, escritor tudesco e tradutor de Teixeira de Pascoaes que viveu mais de sete anos na casa de Pascoaes, entre 1939 e 1947, terá escrito no final da década de 1950 um *memorial lusitano*, biografia romanceada do período português, e antes de mais da vida e costumes de Teixeira de Pascoaes, destruído depois, porventura a pedido de família próxima, por escandaloso. Dessa memória foram ainda assim publicados dois fragmentos que nos permitem aferir da importância dela. O romance, segundo consta, dava continuidade ao romance de estreia, *Die Insel des Zweiten Gesichts [A ilha do segundo rosto]*, que tem como subtítulo *das memórias aplicadas de Vigoleis*. Sobre os fatos que lhe foram matéria-prima, pronunciou-se assim o autor:

> Beatrice e eu passamos um tempo relativamente calmo no solar do poeta Teixeira de Pascoaes. Vi lá coisas que ultrapassam em termos de grotesco tudo o que está na *Ilha*. Mas não posso expor em público, porque foi um gesto hospitaleiro do poeta que me pôs em contato com elas. (*Colóquio-Letras* 1990; (113-4): 180-1).

Só quem tenha lido a *Ilha* estará em condições de perceber em toda a extensão a realidade tremenda que essas palavras significam; ainda assim, quem desconheça esse livro toma nota por meio dessas palavras da excepcional liberdade que Pascoaes gozou em vida, pelo menos no fim da vida, e que não pode sequer ser contada. Falo dum homem possesso que assistiu em vida à sua transformação em *daemon* – e *daemon* não edipiano. Não menos do que isso. E o próprio Cesariny disso se deu conta, com susto bravo, e até com resistência forte, quando João Vasconcelos lhe relatou que viu uma vez no corredor da Casa de Pascoaes o tio a andar, com a cabeça em fogo, coroada de labaredas, com a cabeça em fogo.

14. LUGARES DA GEOGRAFIA DE TEIXEIRA DE PASCOAES

14.1. MARÃO

Na geografia íntima de Teixeira de Pascoaes, como primeiro ponto obrigatório, assinale-se a serra do Marão. O Poeta viveu quase toda a sua vida numa freguesia de Amarante, mas a sua alma estava lá em cima, no Marão. Pelas janelas de sua casa, voltadas a Oriente e a Sul, o que se avista são as cristas brônzeas da grande montanha, dorso gigantesco que se move na brisa celeste junto das paisagens luminosas do outro mundo.

Mário Cesariny, que conheceu o Poeta em 1950 e frequentou depois disso durante largas temporadas a sua casa, dizia-me que Teixeira de Pascoaes na parte final da vida se encasulava todos os dias num anexo envidraçado, que tinha diante o espinhaço do Marão, para pôr fixos os olhos na serra. O espetáculo predileto acontecia nas noites de tempestades, em que os relâmpagos fustigavam de luz os píncaros nus do maciço.

O Marão parece ter funcionado para o Poeta como uma corrente portentosa de energia, à qual se ligava pelos sentidos, sobretudo pela visão, dela tirando o alimento necessário para viver. As letras que nos deixou – estou a pensar por exemplo nas que correm em *As sombras* (1907) – são a transformação que essa poderosa eletricidade adquire nas suas mãos, a forma como ele usou e metamorfoseou o alimento visual que recebeu. A intensidade, a raridade da sua inspiração terá em última visão a ver com a fonte de energia de que se alimentou.

Nos derradeiros versos que escreveu, *Últimos versos* (1953), encontra-se, logo no poema de abertura, "Banco de Pedra", a alusão à serra. E num livro em prosa da mesma época, *O empecido* (1950), o primeiro parágrafo termina com a palavra Marão. Mesmo nos anos em que se empenhava em escrever uma literatura desprendida de referências locais – estou a falar de livros como *São Paulo* (1934); *Napoleão* (1940); *O homem universal* (1937); *São Jerónimo e a Trovoada* (1936) ou *Santo Agostinho* (1945) – a serra não deixava de ser a obsessão viva de Pascoaes, o ponto que o sustinha.

Sentava-se no banco de pedra voltado ao maciço como se ajoelhasse diante dum altar. Diante dele estava o gigante de pedra deitado, parecendo dormitar um sono etéreo. No poema acima citado ele cantou assim:

> Estou, a sós comigo,
> Neste banco de pedra, ante o Marão.
> E a sagrada montanha
> Começa a coroar-se das primeiras
> Estrelas que ainda brilham
> A medo, receosas
> De que o Sol volte para trás.

O Marão era uma devoção antiga de Teixeira de Pascoaes. Vinha da sua infância, quer pelo namoro que com ele tinha das janelas de sua casa, quer pelos passeios a Travanca do Monte, nas faldas da Abobreira, onde a família tinha casa e proximidade.

A devoção teve na composição de *Marános* (1911) o seu acume. Trata-se dum extenso poema narrativo, de dezanove cantos, com alguns milhares de versos, centrado num enredo de amor entre Marános e Eleonor. Mais tarde, já nos *Últimos versos* ("Indecisão"), recordará: "Foi num instante assim/ Que eu vi a Eleonor/ Na maronesca/ Montanha lusitana...".

A soma do poema aponta para a sublimação do amor, por meio da personificação da saudade; esta forma de amor louco, alargando as fronteiras físicas da paixão, encontra um contraponto simbólico na metamorfose do mar em Marão, uma forma de eterização ou de sublimação da matéria física. A metamorfose de que falo corresponde ao movimento analógico duma metáfora (a serra é mar petrificado), que ele muito explorou nesse poema e em alguns outros momentos. Cito ao acaso (canto XII, 93-6):

E por isso, Marános, contemplando
Esse dormente Atlântico sombrio
De pétreas águas, que se vão quebrando
Em espumas de lírios e verduras...

Convenço-me que o tópico estilístico que dá movimento e sentido anímico ao grande poema de 1911 terá correspondido a uma experiência vivida por Teixeira de Pascoaes. Ele presenciou diante de si a transformação analógica de que fala. Uma tal observação permitiu-lhe perceber os estratos da vida (ou se quisermos do tempo) e a comunicação oculta e harmoniosa que entre eles se estabelece.

Dito de outro modo, é possível pensar que a montanha do Marão, que aos olhos dum observador vulgar não passa dum gigante adormecido, feito de minério espesso, ganhou em certos instantes privilegiados aos olhos de Teixeira de Pascoaes uma vida vertical, levantando ao céu o portentoso dorso, qual serpente de fogo. Da visão desse acordar tirou o Poeta a metáfora do *dormente Atlântico sombrio,* quer dizer, a ideia de que a matéria pétrea pode sublimar o seu minério bruto em esferas ou espiras cada vez mais delicadas, animadas e sutis.

Por isso o poema de Marános e Eleonor tem uma fácies dantesca, a um tempo escura e luminosa, terrosa e celeste, que parece corresponder ao itinerário ascendente duma alma. E por isso ainda Teixeira de Pascoaes permaneceu toda a sua vida ligado ao Marão como se dum eixo vital se tratasse. Sem ele a sua vida perdia sustentação e equilíbrio.

14.2. Gatão-Pascoaes

O segundo lugar que obrigatoriamente se assinala numa geografia pessoal do poeta do Marão é a freguesia rural de São João de Gatão onde se situa a Casa de Pascoaes, que alguns chamam *solar,* cuja existência remonta ao século XVII, e que foi a esplanada avançada, o parapeito ou miradouro onde o poeta entreteve a vida a contemplar o Marão.

Foi nessa casa que Joaquim Pereira Teixeira de Vasconcelos viveu quase toda a existência. Para lá foi com poucos meses de idade, em 1878, e lá morreu num frio dia de dezembro de 1952. Quis tanto ao lugar, deveu tanto à casa, que ao assinar o primeiro livro, aos dezesseis ou dezessete anos, mudou o nome para Teixeira de Pascoaes (é assim que está na capa). Era o Teixeira (do lugar) de Pascoaes. E ao longo da vida permaneceu sempre fiel tanto ao nome como ao lugar e à casa.

Desde cedo, desde os versos de *Sempre* (1898 e 1903) e de *Terra proibida* (1900), desde as rememorações visionárias de *As sombras* (1907), que lugar e casa entraram para a poesia de Teixeira de Pascoaes. O que se sente nesses versos é uma ligação umbilical, carne com carne, osso com pedra, como se Pascoaes só respirasse através do lugar e da casa. Por isso, mais tarde, ele cantará num assomo noturno de desespero, já depois da morte do pai, em 1922 ("A Pedra Negra", in *Cânticos*, 1925):

> Que multidão no espaço do meu lar!
> Que multidão enorme e que deserto!
> Ó sempiterna ausência de meu Pai!
> Que frio e que tristeza, neste grande
> Enegrecido lar desconfortável,
> Como esta velha casa de abandono,
> Sempre aberta ao luar das horas mortas,
> Ao silêncio da noite, aos ermos ventos
> E às sombras outonais… Ó minha casa
> Sepultada num lívido crepúsculo
> Que são vagos fantasmas confundidos
> Na mesma nódoa escura… E nele pairam
> Ermas vozes que eu ouço e ninguém ouve
> […]

Mas o livro em que melhor se guarda a relação carnal de Joaquim Pereira Teixeira de Vasconcelos com a casa de Pascoaes e o lugar de São João de Gatão é o *Livro de memórias* (1928). Aí se memoram as figuras da infância que passaram pela velha casa, como por exemplo a viscondessa de Tardinhade, uma figura que só Pascoaes vê, ao mesmo tempo que se assinalam os lugares vizinhos, as figuras populares, as árvores milenares, as pedras que marcaram os primeiros anos do Poeta e se misturam ao plano imaginativo das suas ideias.

O que impressiona nessa experiência é a aptidão de desdobramento milenar que o leva a dizer (cap. I):

> Toda a casa é duma fluidez escura e transparente; e, no seu lugar, aparece o primitivo monte, com ermos pinheiros que trespassam os tetos indefinidos e cheios de buracos cintilantes. São os mesmos pinheiros de há vinte séculos, quando os colonos romanos ouviam cantar os mochos de Gatão.

Sente-se aqui o processo vivo, atrás apontado. Nesse caso a memória é uma experiência sensorial do poeta, tão viva, tão atuante, que se cruza com a percepção do tempo e da sua duração. Assim, quando fala do seu tio Jacinto, o poeta sai-se com este cruzamento entre o passado e presente: "Era um homem gordo, de bigodes negros e fartos, com uma flor ao peito, salpicada de rapé, – uma flor que nasceu na Primavera de 1885 e não murchou ainda".

14.3. AMARANTE

O terceiro lugar de sinalização obrigatória em périplo pela geografia pessoal de Teixeira de Pascoaes é a vila de Amarante. Quando se deixa a freguesia de São João de Gatão à procura do Marão não é possível evitar descer ao centro de Amarante para cruzar o Tâmega.

Teixeira de Pascoaes nasceu no coração da vila de Amarante, na vizinhança da igreja de São Gonçalo, embora pouco depois, ainda na primeira infância, se tenha mudado com os pais para a freguesia rural de Gatão, nos arrabaldes da vila, onde acabou por viver toda a vida, lá soltando o derradeiro suspiro. O que resta hoje desse imenso incêndio que se chamou Teixeira de Pascoaes, são as suas letras, nas quais arde um fogo eterno, que nunca consome o seu combustível, e um punhado miúdo de cinza hoje depositado numa campa rasa do cemitério dessa freguesia campesina de Amarante.

A vila de Amarante teve porém na vida do Poeta uma importância irrecusável. Foi aí que fez os primeiros estudos, antes de partir no ano letivo de 1895-1896 para Coimbra, a frequentar o último ano do Liceu e depois a Faculdade de Direito. E foi aí, em Amarante, que em 1911 exerceu o lugar de juiz substituto. Depois, quando por inteiro se dedicou aos livros, foi nos cafés de Amarante, na cerca da igreja de São Gonçalo, que vinha espairecer a tensão da escrita e dar dois dedos de conversa aos conterrâneos.

Também nesse caso Teixeira de Pascoaes transpôs o lugar para a poesia, dando-lhe destaque e preponderância. Selecionou um local representativo, a ponte de São Gonçalo, sobre o rio Tâmega, ligando as duas margens e as duas partes da vila; por ela se passa de Gatão para o Marão. Teatralizou-a em vários momentos, mas onde melhor a encenou foi em *O bailado* (1921). Lá está na primeira edição do livro, constituindo todo um capítulo, o mais longo, "A Ponte", com cento e três (CIII) entradas. Abre assim: "Vejo um rio atravessado por uma ponte de pedra.// Nas duas margens acumulam-se as casas dum velho burgo. É Amarante, exposta à luz, sobre um outeiro e o Cuvelo, escorrendo sombra úmida sob as fragas dum Calvário…".

E segue depois com um desfile caricato de momentos e de pessoas, que são aqueles que o poeta interiorizou e desdobrou na imaginação. Mais tarde, na primeira versão de *O pobre tolo* (1924), repetirá o processo, alargando desta vez o significado simbólico do préstito. Assim um boi que passa na ponte é o boi Ápis e um cavalo é o Pégaso alado, como uma peixeira é uma Ninfa e um pedreiro bêbedo é o Jeremias bíblico. De resto certos passos de *O bailado* tinham já uma dimensão universal ou mesmo cósmica. Por isso o Senhor Infelizardo, uma das personagens do corso amarantino de 1921, é Satanás em pessoa.

Convenço-me que também aqui se está diante dum processo vivo, que corresponde a uma experiência sensorial do poeta. Essa ponte de

São Gonçalo, ligando o outeiro, onde se encavalita a parte mais significativa da vila, e o Cuvelo, arrabalde que abre para Padornelo e Travanca do Monte, é afinal a ponte de pedra e sombra que liga o passado ao futuro, através do presente, os três estratos do tempo e da vida.

14.4. Travanca do Monte

Ponha-se agora Travanca do Monte, uma aldeia da serra da Abobreira, nas faldas do Marão, a alguns quilômetros de Amarante. Foi nessa aldeia, na casa da Levada, pertença da família Teixeira de Vasconcelos, que Teixeira de Pascoaes passou muitos dias da infância e da primeira adolescência, em contato íntimo com o dorso dum gigante chamado Marão.

Gatão muito importa numa geografia íntima do Poeta porque a rés do Tâmega está o cemiteriozinho onde a sua cinza repousa e nessa freguesia se esconde ainda a casa de Pascoaes, que crismou o nome poético de Joaquim Pereira Teixeira de Vasconcelos. De qualquer modo, Travanca do Monte é o primeiro espaço da margem esquerda do Tâmega que o jovem Joaquim frequentou. Sem ele o Marão não passaria duma miragem distante, aquela mesma pedra luminosa e evanescente que se avista ao princípio do dia das janelas da casa de Pascoaes. Foi Travanca do Monte que deu realidade sensível, palpável e empírica, ao Marão enquanto alucinação sensorial. Por isso, mais tarde, contemplando os píncaros de bronze da grande serra, aí compôs a sinfonia do *Marános*.

A casa da Levada ficou ainda marcada por outro fato tocante. Foi aí que se refugiou com a esposa nos últimos anos da segunda grande guerra, para escapar ao nazismo e à guerra, o escritor alemão Albert Vigoleis Thelen, tradutor do Poeta português e então refratário do exército alemão.

É um lugar marcante na geografia íntima de Teixeira de Pascoaes, que não pode deixar de ser assinalado em qualquer tentativa de lhe traçar uma cartografia visível. Também esse lugar entrou para a poesia que ele escreveu, dessa vez através da dramatização narrativa duma história de amor entre dois jovens adolescentes, zagais desprotegidos de Travanca do Monte. Eis como começa o romance, que foi escrito entre 1945 e 1950 e dado à estampa neste mesmo ano: "Travanca é um pequeno povo, num contraforte da Abobreira, em forma de patamar. Leiras e campos de milho cercam aquela família unida de choupanas, com uma capelinha, ao pé dum cemiteriozinho esquecido da Parca, quase sempre".

E por aí fora, ao longo de 35 capítulos, até ao "Epílogo" final, em que ficamos a conhecer os destinos das duas personagens. Ainda assim, o derradeiro capítulo, o trigésimo quinto, desloca o espaço dos eventos para o alto da Abobreira, deixando os interiores rústicos de Travanca do Monte ou os arredores da povoação onde António e Isabel desenvolvem, nas horas mornas de pastoreio, a sua história de amor.

No cimo da Abobreira, assistimos então a uma concentração de dezenas de milhares de pessoas num dia quente do princípio de agosto. Trata-se duma festa popular, uma romaria em evocação da Virgem, cuja aparição se espera para esse dia. Por fim, no *céltico planalto*, aquilo que surge – impressiva imagem do passado coletivo, *totem* simbólico e humor espontâneo, ironia sempre surpreendente do Fado – é a cabeça duma vaca, que depois se desenha no céu em corpo inteiro.

14.5. Travassos da Chã

No fim, nesse périplo por lugares pessoais, com extensões imaginárias, não é possível evitar o encontro com Travassos da Chã, Trás-os-Montes, concelho de Montalegre, o espaço mais transfigurador e marcante da geografia íntima de Teixeira de Pascoaes e o mais descentrado da sua infância e até de toda a sua existência.

Ao contrário dos espaços antes referidos, todos eles do convívio diário do Poeta, Travassos da Chã, uma aldeia rústica entre Chaves e Salamonde, perto do Rabagão, não faz parte do itinerário quotidiano do Poeta. É bem possível que o Poeta apenas o tenha visitado uma única vez, num dia de julho de 1937, na companhia de dois amigos, o escultor António Duarte e o poeta Ângelo César, em passeio que os três deram num Lancia, pilotado por Ângelo César, com saída auroral da casa de São João de Gatão e chegada ao mesmo lugar à noite, depois de terem visto descer o anoitecer, com a serra do Gerês à direita, a caminho da Póvoa do Lanhoso.

Teixeira de Pascoaes ficou tão impressionado com a viagem que a passou ao papel, escrevendo com ela um livro, *Duplo passeio* (1942), talvez o ponto cimeiro da sua obra de escritor e de pensador.

Que se passou nesse passeio para merecer tal importância? Uma revelação religiosa! Chame-se-lhe assim, na ignota aldeia do Rabagão, Travassos da Chã. Tal revelação obrigou o Poeta a questionar e a repensar as certezas, revoluteando nele um novo sistema de pensamento ou de crença descrente, ou ainda de descrença crente, a que chamou nesse lugar *ateoteísmo*. Sobre o ateoteísmo diz ele nesse escrito (Parte I, cap. IV):

> Quem é que sabe se está vivo ou morto? E, por isso, duvidamos... até de Deus. Esta dúvida, aliada a um anseio místico inerente à nossa adâmica natura, originou um estado de alma característico, uma espécie de Ateísmo religioso. Estas duas palavras penetram-se mutuamente, formando uma palavra nova e de novo significado: Ateoteísmo. Este novo significado é ainda impossível desenhá-lo. Por enquanto, é simples esboço ou inspiração irredutível a um verso linear. É uma crença a alvorar da descrença, um alvorar... Há quem descreia dum modo religioso; e há quem acredita irreligiosamente. Mas o descrente religioso é hoje o tipo humano superior, o único representante duma concepção poética da vida.

Que acontecimento, que imagem, que revelação ocorreu nesse passeio que pudesse ter despertado um devaneio assim curioso? A visão simples duma criança, no largo da aldeia de Travassos, que aponta aos viajantes uma imagem de Cristo. A aldeia do Rabagão é primorosamente descrita na entrada do quarto capítulo:

> Chegamos a uma espécie de cividade primitiva, de amargo nome, Travassos, como é agreste a altitude em que ela jaz, muito sombria ou

casada ao escuro do panorama. O ermo serrano, tão áspero e desolado, reflete-se naquelas paredes, como o silêncio dos penhascos, que se erguem, a pequena distância, e outros sentimentos minerais, que, penetrando no íntimo do poeta, se humanizam e voam numa estrofe.

Logo depois conta-nos o encontro com a criança, no largo da aldeia, a que o narrador chama *ágora céltica*, encontro que está na origem quer das reflexões que constituem o devaneio do viajante ao longo do resto do passeio, quer dos devaneios oníricos, noturnos, que formam o segundo passeio do livro e que são o relato dos sonhos que o Poeta teve na noite que se seguiu à viagem.

Tendo em atenção as incidências do pensamento religioso na obra de Teixeira de Pascoaes, sobretudo depois da publicação de *São Paulo* (1934), é certo que o encontro de Travassos da Chã constitui momento crucial na elaboração da sua visão pessoal de Deus e do mundo (como se pode ver pela transcrição relativa ao *ateoteísmo*).

Também aqui a construção mental, no caso tendendo para a elaboração dum sistema, o ateoteísmo, depende duma experiência sensorial e emotiva, a criança, que é a base de tudo o que se segue. Só por isso o lugar merece destaque em relação a todos os outros que foram cumeeiros na obra de Teixeira de Pascoaes.

14.6. Sentido da geografia de Teixeira de Pascoaes

Os lugares atrás apontados são os mais significativos da geografia íntima de Teixeira de Pascoaes. Podem ser desenvolvidos, através dum tecido mais apertado de relações com os seus versos, ou até com passos da sua vida, mas não substituídos.

A extensão é de tal grau que os cinco lugares adquirem um caráter imaginário. Os lugares pessoais que Teixeira de Pascoaes elege ganham dimensão imaginária, nova, transfiguradora, na sua escrita. É por isso que nos seus versos a ponte de São Gonçalo é uma imagem da Humanidade e o Marão uma metáfora da Vida. Nesse sentido a geografia íntima de Teixeira de Pascoaes é também um desenho imaginário, que cria muitas das significações que apresenta. Só um mapa poético pode deles dar conta.

Outros lugares – Porto, Viseu, Lisboa e Coimbra – podem ser referenciados em livros seus, por vezes assumindo um protagonismo inesperado, mas nenhum deles tem o relevo poético dos cinco que selecionei. O que me parece significativo de assinalar, até como motivo de unidade de todos eles, é o sentido primitivo, rústico, arcaico que os cinco mostram, com reforçada carga no mais significativo – porque mais fecundo para o seu pensamento – deles, Travassos da Chã. Nesse sentido, toda a geografia íntima, toda a geografia poética de Teixeira de Pascoaes é um grito ecológico a favor daquilo que a modernidade perfunctória abandonou, esqueceu ou escavacou. Eis pois a sua atualidade e o seu futuro!

15. *PIRÂMIDE* – UMA REVISTA DO SURREALISMO PORTUGUÊS

O surrealismo francês, pela afeição particular de Breton ao modelo, foi um criador de revistas. O movimento nasceu numa revista dadaísta, *La Littérature* (1919-1924) e mal veio ao mundo deu de imediato lugar a uma nova revista, *La Révolution Surréaliste* (1924-1929), que se transformou depois na *SASDLR (Surréalisme au Service de la Révolution;* 1930-1933). E a partir dessa data, na década de 1930, o surrealismo francês fez com o editor suíço Albert Skira a revista *Minotauro* (1933-1938), que só desaparece já quase no início da guerra. Em janeiro de 1939 ainda apareceu a revista boletim *Clé,* órgão da Federação Internacional da Arte Revolucionária e Independente (F.I.A.R.I.), que a guerra não deixou continuar e que apenas tirou dois números. No exílio, em Nova Iorque, Breton concebe no momento de chegada uma outra revista, que aparece em junho de 1942, *VVV,* o triplo v da vitória e que dura quase até ao fecho do exílio (1944); entretanto, em Paris, na ausência de Breton, o surrealismo, dissidente este, cria um órgão clandestino, *La Main à Plume* (1941-1944). Com o regresso de Breton a França em 1946, as revistas sucedem-se, *Néon* (1948-1949), *Médium* (1953-1954), *Le Surréalisme Même* (1956-1959) e por fim *La Brèche-action surréaliste* (1961-1965). Essa vocação do surrealismo francês se fazer através de revistas não pertenceu em exclusivo a André Breton, mesmo aceitando o que lhe deve, e muito é, pois depois da sua morte, em 1966, o movimento continuou a respirar por meio de revistas, como essa *Supérieur Inconnu,* fundada por Sarane Alexandrian (1927-2009), e que ainda em 2011, mesmo depois da morte do seu fundador, publicou um número. E não se pode falar das publicações do surrealismo francês, sem falar da revista *Phases* (1954-1975), fundada por Edouard Jaguer, um dos colaboradores de *La Main à Plume,* e na qual Mário Cesariny colaborou em 1973 com texto, "Para uma Cronologia do Surrealismo em Português", vertido ao francês por Isabel Meyrelles.

Ao contrário do que se passa com esse caso, o surrealismo português não tem revistas. Os diálogos entre O'Neill e Cesariny, ou entre

António Maria Lisboa e Fernando Alves dos Santos, ou ainda entre Pedro Oom e Risques Pereira, ou mesmo entre António Dacosta e António Pedro, fugiram para outros meios de expressão, que não as publicações periódicas. Cartas pessoais, cartas públicas, livros coletivos, panfletos, bilhetes, antologias, cadáveres esquisitos, desenhos foram os meios usados, por vezes com uma certeza que em nada os secundariza. Embora a agitação surrealista tenha aparecido entre nós na década de 1940, e se tenha feito sentir em Lisboa com certa largueza, se quisermos encontrar uma revista surrealista portuguesa nessa década, não damos com ela. Mário Cesariny nunca editou uma revista; Cruzeiro Seixas e António Maria Lisboa também não; Pedro Oom igual. Luiz Pacheco é a exceção; deu à luz *Contraponto (cadernos de crítica e arte)*, que publicou dois números (1950; 1952), mas não se pode dizer que a folha possa ser tida como surrealista, embora pela atenção dada no segundo número à poesia de Cesariny tenha dado voz a parcela dele, surrealismo. É preciso esperar pelo final da década de 1950 para em português encontrar uma revista surrealista assumida, *Pirâmide* (1959-1960). Chega isto para fazer dela um caso merecedor de atenção; congratulamo-nos pois com o texto que Manuel G. Simões publica neste número de *A Ideia* e glosamos ou acrescentamos aqui mais uns tantos elementos.

Apareceram três números (fevereiro de 1959; junho de 1959; dezembro de 1960), sob a responsabilidade de Carlos Loures e de Máximo Lisboa (no segundo número Sena Camacho associou-se ao duo). O texto de abertura do primeiro número é de Mário Cesariny ("Mensagem e Ilusão do Acontecimento Surrealista", p. 1-2); a importância do texto dá destaque à revista no quadro dum surrealismo quase sem revistas. O nome *Pirâmide* foi sugerido – informação de Carlos Loures em depoimento recente (v. Daniel Pires, *Dicionário da Imprensa Periódica Literária Portuguesa*, 1999, p.361-2) – por Mário Cesariny. Nenhum espanto, conhecendo os versos finais do *Discurso sobre a reabilitação do real Quotidiano* (1952), em que o poeta mago afirma, peremptório, *sim meu amor a pirâmide existe*. O verso – ou versos, porque todo o final do poema vai por aí – está no "Poema podendo servir de Posfácio", dedicado (na primeira edição do *Discurso*) a Eduardo de Oliveira (filho do médico Vasco de Oliveira), a mão que levou Mário Cesariny, pela primeira vez, em 1950, à casa de Pascoaes.

O Surrealismo Português e Teixeira de Pascoaes

Máximo Lisboa andou à volta desses versos na nota de abertura do terceiro número da revista, chamada "Iconoclasia"; é talvez o único texto programático assinado por um dos responsáveis da publicação. Nenhum outro lhe disputa essa condição, a não ser o de Carlos Loures no número 3, "Aos Ladrões de Fogo – Poesia, Surrealismo, Controle". Tem como ponto de partida poema de Jean Louis Bédouin. Cito o final do texto, onde se retoma o título da revista e onde se sentem respirar os versos de Cesariny que batizaram a revista:

> A Pirâmide é Fé, a Fé que trazemos, trouxemos, hoje, ontem. Em todos os tempos, os colaboradores da Pirâmide – a Pirâmide cósmica, reduto instransponível do Amor. E esta é Aquilo que chamaremos o Farol do Mundo, a Religião do Conhecimento – Homero, Dante, Holderlin – perante a qual somos religiosos professos, os únicos crentes, e nós, tradicionalistas, porque a tradição é o Espírito (*Pirâmide* 1960; 3: 41-3).

Façamos uma rápida descrição dos três números da revista. O primeiro número de *Pirâmide* (fevereiro, 1959) tem a colaboração de Mário Cesariny ("Mensagem e Ilusão do Acontecimento Surrealista" (p. 1-2), de Pedro Oom ("Um Ontem Cão"), de Raul Leal ("Psaume", p.10), de António Maria Lisboa ("Aviso a Tempo por Causa do Tempo", p.12), de Luiz Pacheco ("Surrealismo e Sátira", p. 13-4), um fragmento de Mário Sá-Carneiro (1913) e uma tradução de Ernesto Sampaio (Artaud). A capa pertenceu a Marcelo de Sousa e a organização a Carlos Loures e Máximo Lisboa. A revista que se apresenta em subtítulo como *antologia*, também se toma no frontispício por *cadernos de publicação não periódica*. O número é apresentado por uma notícia, em cinco parágrafos, não assinados, mas em cujo estilo se reconhece a mão jovem dos dois organizadores.

O segundo número de *Pirâmide* (junho, 1959), cujos subtítulos continuam os mesmos, *antologia e cadernos de publicação não periódica*, junta um terceiro nome aos organizadores, Sena Camacho, que desaparecerá de novo no terceiro número; Marcelo de Sousa mantém-se no grafismo e capa. Apresenta colaboração de Máximo

Lisboa ("Causas do Determinismo Antropolírico" (com epígrafes de António Maria Lisboa, de Ernesto Sampaio, de João Gaspar Simões), p. 17-8); Herberto Helder ("Poema"); José Carlos Gonzalez, Sena Camacho, Virgílio Martinho ("A propósito do *movimento* 57"); Carlos Loures ("Poema-Colagem"); Saldanha da Gama, Manuel de Castro ("Poema"); António José Forte ("Quase 3 Discursos – Quase Veementes"); Ernesto Sampaio ("Carta ao *Diário Popular*"); José Sebag ("Letra para uma Música em Voga"); Luiz Pacheco ("A *Pirâmide* & a Crítica"); tem ainda duas colaborações plásticas, Amadeo de Souza-Cardoso (Farol Bretão – Estudo) e D'Assumpção (Génesis). Apresenta no frontispício, como no primeiro número, sem assinatura, *notícia* de apresentação, dessa vez em três parágrafos. Tem página final, porventura da autoria de Mário Cesariny, com os volumes publicados da coleção "A Antologia em 1958 (Mário Cesariny, António Maria, Virgílio Martinho, Luiz Pacheco, Natália Correia) e a publicar (*O cadáver esquisito na sua breve passagem pela cidade*), antecedidos por um "Aviso aos Distraídos", que parece uma brincadeira poema de Cesariny (em que se anuncia o reaparecimento de *Tempo Presente* e se aconselha a sua leitura a três dezenas de escritores).

O terceiro e último número (dezembro, 1960), com os mesmos subtítulos, e idêntica *notícia* no frontispício em três parágrafos, tem a colaboração de Máximo Lisboa (Iconoclasia, p. 41-3, já comentado); de Edmundo de Bettencourt (p. 44 – com antologia de seis poemas); de Alfredo Margarido (Nota sobre os *poemas surdos*, p.45); de Renato Ribeiro, de Jacques-Henry Lévesque (Alfred Jarry, p. 46-7; tradução não assinada); de Rodolfo Afonso, de Henrique Lima Freire, de Manuel de Castro (Notas para Poesia, p. 49); de Ángel Crespo (Voíme Yendo, p.50); de Lorenço Vidal, (com tradução portuguesa de Manuel de Seabra, p.50); de Carlos Loures (Aos Ladrões de Fogo – Poesia, Surrealismo, Controle (cita Mário Cesariny; declaração de fé no surrealismo: "cremos ser a Revolução Surrealista um ímpar brado de alerta, chamando-nos a lutar pela salvação do pouco que ainda há para salvar") p. 51-2), que fecha o número. Tem dois apartes, um "2.º Aviso aos Distraídos", desta vez fora da alçada de Cesariny, e uma nota, em três linhas, sobre Luiz (então Luís) Pacheco e António Maria Lisboa. Na *notícia* do frontispício anuncia-se a saída para breve dum quarto número, que nunca chegou a aparecer, com colaboração de Vieira da Silva, Maria Rosa Colaço, Natália Correia, António José Forte, José Manuel Simões e Isidore Ducasse.

Olhando os colaboradores percebe-se que *A Pirâmide* é uma revista feita por gente nova, a do Café Gelo (o terceiro número juntou o Café Restauração), que recebe no seu seio os mais velhos, aqueles que na década anterior haviam feito a agitação surrealista, Cesariny, Lisboa, Oom, Pacheco. Parte importante da geração que fez o café Gelo colabora na revista ou com poemas ou com textos reflexivos ou com desenhos e isso é suficiente para se dar a melhor atenção a essa segunda vaga do surrealismo português. Na verdade, só essa geração parece ter sido capaz de criar uma publicação Coletiva, que apesar de ter tido curta vida tem uma importância indiscutível. Estão lá alquimistas da forma ou da cor como D'Assumpção, poetas como Herberto Helder, António José Forte, Ernesto Sampaio e Manuel de Castro, críticos como Luiz Pacheco e Alfredo Margarido. Só essa plêiade chegava para fazer da publicação a mais importante revista poética do tempo e até dos arredores dele. Pouco estimada para o valor que tem, *Pirâmide* é afinal uma revista que, além do interesse geral relativo ao surrealismo, tem uma importância geracional enorme, apontada de resto por Gaspar Simões, que a quis comparar à *Presença* – fazendo dela para a geração de Lisboa, Cesariny e Seixas o que a revista coimbrã fora para a de Sá-Carneiro, Pessoa e Almada. Ficaram porém de fora da revista outros da geração do Gelo como João Rodrigues, Helder Macedo, José Manuel Pressler, Saldanha da Gama, Benjamim Marques, António Salvado, Manuel Rodrigues ou António Barahona. É possível ver nos dois números de *Zero – cadernos de convívio, crítica e controvérsia*, lançados por Afonso Cautela (1958), em que se atacou o neorrealismo, se diagnosticou o envelhecimento da revista *Vértice* e se elogiou a ação do surrealismo, um antecedente indireto para o aparecimento de *Pirâmide*. Tal como não custa ver uma ligação, posto que descomprometida, entre os *cadernos de crítica e arte* que Luiz Pacheco publicou no início da década de 1950 e os que Cautela deu a lume no final dessa mesma década – onde Cesariny vai buscar de resto o texto de abertura da antologia *Surreal-Abjecionismo* (1963) Não se esqueçam ainda, se bem que de forma só parcelar, os quatro números de *Folhas de Poesia* (1957-1959), saídos da mesma apaixonada e fria atmosfera, a do café Gelo, aqui pela mão de António Salvado (com a ajuda pontual de Herberto Helder e Helder Macedo) e que não podendo ser, como

Pirâmide é, dada a diversidade de colaboradores e de interesses, uma publicação surrealista mostra ainda assim, ao menos naquela parte que reabilitou poetas marcantes mas marginais como Edmundo Bettencourt, Ângelo de Lima ou Teixeira de Pascoaes, afinidade forte com alguns dos seus caminhos.

Os coordenadores da revista, muito novos na época – Carlos Loures tinha 21 anos em 1959 –, trocaram na segunda metade da década de 1960 o surrealismo pelo materialismo dialético. Conheço declaração de Máximo Lisboa, "A Morte da Literatura", substituindo o surrealismo, em conjunto com realismo e idealismo, pelo "conhecimento legítimo e ancestral do enquadramento do homem na sociedade [...]". (*Jornal de Letras e Artes* 1966; V(232), 9 de março, p. 3) De Loures, que sofreu idêntica evulsão, porventura mais estética, mas também mais explícita, conheço no mesmo jornal corte com o surrealismo, "Notas sobre Demônios do Absurdo" (1966; (228, 9 de fevereiro, p.): 1-2) Cito:

> as minhas opiniões [...] no que diz respeito ao movimento surrealista modificaram-se integralmente [...] o ainda simpatizante com as premissas bretonianas, de há quatro anos, deu lugar a um indivíduo que, entre coisas, não pactua com o que, hoje, sinceramente considera, para além de algumas facetas positivas, um movimento antidialético, alienatório e alienizante e mesmo, em certos aspectos, totalmente gratuito. [...] E assim afirmo – o surrealismo, que em 1921 era poesia ativa, é hoje, apenas, poesia estética; não estará ultrapassado, mas está certamente superado, transcendido por uma época onde já não faz sentido fora dos manuais de literatura [...].

Cesariny, habitualmente sossegado em casos destes, não se conteve e respondeu no mesmo jornal, "Nota sobre a Nota de Carlos Loures" (1966; (231), 2 de março, p. : 1-2). Cito Cesariny (texto não colhido em livro): "Para muitos será reconfortante que, vinte anos depois, a geração que está em Carlos Loures surja disposta a puxar pela mesma corda. Mas não vê Carlos Loures, debaixo do sino, que um som assim vai dar ao seu contrário [...]". Loures, no mesmo número em que Máximo Lisboa dá a entender a sua adesão ao materialismo dialético, replica no texto, "A Propósito da Nota de Mário Cesariny" (1966; (232, 9 de março, p.): 1 e 4), a que Cesariny não deu seguimento. Mais uma vez assume a ruptura com o surrealismo, desta vez nomeando o realismo socialista como seu substituto. Cito:

> durante os tais três anos [...] tive ocasião de estudar os mestres de Mário Cesariny; um diálogo implicaria da sua parte e como condição prévia a leitura dos meus mestres atuais – não me parece razoável pedir-lhe que vá a correr estudar os teóricos do realismo socialista.

Carlos Loures estreou-se com *Arcano solar* (1962), o seu único livro de assumida inspiração surrealista, publicando depois disso uma obra espaçada mas regular quase até aos dias de hoje – o derradeiro livro é de 2008, *A sinfonia da morte*. Pronunciou-se recentemente sobre a criação da revista e a sua chegada ao café Gelo, confessando que foi Cesariny a sugerir o título e a organizar o primeiro número (Daniel Pires. Op. cit., p.361-2). Falta-lhe fazer agora a história – por certo curiosa de ponderar – da sua passagem pelo *realismo socialista*.

O percurso dos dois coordenadores não é porém representativo do dos restantes colaboradores de *Pirâmide*. Mesmo os que se aproximaram da expressão prática do materialismo dialético, o partido comunista, como Ernesto Sampaio, nunca perderam a ligação ao lastro de Breton nem se quiseram fora da barca do surrealismo. Outros, como Forte ou Manuel de Castro, que parecem ter voltado costas ao marxismo, ou por lá nunca passaram, como D'Assumpção, mais longe ainda ficam do salto dos coordenadores da revista.

Sem entrar em linha de conta com os desenvolvimentos ulteriores, *Pirâmide* é porém, no curto período da sua existência, uma publicação homogênea, onde convergem duas gerações surrealistas, a da década de 1940 e a da década de 1950, separadas por dez anos mas unidas no mesmo impulso filosófico e criativo. Pelos três números vindos a lume, pela importância das colaborações em domínios tão vários como a crítica, as ideias, a criação poética e a expressão pictórica, percebe-se que a revista podia ter tido um papel muito mais marcante caso tivesse continuado a sair por alguns anos mais. Como ficou, com três números e menos de dois anos de vida, parece ainda assim ser a mais importante publicação do surrealismo português – se não mesmo a única, já que o número único da publicação *Grifo* (1970), orientado graficamente por Vítor Silva Tavares, sugere mais um livro coletivo, de excelente título, do que uma revista.

Pirâmide é além disso, no geral, quer dizer, no cômputo das revistas que se publicaram na segunda metade do século XX em Portugal, uma das mais inovadoras revistas culturais do seu tempo. Preferimo-la a qualquer outra, quer as que António Quadros animou, como *57* (1957-1962) ou *Espiral*, quer aquela que Alçada Baptista criou, *O tempo e o modo* (1963-1967) e que tanta fortuna teve – por muito que também estas nos possam entusiasmar. Além duma revista cultural, *Pirâmide* foi ainda um embrião contracultural, porventura o primeiro que entre nós surgiu. Apesar de ter dado à estampa apenas três números, o legado desta revista quase única do surrealismo português é imenso e não parece ter perdido fôlego ao longo dos anos. A sua marca foi ficando viva no lastro dalgumas publicações ulteriores, como o magazine *& Etc* (1973-1974) e a revista *Sema* (1980-1984), que a perpetuaram e desenvolveram no tempo. Até a revista em que ora escrevo, *A Ideia*, na cultura que tem por válida, parece dever algo aos três números antológicos de *Pirâmide,* em que surgem alguns dos nomes – Cesariny, Herberto, D'Assumpção, Manuel de Castro ou António José Forte – que ela tem ainda hoje por tutelares e fecundos.

16. SUMÁRIO CRONOLÓGICO DO SURREALISMO PORTUGUÊS[1]

1942 – António Pedro, em contato com o grupo surrealista inglês, e locutor da BBC, dá a lume, com dedicatória a Aquilino Ribeiro, a novela *Apenas uma narrativa*, de decalcado modelo surrealista. No mesmo ano, em edição de autor, sem supervisão de censura e sem modelo algum, Teixeira de Pascoaes dá a estampa a narrativa *Duplo passeio*, na qual sopra um surrealismo selvagem e sem freio, que não tem qualquer paralelo na literatura portuguesa do tempo e pode ser visto como o antecedente, tão ocasional quanto objetivo, de tudo o que a década reservava de surrealismo ao retângulo português.

1946 – Mário Cesariny, que em 1944 aderira ao neorrealismo, tinha então 20 anos, faz uma primeira colagem de ruptura com fotografia do general De Gaulle e escreve o poema "Louvor e Simplificação de Álvaro de Campos", que apresentará como de *despedida da teorética neorrealista*.

1947 – Cândido Costa Pinto e António Dacosta, em Paris, assinam o manifesto "Rupture Inaugurale" (junho) do grupo surrealista francês. Mário Cesariny, João Moniz Pereira, Fernando de Azevedo, Fernando José Francisco, Pedro Oom, António Domingues (filho do libertário Mário Domingues), Marcelino Vespeira, Cruzeiro Seixas, velha roda da escola António Arroio, e Alexandre O'Neill aderem ao surrealismo. Cesariny parte para Paris em agosto, onde se encontra várias vezes com André Breton (café da Place Blanche, Galeria Cahiers d'Art, casa do poeta). Cartas para Alexandre O'Neill e João Moniz Pereira com vistas à formação dum grupo

---

1   Para a elaboração deste sumário, em jeito de décadas, de que aqui só se dá a primeira, de resto a decisiva, foram de prestimosa ajuda três elementos: "Para uma Cronologia do Surrealismo em Português" (1973); "Contribuição ao Registo de Nascimento, Existência e Extinção do Grupo Surrealista de Lisboa" (1973), ambos de Cesariny e ambos recolhidos na 2ª edição de *As mãos na água a cabeça no mar* (1985), e as notas do mesmo Cesariny à edição de Poesia de António Maria Lisboa (1977). Consultou-se ainda, mas com muito menos proveito, o caderno Balanço das Atividades Surrealistas em Portugal (1949) de José-Augusto França.

surrealista em Lisboa. Em Paris, onde fica até outubro, Cesariny planeia a edição dum caderno surrealista de prestações portuguesas, sem título formado mas com apresentação garantida de A. Breton. Em Lisboa, O'Neill e Domingues abrem contatos com Cândido Costa Pinto e António Pedro, para a formação do grupo português. Costa Pinto é excluído por expor no Secretariado Nacional de Informação (S.N.I.) Dacosta não chega de Paris (nunca chegará), António Pedro vê-se na posição de sénior. No final do ano, com o regresso de Mário Cesariny e de Moniz Pereira, o dito grupo está de pé (O'Neill, Cesariny, Vespeira, Azevedo, Domingues, Moniz Pereira, António Pedro). Falta José-Augusto França, valete jovem, que chega no início do ano seguinte, ou um pouco antes, por pedido e urgência de António Pedro.

1948 – Participação projetada do grupo surrealista de Lisboa na III Exposição Geral de Artes Plásticas, promovida pela oposição. A comissão organizadora aceita a intervenção da censura prévia, o que leva ao protesto do grupo surrealista, que decide retirar as cerca de três dezenas de obras enviadas. O caderno surrealista planeado por Cesariny em Paris é transformado por António Pedro numa revista surrealista internacional, que nunca chegou a tomar corpo e obrigou à devolução do material entretanto recebido. A 5 de agosto, em carta a O´Neill e Domingues, Cesariny critica o Grupo Surrealista de Lisboa (GSL) por abandono *do automatismo psíquico como processo de revelação e descoberta e fala de esteticismo, camuflado ou migado*; três dias após, em carta a António Pedro, desliga-se do grupo surrealista, *por não acreditar que seja Grupo e menos ainda Surrealista* (*As mãos na água e a cabeça no mar*, 1985, p.308-9). Reencontra Pedro Oom, Cruzeiro Seixas, Fernando José Francisco, António Paulo Tomaz, a que se soma um novo afluente – António Maria Lisboa, Fernando Alves dos Santos, Henrique Risques Pereira – mais novo. Desse caudal, a que se juntará Carlos Eurico da Costa, e logo após Mário Henrique-Leiria, nascerá um novo grupo, "Os Surrealistas", em que se vê, pelas realizações alcançadas, pela novidade dos sinais, pela autenticidade da pesquisa, o momento chave – Cesariny dirá a maioridade – do surrealismo português. Domingues, que abandonou com Cesariny o GSL, participa nas primeiras atividades do novo agrupamento, mas não exporá nem com ele assinará qualquer folheto.

1949 – António Maria Lisboa vai para Paris no início do ano, onde fica até abril. Conhece D'Assumpção, que lhe pinta o retrato de pitagórico, Sarmento de Beires, que o inicia no ocultismo, e o casal Vieira da Silva e Arpad Szenes, que ele retratará em simbolia ácida. A viagem teve como motivo próximo a necessidade do novo grupo se dar a conhecer a Breton e a Péret, impugnando o trabalho de Pedro. Encontros entre Lisboa e Péret – este falava, lia e escrevia o português, pois vivera vários anos no Brasil (1929-1932). Exposição em janeiro no atelier de António Pedro do grupo surrealista de Lisboa, que aceita a intervenção da censura, que corta o projeto de capa do catálogo, onde se apelava ao voto em Norton de Matos. O catálogo censurado será o primeiro de cinco *cadernos surrealistas* editados pelo grupo, todos em 1949, com exceção do último, de Nora Mitrani, em tradução de Alexandre O´Neill, já de 1950. Enumeram-se os restantes cadernos: *A Ampola Miraculosa*, de A. O'Neill; *Proto-Poema da Serra d'Arga*, de A. Pedro e *Balanço das Atividades Surrealistas em Portugal*, de José-Augusto França. Assinale-se que na carta corte de Cesariny se alude, no quadro das ações do grupo, a um poema dele em tipografia e cuja composição ele manda desfazer. O poema, *Corpo visível*, será editado mais tarde em edição de autor. Entretanto "Os Surrealistas" promovem uma sessão no Jardim Universitário de Belas Artes (Juba) sobre "o surrealismo e o seu público" (6-5-1949) e que foi a sua primeira manifestação pública. São lidos poemas de Carlos Eurico da Costa, Pedro Oom, António Maria Lisboa, Mário Cesariny e Fernando Alves dos Santos e ainda o manifesto "A Afixação Proibida", texto coletivo composto, em voz alta, segundo processo heterodoxo do *cadavre-exquis,* tempo antes, em casa de António Maria Lisboa e que de início se chamou "Única Razão Ardente". Carta de António Pedro ao *Diário de Lisboa* (6-5-1949), negando qualquer responsabilidade no evento, seguida de resposta de António Maria Lisboa (9-5-1949). A ação do Juba deu origem a um ciclo de seis sessões tumultuosas. Em junho I Exposição dos Surrealistas na antiga sala de cinema Pathé-Baby, na rua Augusto Rosa. Estiveram presentes Henrique Risques Pereira, Mário Henrique Leiria, Fernando Alves dos Santos, Carlos Eurico da Costa, Cruzeiro Seixas, Pedro Oom, Mário Cesariny, António Maria Lisboa, António Paulo Tomaz, João Artur Silva e Carlos Calvet. Em

António Cândido Franco

setembro, Risques Pereira parte para Paris; foi portador de carta de António Maria Lisboa para Benjamin Péret. Cito passo final: "António Pedro continua "um grande homem da Arte"! ... confessadamente contra o que ele chama o "surrealismo ortodoxo" e contra o automatismo. J. A. França um Racionalista-idiota". António Maria Lisboa escreve em dezembro o manifesto *Erro Próprio*.

1950 – Nora Mitrani, membro ativo do grupo surrealista francês, em Janeiro, chega a Lisboa, onde tem família. A 12 de janeiro faz uma palestra no Jardim Universitário de Belas Artes (JUBA), *La Raison Ardente (du romantisme au surréalisme)*, depois traduzida por Alexandre O'Neill e editada em caderno. De regresso a França, com pseudônimo de Daniel Gautier, publica um conjunto de artigos sobre Portugal. Mais tarde, no 2º número da revista *Le Surréalisme Même* (1957), apresentará Fernando Pessoa aos surrealistas franceses. Mário Cesariny publica *Corpo visível*, estreia poética. António Maria Lisboa faz a primeira leitura pública de *Erro Próprio* na Casa da Comarca de Arganil, em 3 de março, que repetirá, no último dia do mês, no Porto, Clube dos Fenianos. Pelo meio, a 19 de março, Cesariny subiu a Amarante para escutar Teixeira de Pascoaes, no cineteatro da vila do Tâmega, falar de Guerra Junqueiro (passava o centenário de nascimento do grande iconoclasta), e depois a Gatão, Casa de Pascoaes, onde haveria de regressar, depois disso, muitas e muitas vezes. Luiz Pacheco, pela mesma época, projeta em Lisboa a edição dos cadernos *Contraponto*, onde pensa inserir colaboração de Mário Cesariny (poemas) e de Lisboa (resumo de *Erro Próprio*). Há registo do projeto em carta de Lisboa para Cesariny (março). O primeiro número aparece em setembro mas sem a colaboração de Cesariny, de Lisboa ou de qualquer outro surrealista; em seu lugar Augusto Abelaira discorre sobre o padrão da arte. Na segunda metade de abril, em carta para Cesariny, Lisboa, da Torre Gelada, adianta: "A Anarquia e a Poesia são uma obra de séculos e irrompe espontaneamente ou não irrompe". II Exposição dos Surrealistas, em Lisboa, na Galeria da Livraria "A Bibliófila" (junho-julho). Na mostra estiveram Henrique Risques Pereira, Mário Henrique-Leiria, Cruzeiro Seixas, Pedro Oom, Mário Cesariny, João Artur Silva e Fernando José Francisco. Alexandre O'Neill, segundo informe de Cesariny, deu *colaboração esporádica* à exposição e colaborou num texto coletivo, "O Cadáver-Esquisito à Mesa Pé-de-Galo", depois publicado na *Antologia Surrealista do Cadáver-Esquisito* (1961).

1951 – Em janeiro partida de António Maria Lisboa para Paris, onde fica, em penosa situação, dada a ausência de Sarmento de Beires, seu amparo, até março. De regresso a Portugal, dá-se conta, aos 23 anos, que tem os dois pulmões estoirados. Primeiro internamento na Casa de Saúde da Bela Vista, Montachique. Numa carta a Risques Pereira (9 de maio):

> Nesta minha vida de deitado (desde 26 de março) tenho lido a Bíblia, a minha mãe traz-me a incrível Serpente. Ah! nós havemos de reler Pöe e Sherlock Holmes. Na carta seguinte (18 de junho) acrescenta: A vida levada por mim de Março [março] de 50 [1950] a Março [março] de 51 [1951] levou-me à impossibilidade de na vida me movimentar, não já por impossibilidade psíquica ou moral, mas física (*Poesia de António Maria Lisboa*, 1977, p.288-9).

Começa a escrever ou a reescrever os seus poemas. A partir do final de junho o autor de *Erro Próprio* muda-se para a Vivenda Eduardo Campos, em Caneças, onde o seu estado de saúde se degrada. Em dezembro é internado no Sanatório dos Covões, em Coimbra. Partida de Cruzeiro Seixas para o Oriente, depois Luanda, integrado na Marinha Mercante, donde só regressará em 1964. No outono, Lisboa, inicia-se a publicação da revista *Árvore* – durará até 1953 e tirará quatro números. Sem relação, ao menos direta, com o surrealismo, acolherá colaboração de Cesariny no derradeiro número, publicará com chancela sua um opúsculo de Carlos Eurico da Costa e seguirá com simpatia, pela mão de António Ramos Rosa, as publicações do grupo, antes de mais as de Cesariny; colaboração de António Maria Lisboa esteve projetada mas gorou-se (Op. cit., 1977, p.405). Em outubro, a propósito duma sessão no Tivoli apresentada por José-Augusto França, Mário Cesariny e Mário Henrique Leiria distribuem o seguinte panfleto à entrada do espetáculo: "para bem esclarecer as gentes que ainda estão à espera". Em dezembro, Alexandre O'Neill publica *Tempo de Fantasmas*, com a chancela Cadernos de Poesia, em que trata desse modo o surrealismo: "[…] a aventura surrealista – hoje reduzida, como merece, às alegres atividades de dois ou três incorrigíveis pequenos aventureiros". Os Surrealistas respondem com um folheto *Do Capítulo da Probidade*, em que vibra o verbo corrosivo e superior de

Cesariny e que fecha assim: "É de dizer a O'Neill: pela transformação, pela crítica sistemática, pela intransigência, pelo entusiasmo, e pela probidade: Bom dia!". Levou assinatura impressa de Mário Cesariny, Mário Henrique Leiria, Henrique Risques Pereira, Carlos Eurico da Costa, Fernando Alves dos Santos, Cruzeiros Seixas e António Maria Lisboa. É porventura o último momento coletivo com significado do grupo.

1952 – Exposição em janeiro, na Casa Jalco, de Fernando Azevedo, Marcelino Vespeira e Fernando Lemos, numa altura em que o grupo surrealista de Lisboa, por inação e desinteresse, se havia já, há muito, desfeito. André Breton nem se dará ao trabalho de o referir, ao GSL, nas *Ephémérides Surréalistes* (1916-1955), vindas a lume em 1955 na reedição dos manifestos, dando assim de barato a sua existência, atitude que voltou a bisar, com desprezo idêntico, na atualização que fez em 1962 das mesmas "Efemérides". Luiz Pacheco na Contraponto edita de Mário Cesariny, *Discurso sobre a reabilitação do real quotidiano*, poemas escritos em 1948. Carlos Eurico da Costa nas edições Árvore dá a lume *Sete poemas da solenidade e um requiem*, com intróito de Cesariny. António Maria Lisboa, sempre no sanatório dos Covões, trata da edição de dois opúsculos numa tipografia de Coimbra: *Erro Próprio e Ossóptico*, que aparecem em letra impressa em Setembro. Salvando essas duas plaquetes, que somam em conjunto umas magras páginas, Lisboa só publicará, pouco antes de morrer, o que acontece em novembro de 1953, um outro opúsculo, *Isso ontem único*, edição este de Luiz Pacheco na sua chancela. Em outubro novo caderno *Contraponto*, dessa vez com colaboração de Cesariny (poema); de Pedro Oom (poema); de Alfredo Margarido (nota sobre Carlos Eurico da Costa) e de Tomás Ribas (nota ao livro de Cesariny desse ano). Cesariny conhece em Lisboa José-Francisco Aranda, amigo e estudioso de Buñuel, de quem traduzirá e editará os *poemas de Luís Buñuel* (1974). Alfredo Margarido e Carlos Eurico da Costa preparam uma antologia de jovens poetas surrealistas portugueses, que aparecerá no ano seguinte no Brasil com prefácio do primeiro, assinado pelos dois organizadores. Mário Henrique Leiria e Carlos Eurico da Costa aderem ao partido comunista, não tardando o primeiro, depois de passagem pela prisão de Caxias, a largar para o Brasil. Morte de Teixeira de Pascoaes, a 14 de dezembro.

17. PASCOAES IBÉRICO

A profundidade da reflexão de Pascoaes sobre as ligações físicas e culturais dos povos peninsulares, a largueza do seu entendimento sobre as afinidades contrastivas desses povos, a teimosa e corpórea idealização dum futuro comum para todos eles, a colossal dimensão da recepção da sua obra junto do público espanhol, fazem de Teixeira de Pascoaes (1877-1952) um escritor ibérico, talvez mesmo o mais ibérico dos escritores portugueses, e não apenas português.

Desde cedo que a obra de Pascoaes mereceu atenção em Espanha, melhor, nas Hespanhas, porque aquilo de que falamos não é uma unidade formal homogênea mas um mosaico disperso de singularidades que os acidentes incontroláveis da História ou o voluntarioso interesse dos homens bem ou mal juntaram. Em junho de 1905 Teixeira de Pascoaes, com 27 anos, deixou as portas de Coimbra para ir ao encontro de Salamanca, na fronteira Leste. Ia acompanhado da sua irmã dileta, Maria da Glória, e do poeta Eugênio de Castro, que o apresentou a Miguel de Unamuno. Não é difícil imaginar este primeiro encontro, mediado por um maduro Eugênio de Castro, de 38 anos, poeta consagradíssimo, a quem o grande Ruben Darío dedicara em 1896 uma conferência e cuja *Belkiss* (1894) aparecera já traduzida em castelhana língua (Buenos Aires, 1899). Dum lado está o jovem Pascoaes, tímido e deslumbrado pela poderosa e seca luminosidade estival da meseta ibérica, com os versos sublimes da *Vida etérea* (1906) a bailarem-lhe no pensamento e no sorriso, e do outro um homem sazonado, desconfiado, introspectivo, prosaico, pouco falador, talhado naquele pau duro e soberbo que entre nós dera o carão liso e fechado de Herculano. Este homem acabara de escrever *Vida de Don Quijote y Sancho* (1905), um livro capital para o entendimento de todo o seu posterior pensamento, e a dureza do seu olhar estava desse modo suavizada pelos derradeiros farrapos do idealismo quixotesco de que se fizera o mais recente apóstolo.

Logo depois veio a leitura por parte do basco dos dois livros que o pequeno e magro português despercebidamente lhe pusera nas mãos,

Sempre, decerto na segunda edição de 1902, e *Jesus e Pã* (1903), a que talvez tenha juntado *Para Luz*, acabado de sair em 1904. E veio ainda, logo em 1905, o início da correspondência entre os dois, a que só o desaparecimento de Unamuno no derradeiro dia do ano de 1936 pôs termo, e que muitos anos depois, em 1957, pela mão avisada e amiga de Joaquim de Montezuma de Carvalho, seria dada à estampa com o acertadíssimo letreiro de *Epistolário Ibérico – Cartas de Pascoaes e Unamuno*. E chegou por fim a publicação de *Vida Etérea e de As Sombras* (1907), que confirmaram Pascoaes aos olhos de Unamuno como um dos poetas mais densos e interpelantes da jovem literatura portuguesa de então. Tanto assim foi que o aguerrido e áspero pensador basco, muito pouco dado a encômios fáceis, se deu ao labor de lavrar longo excurso dialogante sobre o livro de 1907, "*Las Sombras* de Teixeira de Pascoaes", fazendo questão de saudar publicamente o autor e os seus versos. O texto foi dado à estampa em 1908 no jornal bonaerense La Nación e recolhido depois no unamuniano livro *Por Tierras de Portugal y de España* (1911), que mereceu da parte do português demorada recensão na revista *A Águia* (abril, 1911).

Foi decerto a atenção que um Unamuno tão desprendido como egocêntrico prestou aos versos do jovem Teixeira de Pascoaes que encaminhou outros escritores hispânicos para a literatura de Teixeira de Pascoaes, em primeiro lugar o catalão Ribera i Rovira, que, depois de lhe dedicar um estudo no livro *Portugal Literari* (1912), me parece ser o primeiro tradutor hispânico de versos de Pascoaes, com o livro *Atlantiques – Antologia de Poetes Portuguesos* (1913), um informado florilégio comentado da poesia portuguesa do século XIX e inícios do XX. Se assim é, não deixa de ter um significado marcante, reforçando a dimensão ibérica da sua situação, o fato de Pascoaes aparecer pela primeira vez junto do público espanhol na quase então abandonada língua catalã. Mesmo que assim não seja, o livro de Ribera i Rovira, pela aproximação inteligente e criativa que faz entre a saudade portuguesa e a anhorança catalã, pelo laço poético e espiritual que estabelece entre o saudosismo português e o anhorantismo catalão, tem papel crucial na definição da importância ibérica do escritor português. Teixeira de Pascoaes, que revelou através da saudade a alma original do seu povo, acabou por fornecer aos seus vizinhos mais próximos os elementos necessários para a compreensão de si próprios e isto decerto porque a clarividente linguagem que lhe serviu para entender o seu povo era tão dele como universal. Unamuno, depois da entusiástica leitura do *São Paulo* (1934), exclamará surpreso e sincero o seguinte: *"Este libro es, en gran parte, uno de mis espejos! Y como me da a conocer a mi mesmo! Cuántas cosas vistas en él son más mías que las mismas mías!"*.

Convenço-me que foi a divulgação em língua catalã que Ribera i Rovira fez da literatura de Teixeira de Pascoaes que esteve na origem do convite feito a Pascoaes para visitar alguns anos depois Barcelona e aí pronunciar um conjunto de conferências sobre a história da poesia portuguesa. O mimo, que surgiu no início do ano de 1918, partiu de Eugenio d'Ors, então diretor da Instrução Pública da *Mancomunitat de Catalunya*, e foi aceite pelo poeta português, que viajou em junho desse ano para Barcelona, onde deu seis palestras sobre o tema indicado e que no seu regresso ao Porto recolheu em livro com o título *Os poetas lusíadas* (1919). No prefácio que escreveu para a obra, que é menos um pórtico introdutório a um livro de estudos que uma página comovida de evocações, Pascoaes recorda os dias que passou na Catalunha e exara gratamente o nome dos artistas e dos escritores que lhe ensinaram a conhecer e a amar a alma do povo que aí vive. Entre estes últimos, cita o nome de Fernando Maristany (1883-1924), que virá a ter papel capital na tradução das obras de Teixeira de Pascoaes para língua castelhana. Maristany apresentou em 1920 aos leitores espanhóis uma nutrida antologia do poeta português que conhecera em Barcelona e três anos depois foi a vez de *Regresso ao paraíso* (1912); a primeira, intitulada *Pascoaes*, apareceu na editorial Cervantes com prefácio do tradutor e é o sétimo volume da coleção *"Las Mejores Poesías Líricas de los Mejores Poetas"*, em que Pascoaes ombreia com Shelley, Shakespeare, Hugo, Leopardi, Verlaine e outros, e o segundo, que meteu prólogo de Leonardo Coimbra, viu a luz na mesma editorial e teve uma rica fortuna editorial já que foi responsável pela tradução checa do livro, *Návrat do Ráje*, feita por Rodolfo Slaby, um professor checo que vivia em Barcelona nos inícios dos anos 1920 e se dedicava a traduzir e a divulgar em línguas ibéricas as literaturas eslavas e os seus autores.

António Cândido Franco

Mas Fernando (ou Ferran) Maristany, além de primeiro tradutor de Teixeira de Pascoaes para língua castelhana, foi também incansável promotor do poeta português junto de críticos, publicistas e homens de letras e até seu discípulo, materializando dessa forma as anteriores intuições poéticas de Ribera i Rovira em torno da aproximação da saudade portuguesa tal como Pascoaes a entendia e a anhorança catalã. Maristany, que traduziu e deu à estampa pela primeira vez poemas de Pascoaes no ano de 1918, numa antologia intitulada *Las Cien Mejores Poesías Líricas de la Lengua Portuguesa*, com prólogo de Ribera i Rovira, chamou a atenção de autores como Díez-Canedo e Valentín de Pedro para a obra de Pascoaes, resultando daí uma nova e mais larga atenção crítica. Valentín de Pedro, além de ter publicado um estudo sobre o poeta português, "El Moderno Pensamiento Lusitano. Teixeira de Pascoaes" (*Cosmópolis* 1921; (34)), promoveu de imediato a tradução duma obra poética sua, *Terra proibida* (1900), na editora Calpe, Madrid. E o Maristany poeta, autor também ele de versos magoados e ansiosos, fez questão que o seu livro de versos, *En Azul* (1919), aparecesse com palavras introdutórias de Teixeira de Pascoaes, não por circunstâncias de mera lisonja mas por se sentir ligado ao poeta português por um mesmo sentimento de infinito e de tristeza.

É o momento em que Pascoaes escreverá o texto "Saudade y Quijotismo", que aparecerá num jornal de Barcelona, *La Vanguardia* (13 de julho de 1920), onde parece abrir os caboucos dum saudosismo ibérico, sem fronteiras, que seria muito mais do que a simples revelação étnica do povo português. Eis aqui uma das mais inesperadas e vivazes linhas do saudosismo de Pascoaes, um saudosismo capaz de dar expressão a um sentir ibérico, transnacional, e que é afinal o primeiro passo desse saudosismo largo e final do escritor, apurado já nos derradeiros momentos da sua vida, em que a saudade surge como o impulso íntimo da criação, sentimento criador de tudo o que vive, alma universal da vida, despida de todos os particularismos e de todos os traços de identidade local. Ouçamos as palavras de 1920, quase certo na tradução de Fernando de Maristany: *"La saudade es portuguesa como es gallega y catalana. La saudade es Fray Agustín de la Cruz, como es Rosalía de Castro y Juan Maragall. E ainda: La saudade ciñe casi toda la Iberia en un abrazo, como las brumas del mar…"*.

Talvez em nenhum outro momento, como na relação Pascoaes e Maristany, se possa sentir a afinidade espiritual que liga as duas afastadas parcelas da Península, a mediterrânica oriental e a atlântica ocidental. No meio, silenciosa, solene e pontifícia, servindo de sólida ponte entre tão desencontradas partes, a vasta rechã castelhana, coberta pelo soberbo e solitário véu dessa pétrea e austera *soledad*, que mereceu a Miguel de Unamuno o verso *soledad y salud hacen saudade*, também ele ponte ilustre entre o bem definido centro da Península, que para o poeta português eram os ossos descarnados do cavaleiro manchego, e a sua vaga e indecisa orla, tocada de praias, saudades e flores de névoa.

Também me convenço, porventura mal, não sei, que foi a fortuna crítica e editorial que Pascoaes gozou em língua castelhana nos inícios dos anos vinte do século XX que acabou por estar na origem de novo convite, em 1923, para se deslocar às Hespanhas. Desta vez o repto partiu da *Residencia de Estudiantes de Madrid*, que Pascoaes aceitou e onde proferiu em maio uma palestra intitulada "Don Quijote y la Saudade", cujo texto se desconhece mas que glosa decerto as alucinantes e velocíssimas imagens dos parágrafos publicados no jornal *La Vanguardia* e que mais tarde, no fim da vida, arrumará demoradamente nas gavetas da sua "Alma Ibérica", ao que se sabe escrita para introduzir metaforicamente o epistolário com Unamuno. Essa alma ibérica é para Pascoaes uma daquelas puras ideias que brilham no céu alto e intangível de Platão, mas ideia encarnada num corpo humano, com osso, carne, sangue e músculo, quer dizer, pedras, terra, águas e montes, essa microterra que vai dos Pirinéus ao Atlântico. A estadia em Madrid, que mereceu recensão não assinada na revista *A Águia* (3ª série, janeiro-julho de 1923), permitiu a Pascoaes alargar os seus contatos ibéricos, introduzindo-o no convívio duma nova geração de poetas, em primeiro lugar Frederico García Lorca, com quem trocou cartas e livros, e depois, mais de viés, Vicente Aleixandre, que haveria de escrever muitos anos depois um emocionado texto de homenagem ao escritor português, no momento da sua morte (*Vértice* 1953; (115)), que é para ser lido ou ouvido como retraído eco desse sonoro tempo anterior em que um Pascoaes de 45 anos, *morenito e flacucho*, se apresenta em Madrid para falar apaixonadamente do escaldante amor de D. Quixote por uma Saudade-Dulcineia, etérea e encantada, feita de areia e névoa.

António Cândido Franco

A par disso, e nesse mesmo arco de tempo, e porventura sem uma relação direta e linear com essa aura luminosa que tocou Pascoaes em Barcelona e em Madrid, porque o local de que falamos se liga à alma portuguesa como uma mãe se confunde com o seu filho, Pascoaes e os seus versos foram acarinhados como coisa própria na Galiza da primeira geração artística do século XX, Vicente Risco, Antonio Villar Ponte, Alfonso Castelao, Noriega Varela, Joan Viqueira, Álvaro Cebreiro e outros. No primeiro número da revista *Nós*, dirigida por Risco e por Castelao e que foi o órgão do ideário galeguista, Teixeira de Pascoaes é colocado ao lado de Rosalia e de Pondal, numa tríade que só surpreende pela grandeza, ou calhando não, pois quem leu os versos do vate amarantino desde *Belo* percebe que esses são a carne moderna dos antigos cantares galaico-portugueses, também eles unindo, sem marcos, as partes hoje desavindas do rio Minho. Confessa Risco, nesse primeiro número da revista galega (outono de 1920): *"Temos a Teixeira de Pascoaes como cousa nósa, e nas nósas internas devociós temo-lo moi perto da santa Rosalia e de Pondal, o verbo da lembranza".* A partir daí, Pascoaes será presença constante nas páginas da revista e surgirá sempre num lugar cimeiro em muitas outras publicações artísticas e filosóficas da moderna Galiza novecentista, entre elas *A Nosa Terra, Ronsel e Alfar*. Para soldar esta ligação Pascoaes dedica, em 1920, a segunda edição do *Marános* à Galiza, em doze versos fluentes e sentidos que na terceira e última edição do livro, em 1930, ficarão condensados numa concisa oitava camoneana de efeito seguro e escultural.

Em 1935, foi a vez da prosa de Teixeira de Pascoaes ser traduzida em Espanha, com o *San Pablo* (Barcelona, Editorial Apolo), talvez de novo aqui porque Unamuno se meteu ao trabalho de chamar a atenção para o livro do português, aparecido originalmente no Porto, Livraria Tavares Martins, em abril de 1934, em dois textos valentes e inequívocos, muito íntimos e elogiosos para com o Pascoaes biógrafo de santos e pecadores, o primeiro, "San Pablo y Abre España", publicado no diário madrileno *Ahora* (25.5.1934), serviu depois de prólogo à tradução de Ramón Martínez López, e o segundo, "Cartas al Amigo. A Teixeira de Pascoaes, Portugués Ibérico", dado à estampa no mesmo periódico de Madrid (5.6.1934). Muito se poderia dizer sobre o equilibrado triângulo que o livro de Pascoaes e os dois textos de Unamuno desenham mas o que mais importa teve lugar numa livrariazinha marginal de Palma, em Maiorca, onde um obscuro e muito extravagante emigrado alemão chamado Albert Thelen, que depois acrescentará um pícaro Vigoleis ao nome, ficando para nós Albert Vigoleis Thelen, tropeçou sem querer com o livro da Editorial Apolo. Foi tropeção que o acordou como um relâmpago para o seu destino. Do encontro, resultou a posterior fortuna europeia da literatura de Pascoaes, pois o tudesco viu-se fadado para o livro e não descansou enquanto não o verteu para alemão e holandês. Parte mínima desse sucesso teve ainda o *Napoleão* (1940), livro de pecados fogosos e gelos ardentes, que foi traduzido para a mesma casa editorial de Barcelona, em 1946, por Mario Verdaguer, e que foi a última tradução espanhola que Pascoaes viu nascer durante a sua larga e solitária vida, em que livros e letras fizeram a vez de amigos, amantes e filhos.

Assim como assim, não se pense que a história das relações de Pascoaes com as Hespanhas termina aqui e pertence a esse passado antigo, desterrado no tempo, que vai do caloroso encontro de 1905 com Unamuno à tradução do *Napoleão*, num arco de quarenta anos. Não! Pascoaes é um autor ibérico, que procurou uma identidade transnacional para os povos peninsulares, e nesse sentido ele faz parte das Hespanhas e pertence aos seus leitores de sempre. Assim, em 2000, na editora Olifante (Saragoça), surgiu a tradução na língua de Cervantes do poema *Senhora da noite* (1909), num trabalho realizado pelo poeta Ánguel Guinda, que assina ainda uma curta mas sugestiva nota introdutória. Seis anos depois, a mesma língua, viu aparecer outra importante obra de Pascoaes. Trata-se da compilação poética, *Saudade. Antología poética 1898-1953*, organizada e traduzida por Antonio Sáez Delgado (Gijón, Trea, p.360). O trabalho de tradução de Sáez Delgado, tocando dezassete livros, é o mais completo que se fez até hoje em Espanha com a obra de Pascoaes. E o estudo introdutório dessa antologia, "Teixeira de Pascoaes o la Modernidad de la Saudade", é um trabalho informado e original, que me deixa no espírito a dúvida se o vate português não pode chegar a ser mais largamente compreendido, sobretudo nos aspectos que dizem respeito à sua modernidade, no país vizinho que no seu próprio, onde durante tantos e tantos anos, diante dum Fernando Pessoa afinal muito epocal, tão injustamente foi abandonado, se não maltratado, como um autor obsoleto e passadista.

Eis aí, digo comigo, um destino merecido e bem ajustado para um escritor rijamente ibérico como Pascoaes.

17.1. Bibliografia

Álvarez, E.; Estraviz, I. *Os intelectuais galegos e Teixeira de Pascoaes – Epistolário*. Corunha, Edicios do Castro, 1999.

Cameirão, L. da. C. P. Teixeira de Pascoaes e Espanha [tese de doutoramento]. Salamanca: Universidade de Salamanca; 2001.

Delgado, A. S. Teixeira de Pascoaes o la Modernidad de la Saudade. In: Delgado, A. S. *Saudade. Antología Poética (1898-1953)*. Gijón, Ediciones Trea, 2006.

_____. *La Lírica Espiritualista* de Fernando Maristany y el saudosismo de Teixeira de Pascoaes. *Atas de los congresos de Évora y Salamanca (2006-2007)*. Salamanca, Ediciones Universidad, 2007. p.243-51.

_____. *La Edad de Oro, la Época de Plata y el Esplendor del Bronce* (1901-1935). *Relipes–Relações linguísticas e literárias entre Portugal e Espanha desde o início do século XIX até à Atualidade*. Covilhã, Universidade da Beira Interior, 2007.

_____. Fernando Maristany y la Traducción de Poesía Portuguesa en España a Principios del Siglo XX [no prelo].

D'ors, E. *Nuevo glosario*. vol. I, Madrid, Aguilar, 1947.

Franco, A. C. O Iberismo de Teixeira de Pascoaes. *A Phala* 1997; 1, Outono, p.: 10.

_____. A voz gravada de Teixeira de Pascoaes. *Espacio/Espaço Escrito – Revista de Literatura en Dos Lenguas* 1999-2000; (17-18).

García, X. L. Relações de Teixeira de Pascoaes com a Galiza. *Cadernos do Tâmega* 1991; 6: 52-6.

_____. Teixeira de Pascoaes em romagem pela Catalunha. *Cadernos do Tâmega*, Amarante, dezembro, 1991; 6, p. 52-56 e p.: 57-61.

_____. Inventário epistolar de galegos con Teixeira de Pascoaes. *A Nosa Terra*, Vigo, 25 de agosto, 1994.

Maristany, F. Teixeira de Pascoaes. In: Maristany, F. *Pascoaes*. Barcelona, Editorial Cervantes, s/d (1920).

Nunes, E. J. R. A transfiguração da paisagem na poesia de Teixeira de Pascoaes e Miguel de Unamuno [dissertação de mestrado]. Évora: Universidade de Évora; 2006.

Pascoaes, T. de. Saudade y quijotismo. In: Gomes, P. *A saudade e o saudosismo*. Lisboa, Assírio & Alvim, 1988. p.189-91.

_____. A Alma Ibérica. In: Gomes, P. *A Saudade e o Saudosismo*. Lisboa, Assírio & Alvim, 1988. p.249-58.

_____. Fernando Maristany: *En el azul... Rimas*. In: Gomes, P. *Ensaios de exegese literária e vária escrita*. Lisboa, Assírio & Alvim, 2004. p.101-3.

_____. Valentín de Pedro. In: Gomes, P. *Ensaios de exegese Literária e Vária Escrita*. Lisboa, Assírio & Alvim, 2004. p.174.

_____. (com Miguel de Unamuno) *Epistolario ibérico-cartas de Pascoaes y Unamuno*. ed. Joaquim de Montezuma de Carvalho, Madrid, Editorial Orígenes, 1994.

Pedro, V. de. El mas grande poeta iberico de Hoy. *A Universidade*, número único de homenagem a Teixeira de Pascoaes. Amarante, 1925 (rep. *Ensaios de exegese literária e vária escrita*. In: Gomes, P. Lisboa, Assírio & Alvim, 2004. p.257).

Unamuno, M. de. *Escritos de Unamuno sobre Portugal*. ed. Ángel Marcos de Dios. Paris, Fundação Calouste Gulbenkian-Centro Cultural Português, 1985.

_____. *Por terras de Portugal e da Espanha*. Trad. port. José Bento, Lisboa, Assírio e Alvim, 1989.

18. CONVERSA COM MARIA AMÉLIA VASCONCELOS[1]

— *Conheceu Teixeira de Pascoaes?*

— Conheci, sim, no verão de 1951. Em outubro desse ano, deu-me assinado e dedicado um livro, *As sombras*. A data que está no livro é outubro, 1951, São João do Tâmega. É o único livro que tem São João do Tâmega, em vez de São João de Gatão, pois Pascoaes soube que eu gostava muito de ir tomar banho ao rio Tâmega e amavelmente pôs São João do Tâmega. Conheci Teixeira de Pascoaes nesse Verão. Depois, em agosto de 1952, ofere-ceu-me *Santo Agostinho* e em setembro do mesmo ano *Santo Agostinho*. Morria três meses depois, a 14 de dezembro.

— *Quem o apresentou a Teixeira de Pascoaes?*

— O sobrinho António, filho de João Teixeira de Vasconcelos, autor de *Memórias dum caçador de elefantes* (1924) e *África vivida* (1957). Aquele que viria a ser depois meu marido, João Vasconcelos, irmão do António, estava então a estudar no Porto, engenharia técnica.

— *Quando conheceu João Vasconcelos, seu esposo?*

— O João, além de estudar no Porto engenharia técnica, fazia ginástica no Sport Clube do Porto e vinha muito pouco a Amarante. Só vim a conhecer o João no Verão de 1951.

— *Quando se deu o casamento com o João?*

— Em 16 de março de 1953.

— *Quando veio viver para a casa de Pascoaes?*

— Em abril de 1954.

— *Viveu sempre na casa de Pascoaes?*

— Sempre; desde que vim.

---

1   Viúva de João Vasconcelos, pintor, filho de João Teixeira de Vasconcelos, irmão de Teixeira de Pascoaes, que herdou a Casa de Pascoaes à morte do tio, em 14 de dezembro de 1952.

António Cândido Franco

– *Como e quando conheceu D'Assumpção?*
– Julgo que D'Assumpção veio a Amarante ver a pintura de Souza-
-*Cardoso*, grande admirador que era dele, ao Museu de Amarante. Falou
com Victor Sardoeira, diretor do Museu, e manifestou interesse em vir
a Pascoaes. O Victor telefonou para João Vasconcelos e combinou-se a
vinda. Não consigo precisar a data, mas deve ter sido no final da década
de 1950. Os miúdos já eram todos nascidos, menos a Leonor.

– *Por que razão manifestou D'Assumpção interesse em visitar Pascoaes?*
– Conhecia, ainda que mal, a poesia de Teixeira de Pascoaes. Foi
com certeza por isso que, estando em Amarante, sentiu curiosidade de
visitar a sua casa.

– *Quando se estreitaram os laços de D'Assumpção com a casa
de Pascoaes?*
– Logo. O João gostou muito dele e o D'Assumpção ficou encantado com a casa e passou a vir às temporadas.

– *As estadias eram longas?*
– Muito longas; podiam durar meses até. Vinha com a segunda mu-
lher, Antonieta, e a filha de ambos, a Isabelinha, e depois com a terceira, a
Elisa Worms, que era bailarina, e o filho de ambos, Daniel. Trazia imensos
amigos do Porto ou de Lisboa. Lembro-me do escultor e pintor José Vieira
e do ceramista Victor Tomás Moreira de Azevedo. O José Vieira chegou a
fazer um busto do D'Assumpção, que cá ficou e está ao pé da sua pintura.

– *Que fazia D'Assumpção em Pascoaes?*
– Pintava, pintava ao som com música de Tomaso Albinoni e um
copo de leite ao lado. Tirando a pintura, a que dedicava a maior parte do
tempo, lia e passeava a pé. Mas o que ele gostava mesmo de fazer, era de
pintar. Pintava com muito pormenor e gostava de trabalhar aqui em casa.
Chegou a fazer esmaltes, cerâmica e escultura. Pouca, mas fez. Ainda hoje
aí está tudo.

– *Como era a relação de João Vasconcelos e D'Assumpção?*
– Nunca se separaram; o João e o D'Assumpção tinham um entendimento certo, perfeito mesmo. Houve de início grande incentivo da parte
do D'Assumpção para o João começar a pintar a sério. Pode dizer-se que a

pintura do João na maturidade nasceu da amizade com o D'Assumpção. Chegou mesmo a ter aulas de desenho e pintura na Galeria Alvarez, de Jaime Isidoro, no Porto, com o D'Assumpção.

– *Há cartas de D'Assumpção na casa de Pascoaes?*
– Imensas. Talvez mais de cem. Todas dirigidas ao João, com exceção de duas ou três, que me foram dirigidas a mim.

– *Lembra-se de D'Assumpção se pronunciar sobre o trabalho de Teixeira de Pascoaes, escrito e pintado?*
– Havia cerca de cem aguarelas, desenhos e guachos de Teixeira de Pascoaes que estavam encaixotadas e que ele não deve ter conhecido. Agora sobre as dez ou vinte obras que estão e sempre estiveram expostas no quarto e no escritório, pronunciou-se quase decerto. Com espanto e com adesão. Pode haver até referências ao assunto nas cartas que ele escreveu ao João Vasconcelos. Quanto à escrita, é necessário lembrar que D'Assumpção veio cá por causa de Teixeira de Pascoaes. Já o conhecia como escritor e alguma coisa dele lera. Não sei bem o quê. Gostara com certeza, pois, passando em Amarante, quis visitar a casa do Poeta. Em 1962, numa das suas estadias, fez mesmo um retrato de Teixeira de Pascoaes, que dedicou ao meu marido. Mas o D'Assumpção não era de ler muito. Passava os dias a pintar.

– *Mário Cesariny sobre o caso escreveu: "Se bebia, era um terror, saltava sobre o mundo histericamente, selvaticamente, com razão e sem ela".*
– Era horrível. Um dia o João teve de lhe dar uma casa autônoma, aqui em Pascoaes, porque a situação estava a tornar-se insuportável para as crianças. Quando vinha com os amigos, ainda pior.

– *O Cruzeiro Seixas diz que foi nessa altura que ele se lembrou de pôr os móveis todos na rua porque não queria seres de quatro patas em casa. D'Assumpção não pintava de noite?*
– Pintar, pintar, era sempre de dia. Ele gostava muito daquilo. Transfigurava-se com os pincéis na mão. E sempre com a música de Albinoni e o copo de leite.

– *Quanto tempo demorava D'Assumpção a pintar um quadro?*
– Ui, muito. Era cuidadoso em extremo; muito atento, muito estudioso do mais ínfimo pormenor. Preferia passar fome, a não ter bons pincéis, boas tintas, boas telas e muito tempo para se dedicar a cada quadro.

– *Ouvi que D'Assumpção deixou a casa de Pascoaes para se suicidar. Foi assim?*
– É verdade. Andava a tratar-se com o Prof. Fernandes Fonseca, psiquiatra nosso amigo do Porto, que muito se interessou pela poesia de Teixeira de Pascoaes. Ele acautelava o João para as tendências suicidas do D'Assumpção e aconselhava-o a passar regularmente pelo quarto dele, para se certificar da sua presença. O João, por seu lado, acreditava que o D'Assumpção nunca se suicidaria em Pascoaes. Assim aconteceu. No ano de 1969, o D'Assumpção passou o Inverno e parte da Primavera aqui, na casa de Pascoaes, no seu quarto, que ainda hoje, tantos e tantos anos depois, chamamos o quarto do D'Assumpção. Era para nós uma pessoa de família. O João considerava-o um irmão e ele o mesmo. Saiu daqui, foi para Lisboa e passados poucos dias, na manhã em que o homem pisou a Lua, suicidou-se. Depois de deixar Pascoaes esteve apenas dois ou três dias em Lisboa, antes de se suicidar, em casa do sogro. Quis respeitar o João, a família, as quatro crianças, pois nessa altura a Leonor já era nascida.

– *Como se passou tudo?*
– Quando ele se suicidou, nós estávamos em Porto Covo, no Alentejo. Não havia telefones naquela época. O único que existia estava na estação dos correios. Veio um funcionário dizer-nos que tínhamos uma chamada de Lisboa. O João não estava em casa e sou eu que vou ao posto atender. Era o sogro do D'Assumpção a informar que o D'Assumpção se suicidara horas antes. Fui eu, pouco depois, que dei a notícia ao João. Mas antes de eu lhe dizer o que sucedera, o João olhou para mim e disse-me – Já sei o que me vens dizer. – Meteu-se quase de imediato no carro e foi a Lisboa, ao funeral.

– *Falou há pouco de Jaime Isidoro. Como o conheceu?*
– Por iniciativa do D'Assumpção, o João frequentava a Galeria Alvarez, onde tinha aulas. O Jaime Isidoro era o dono da galeria e as

O Surrealismo Português e Teixeira de Pascoaes

relações dos dois começaram desse modo. Tudo isso deve ter acontecido por volta do início da década de 1960. Depois disso também ele veio aqui muitas vezes. A primeira exposição que o João fez, em 1964, foi na galeria do Jaime Isidoro e ainda lá voltou em 1968. Quando se deu caso do quadro do António Maria Lisboa, que meteu tribunal e levou o Pinto de Figueiredo e o D'Assumpção a cortar relações com o Jaime Isidoro, o João ficou do lado do Pinto de Figueiredo. As relações com o Jaime Isidoro acabaram. O António Pinheiro de Guimarães, que conheceu bem as razões deste processo judicial, também ficou do lado de João Pinto de Figueiredo.

– *O António Pinheiro Guimarães também frequentou a casa de Pascoaes?*
– Muito. O António veio à casa de Pascoaes no final da década de 1950, talvez em 1958-1959, mais ou menos na mesma altura do D'Assumpção. O João e ele tornaram-se logo grandes amigos. Era uma figura muito especial e amiga, Amigo grande, com maiúscula!

– *Regressando a Jaime Isidoro. Terá sido por meio dele que Mário Cesariny conheceu João Vasconcelos?*
– Julgo que não, mas na verdade não me lembro. Pode ter acontecido que o Mário tenha conhecido o João na galeria Alvarez, do Jaime Isidoro. Como este vinha muito na altura a Pascoaes – todos os fins-de-semana estava aí com a família e o Natal era cá que o passava – será que trouxe o Mário? Não me lembro, mas julgo que não. Agora, a primeira vez que o Mário veio cá, ainda Teixeira de Pascoaes vivia. Quem o trouxe foi o Eduardo de Oliveira, grande amigo da família. Mas o Mário não chegou a falar com o Pascoaes, que se ausentara nesse momento.

– *Qual a mais antiga lembrança que tem de Mário Cesariny?*
– Aqui em Pascoaes. Não posso precisar a data. Os meus filhos eram pequenos, mas creio que todos nascidos. A Leonor nasceu em 1965 e devia ser bebê. Talvez tenha sido então em 1966 ou em 1967. Depois disso veio sempre, às temporadas, como o D'Assumpção.

– O Mário chegou antes ou depois D'Assumpção?

– Depois. Aí não tenho nenhuma dúvida. O D'Assumpção foi o primeiro a chegar.

– Não terá sido então D'Assumpção que trouxe Mário Cesariny a Pascoaes?

– O D'Assumpção fugia um tanto do Mário. Respeitava-o mas preferia manter alguma distância. Não era pois fácil o Mário e o D'Assumpção virem por aí os dois de Lisboa ou do Porto para Amarante. O Mário não era o José Vieira, com quem o D'Assumpção apareceu aí tantas vezes. E quem diz o José Vieira diz tantos outros amigos com quem o D'Assumpção aparecia.

– Por quê essa distância entre D'Assumpção e Mário Cesariny?

– Olhe, quando não gostava duma pessoa, o Mário podia ser arrasador. Sabia? O D'Assumpção preferia guardar por isso alguma distância. E isto, não obstante admirar muito o Mário.

– E a admiração era mútua, pois Mário Cesariny avaliou D'Assumpção como o pintor que estava para a pintura do seu tempo como António Maria Lisboa estava para a poesia. E em carta que lhe escreveu a si afirmou que o D'Assumpção era o segundo maior pintor português, logo a seguir a Maria Helena Vieira da Silva.

– E prova da admiração do D'Assumpção pelo Mário é o retrato que dele fez e que está aqui em casa.

– As estadias de Mário Cesariny em Pascoaes eram tão grandes como as de D' Assumpção?

– Mais pequenas. Ficava às temporadas, mas não mais duma ou duas semanas de cada vez.

— *Trazia família ou amigos com ele, como acontecia com o D'Assumpção?*

— A primeira vez que o Cruzeiro Seixas veio aqui a casa, chegou com ele. A Leonor, a minha filha mais nova, já era nascida. Pode ter sido em 1967. Depois disso o Cruzeiro veio muitas vezes e tornou-se grande amigo nosso. Todos gostamos muito dele. Mais tarde, o Mário passou também a vir acompanhado pela irmã Henriette. E os Pinto de Figueiredo, o João e a Jeanne, também vinham às vezes com ele.

— *Como e quando conheceu João Pinto de Figueiredo?*

— Talvez pela mesma época e através das mesmas pessoas que trouxeram cá o Mário Cesariny.

— *Há cartas de João Pinto de Figueiredo na casa de Pascoaes?*

— Muitas. E do Cruzeiro Seixas também. Até há da Natália Correia, que só cá veio depois da revolução dos Cravos, mas se tornou logo muito nossa amiga.

— *Que fazia Mário Cesariny nas suas estadias na casa de Pascoaes?*

— Passeava, conversava, lia e escrevia. Pintar como o D'Assumpção, não. Não me lembro sequer de o ver pintar. Escrever, sim. Foi aqui, no quarto onde costumava ficar, que era o mesmo do D'Assumpção, que ele terminou o livro sobre Vieira da Silva. Foi trabalho que lhe demorou vários anos a escrever. Há carta dele, dizendo isso.

— *Conheço; está nos* Gatos comunicantes *(p.108). Lembra-se de Mário Cesariny falar de Teixeira de Pascoaes?*

— Lembro bem. O Mário falava muito dele. Era o poeta que ele mais admirava. Até o punha à frente do Fernando Pessoa. Na penúltima vez que cá esteve, em 2002, com a Manuela Correia e a Henriette, trouxe-me um quadro dele, que tem nas costas a seguinte inscrição: o anjo de Teixeira de Pascoaes. É um acrílico inspirado nos guachos de Teixeira de Pascoaes.

— *Há mais pintura de Cesariny na casa de Pascoaes?*
— Ai, há. Muita coisa. Espere aí. Uma dúzia pelo menos de qua--dros. De qualquer modo, muito menos do que aqueles que cá estão do D'Assumpção. Um dia fomos jantar a casa do Mário. No fim do jantar chamou o João e disse-lhe: — tenho aqui uma surpresa. — Era o quadro duplo de homenagem a Teixeira de Pascoaes. Antes disso, em 1974, no dia de anos do Alvarinho, em Porto Covo, o Mário ofereceu-lhe um guacho. Está ali, na parede.

— *Mário Cesariny e Teixeira de Pascoaes?*
— Precisam um do outro; o Mário precisa do Pascoaes mas o Pascoaes também precisa do Mário. Estão bem um com o outro.

19. UMA COLAGEM DE CRUZEIRO SEIXAS COM PASCOAES

Não preciso sequer de apresentar a reprodução da colagem; as palavras chegam para a restituir. Desse modo, é que está bem, pois o comutador verbal permite verter todas as imagens visuais em passes sonoros. É assim então: extraía-se dos sais de prata do passado uma fotografia velha e sépia da casa de Pascoaes, na freguesia de São João de Gatão, concelho de Amarante. Em redor estão os pinhais uivantes, os muros escalavrados, as ravinas, os sobreiros de bronze, alinhados em silêncio numa alameda, os espigueiros de granito com uma Ofélia nua lá metida dentro a tremer num orgasmo. Há ainda pedras e dólmenes por onde escorre sangue verde; lobos de olhos a luzir na escuridão; águas escuras e frias a correr por entre esqueletos; bolores e bacelos. Mas nada disso se vê, apenas se pressente. O único que se vê é a fachada da casa do lugar de Pascoaes com o lance central de escadas bifurcando-se à direita e à esquerda, as três janelas de guilhotina em fieira e as portas nas duas alas, a da direita a única em funcionamento e tendo por baixo a fonte da carranca. Por cima do conjunto está o telhado da casa, largo, cheio, corrido, inclinado, de modo a que as águas abundantes que o céu verte na região não se infiltrem no interior da casa. Nem sequer se vê na fotografia a cerca de entrada, com a estátua do imo de casaca em pedra e os quatro bustos de guarda, o portal alto e amplo, de arco de volta abatida, do centro do qual pende um lampião de vidro, que nas noites de tempestades baloiça no vazio. Nada de nada; nem mesmo a capela lateral; apenas uma parte do terreiro, as escadas, a fachada da casa e o telhado. A obra humana, com tudo nu e cru.

Eis então uma fotografia, tal como a obtém o trabalho de captação visual da realidade exterior. É uma tradução em papel daquilo que se vê no real exterior; o real sensível a reproduzir o real sensível. É a técnica em vez da magia; a habilidade em lugar do sentido; o olho em lugar do espírito. Que pode interessar um tal material de primeiro nível a um surrealista? Para que pode servir uma fotografia a um homem interessado em exclusivo em conteúdos da segunda consciência? Não se esqueça que a meta imediata do surrealismo é tocar a terra dos arcanos, onde se fabricam os sonhos e os mitos e onde estão os materiais de segunda consciência. Ora esta terra tem a mesma realidade da outra. Mais: a realidade de primeiro nível, a realidade imediata e sensível, não é mais do que a evolução continuada, posto que por saltos de desqualificação, da realidade arquetípica. Dito doutro modo: o Eu social, histórico e civilizado, é fruto, ainda que por ruptura, do Eu arcaico. Por isso, no poema de Fernando Alves dos Santos, António Maria Lisboa, ainda que corsário, é tão real como qualquer outro homem. Logo a realidade sensível interessa muito quem está interessado nos conteúdos da segunda consciência. Se a terra dos arcanos se refrata, por multiplicação, na terra das coisas, esta pode, por uma operação inversa, fazer convergir o múltiplo no uno. É por aqui que uma fotografia, enquanto material de primeiro nível, pode interessar um surrealista.

Uma coisa é segura: uma fotografia por si só, sem alteração do nível do real, uma fotografia presa e fixa, imóvel nos seus referenciais, não tem qualquer proveito nas mãos dum surrealista. Conclua-se: só uma fotografia transformada ou alterada pode em verdade trazer benefício a um surrealista. Compreende-se: só ela, alteração, faz o real transitar de degrau, abrindo-lhe perspectivas de tocar os conteúdos de segunda consciência. É preciso retroagir sobre o real sensível de modo a obter o real arquetípico; é preciso intervir no real imediato de modo a revelar o real absoluto; é preciso intervir junto do Eu social de modo a revelar o que nele há do Eu arcaico. Só com um tal objetivo se explicam as intervenções, as colagens, as misturas, as sobreposições, os decalques e outros processos a que o surrealismo deita mão nas artes que recorrem às imagens visuais, incluindo a fotografia. Todos esses atos têm um fito e estão longe de ser gratuitos. Mais uma vez é de dizer: o automatismo não se confunde com espontaneidade sem motivo. O fito é simples: todos esses processos se destinam a operar a passagem do sensível ao arquetípico, pondo a nu os conteúdos da segunda consciência.

Para se perceber a natureza geral desta operação recorra-se ainda à grande arte dos alquimistas. O que me interessa é tirar uma imagem que esclareça aquilo que nas artes visuais surrealistas está em jogo. Veja-se então. As sucessivas lavagens da matéria a que os alquimistas se entregavam tinham um material pobre na origem, o chumbo; essas lavagens visavam separar nesse material as partes terrosas, perecíveis, das partes perenes; as primeiras eram deixadas de lado e só as segundas eram reutilizadas nas lavagens ulteriores. Ao cabo de muitas destilações, o preparador obtinha o *ouro impoluto,* quer dizer, o que há de incorruptível na matéria. Ora, à imagem desta operação, também o artista que trabalha com materiais de primeiro nível, fotografias, desenhos, pedaços de matéria, pode, recompor com eles uma luminosa unidade perdida. Tudo o que precisa é de atuar sobre esses materiais como o alquimista atuava sobre o chumbo: proceder a *lavagens* eficazes do material que tem entre mãos. Uma fotografia, enquanto obra humana, nua e crua, ou um traço de giz numa ardósia, para só dar um caso elementar, estão afinal para a pedra bruta das primeiras lavagens como esta unidade de segunda consciência, revelando o suprarreal, está para o lápis filosofal das destilações finais.

Uma outra forma de entender a natureza geral da operação a que o artista surrealista submete os materiais de primeiro nível é recorrer à teoria freudiana do sonho e da elaboração simbólica. Mais uma vez o que interessa é arrancar uma imagem que seja capaz de ajudar a esclarecer aquilo que o artista plástico surrealista pretende ao trabalhar com materiais de primeiro nível, fruto da atividade básica da primeira consciência. Recorde-se: a construção onírica ou a montagem simbólica são sempre o fruto dum pato entre as duas consciências. Por um lado a primeira abranda a vigilância, permitindo fugas, por outro a segunda compromete-se a embrulhar os conteúdos mais perigosos em roupagens simbólicas. Os símbolos, que constituem a matéria-prima destas construções, podem muitas vezes não ser aceitáveis às normas da primeira consciência; compensam porém esse estatuto com uma falta aparente de sentido, um grau de absurdo, que facilita ou determina o esquecimento imediato. É por esse processo de revestimento que se pode perceber o trabalho do artista surrealista. Também ele está a braços com um material de primeiro nível a que quer emprestar os conteúdos da segunda consciência. Precisa pois de modelar o material com a mesma habilidade com que a segunda consciência constrói os revestimentos que lhe servem para remeter por via postal os seus interesses.

Sobrevive não obstante uma pergunta: por que uma fotografia da casa de Pascoaes? Aqui entra o nome do artista que pediu a fotografia:

Cruzeiro Seixas (1920). Ora Cruzeiro Seixas começou a frequentar a casa de Pascoaes na década de 1960 do século XX e desde aí nunca abandonou até hoje o espaço nem o convívio com a gente que lá mora; nem tampouco a convivência com os livros do poeta que tomou nome a partir da casa e do lugar, Teixeira de Pascoaes. Ao invés, nessas décadas, desenvolveu, e sempre com acrescida admiração, o conhecimento que tinha do poeta e dos seus livros. Logo, Cruzeiro Seixas pediu uma fotografia da casa de Pascoaes para compor com ela uma homenagem a tudo o que o lugar evoca para ele, poeta, casa, pessoas com quem aí conviveu e que já não existem, árvores, pedras, rio, águas, vinhas, cães, muros, livros.

Que resultou do encontro entre Cruzeiro Seixas e a fotografia que ele pediu? Melhor: como foi possível dizer com essa imagem aquilo que ele desejava apresentar ou dizer da casa de Pascoaes? Na casa convergem muitos significados; ela é um para-raios onde se concentram as cargas elétricas que estão dispersas pela região. Como fazer vir ao de cima essa eletricidade potentíssima? Como traduzi-la? A descarga é fulminante; o seu rasto imediato remonta à passagem dos franceses pelo lugar. Por que os franceses? Por que diante da casa e do seu mistério, a única resposta que encontraram foi incendiá-la. Ainda hoje as chamas sobem; são labaredas visíveis, com mais de duzentos anos. E depois vem o incêndio, muito mais potente, de Teixeira de Pascoaes, incêndio interior, incêndio da paixão, incêndio do pensamento e da alma. Dele porém ficaram traços físicos, pois houve quem o visse a sair do escritório, ala esquerda da casa, com a cabeça em chamas, as labaredas a soltarem-se dos cabelos grisalhos. É uma história de fogo, a desta casa; de fogo e eletricidade. E a propósito de eletricidade é preciso dizer que aquilo que mais impressionava Mário Cesariny no lugar era o pequeno pavilhão em vidro numa das varandas da sacada, despercebido por inteiro mesmo àqueles que conviviam durante anos com a casa, e que servia a Teixeira de Pascoaes para assistir nas noites de trovoada ao desabar dos relâmpagos sobre a serra do Marão.

Sabe-se então que há uma fotografia da fachada da casa de Pascoaes e um homem, Cruzeiro Seixas, interessado em pôr lá aquilo que uma fotografia não pode captar, desde as labaredas aos relâmpagos, passando pelo grito dum esqueleto e pelo bronze dum sobreiro. Que fazer? Antes de mais atente-se no processo de trabalho deste homem. Como nascem os seus desenhos? Segundo ele diz pelo automatismo da mão. Daí ele avançar, com um encolher de ombros, que uma parte dos seus desenhos nasceu ao telefone; enquanto a mão esquerda pegava no auscultador, e a atenção se concentrava na conversa, a direita corria à vontade, sem preocupações, pelo papel metamorfoseando as formas. Observando o mundo destas metamorfoses, sou levado a crer que esse exercício gratuito de automatismo teve porém um trabalho prévio de grande escala. Que trabalho foi esse? Para responder à pergunta, tomo um elemento da história pessoal de Cruzeiro Seixas, que todos aqueles que com ele conviveram de perto conhecem: raramente ele teve sonhos à noite; e isto o confessava ele, sem consternação mas algo surpreso. A partir deste dado convenço-me que o trabalho prévio que o pintor fez em relação aos seus desenhos foi o equivalente aos sonhos noturnos que não teve. Que quer isto dizer? Que em estado de vigília, durante o dia, ao modo do que se viu com os processos de António Maria Lisboa, ele abrandou as censuras da primeira consciência, levantou comportas e abriu diques, deixando correr em liberdade os conteúdos da segunda consciência. Em consequência desse estado de segundo nível, pôde ele ver nos estratos de superfície o afloramento dos conteúdos da segunda consciência e assistir entre o atento e o maravilhado ao espetáculo da sua dança. Da combinatória alucinante desse bailado de símbolos, autênticos sonhos acordados, extraía ele depois um modelo mental que lhe servia para modelar as metamorfoses que só na aparência saíam do automatismo da sua mão. Se algum artista plástico teve em Portugal um modelo interior, aquele que Breton propôs à pintura logo na primeira edição de *Le Surréalisme et la Peinture* (1928), esse foi Cruzeiro Seixas.

Que quero dizer com modelo mental ou interior? Recordem-se os processos de António Maria Lisboa; para compor os versos de *Ossóptico*, o seu autor precisou de construir uma ocular para perscrutar a escuridão do interior e captar formas. Foi com esse olho interior que ele varreu o chão da alma; pescou aí o Cavalo-Triângulo, o Túmulo verde de Sagir, a aranha-termômetro. São tudo figurações do que no real sensível não tem figura. O mesmo fez Cruzeiro Seixas. Fechou os olhos; aguardou que os censores vigilantes da primeira consciência se distraíssem; centrou a atenção no aluvião que galgou as barreiras e viu à superfície, em largo leque, os destroços vivos da segunda consciência. Nesse saibro, pescou ele as metamorfoses que lhe interessavam; adquiriu aí, momento a momento, desenho a desenho, o modelo interior que lhe convinha. Sem a aparição interna duma imagem visual, não se pode conceber o desenho de Cruzeiro Seixas. O automatismo da mão é nele secundário ao trabalho interior. Dito doutro modo: a alma funcionou para ele como a primeira e a mais decisiva tela; era nela que ele via, por relevo e destaque, surgirem os desenhos. Papel e mão eram apenas os termos finais que revelavam ao mundo físico as imagens psíquicas entretanto captadas; era nestas que residia a originalidade da imagem. Cada desenho corresponde assim nele a um sonho acordado, esse mesmo que se encontra como processo de observação no António Maria Lisboa de *Exercício sobre o Sono e a Vigília de Alfredo Jarry*; cada desenho de Seixas é pois a uma *fotografia* manual, não mecânica, da corrente irracional do pensamento, uma psico-gravura do espaço interior da alma.

Percebo agora que para alterar a fotografia da casa de Pascoaes, Cruzeiro Seixas precisou de fechar os olhos e ver na escuridão. É o momento em que as comportas da primeira consciência amolecem e deixam passar as primeiras enxurradas do além, do recalcado; é o momento em que se acende o olho da alma e a corrente do irracional se põe a correr. Muito lixo chega na primeira leva, mas logo a ocular se ajusta ao que mais importa. Há porém momentos em que o ajustamento é difícil, quase impossível. Estes instrumentos interiores não têm a mesma mecânica precisa dos exteriores. A sua montagem é doutra ordem; a sua existência é uma pura metáfora. Isto quer dizer que se pode esperar em vão dias pelo aluvião dos conteúdos da segunda consciência; não basta limpar a superfície convexa da lente, ou regular a sua distância, para focar com nitidez uma boa imagem. Em muitos humanos, por falta de traquejo, por excesso de investimento no Eu social, o espaço interior não tem outra realidade a não ser um imenso nevoeiro de cinza morta. Nada se capta por lá. É um espaço que se esqueceu de si próprio, sem porta de entrada, um buraco vazio, sem existência, que sobrepôs aos milênios de recalcamento coletivo anterior décadas e décadas de absoluto olvido pessoal. Não é esse decerto o caso de Cruzeiro Seixas, cujo trabalho para captar modelos interiores é bem visível em cada desenho que fez. O seu espaço interior foi limpo, apurado, aprofundado, dia a dia, ao longo de anos e anos de persistente devoção. Basta fechar os olhos para as formas *ossoptoicas* lhe saltarem ao caminho; ele é como o xamã que tanto vive na realidade dos espectros que já morreram como na realidade dos corpos que ainda somam no plano sensível.

No caso do preito a Pascoaes, lugar, poeta e casa, Cruzeiro Seixas não terá pois demorado muito com os olhos fechados. Depressa reconheceu na tela da alma, com o olho do espírito bem treinado, o trilho que havia de calcorrear, o modelo interior que fazia a vez duma estrela guia. E que reconheceu ele? Antes de mais, atlantes, homens gigantes, talhados em pedra, parentes de Atlas. Estes atlantes são tão fabulosos como o filho de Júpiter que sustentava nos ombros o céu e o mundo. Donde vêm? Da mitografia, mas também da arquitetura, em que sustentam cornijas e arquitraves, e da escultura, em que repetem o seu modelo. É uma raça de homens anterior à que hoje se conhece, em afinidade com a que vive na Terra das Cidades Esmeraldas. Parentes de Atlas, disse linhas atrás; podia ter juntado: e de Adão. Estes atlantes só guardam todavia dos protótipos o aspecto mítico e colossal. Apresentam em relação a eles uma diferença de porte: os atlantes de Cruzeiro Seixas libertaram-se das suas tarefas; nem céus, nem mundos, nem cornijas, nem arquitraves. Têm os braços livres, os ombros desimpedidos, a cabeça solta; nada os impede de se deslocarem no espaço. Não são atlantes fixos, presos à terra, mas em movimento. Estes galgam montanhas e dançam no céu. Mais: estes gigantes deixaram de estar sujeitos às suas formas; desobrigaram-se delas, por uma lei própria aos conteúdos de segunda consciência. Se for preciso, não têm braços nem ombros mas apenas asas ou outros acessórios inesperados. Logo o lugar deles é no telhado da casa, movimentando-se como espectros de outras eras, plasmas galácticos, formas do irracional em plena liberdade do céu ou da alma.

Tem pois o leitor diante dos olhos a colagem de Cruzeiro Seixas com Pascoaes: sem precisar de a ver, consegue visualizá-la. Ei-la: uma fotografia da fachada da casa de Pascoaes, onde se mostra uma parte do terreiro e do céu exterior. Vêm depois os elementos de segundo nível, fruto da pesquisa interna do mediador e por ele somados à fotografia: são os atlantes, os homens doutra raça, as formas do irracional que passam a povoar o espaço. Deste modo: uma peça de tabuleiro de xadrez, um cavalo, em pleno movimento de galope surge do lado direito do teto da casa e avança para o centro; no seu focinho sente-se o relinche do coice ou do esticão do seu êmbolo. Logo a seguir está um pião gigantes-co, que rodopia na aresta central, por cima da trave-mestra do interior; depois vem um atlante que tem apenas pernas e cujo corpo é uma bacia de metal que tem um olho e, em cima dele, uma larva com cabeça de lua no dorso da qual poisa uma ave. Por entre estes ciclopes, cavalo, pião e composição de pernas e bacia, há um minúsculo casal de amorosos que se abraça e um fala só que aponta o céu. No terreiro, à entrada das escadas, há um molusco, de corpo mole, esparramado, cujo centro é uma concha globulosa e em espiral.

O conjunto, a junção da fotografia e dos elementos de segundo nível, chega para fazer ouvir um grito, perceber o metal das árvores, ver luzir na escuridão os olhos dos lobos. E ainda saber que existe por cima dos pinhais a galáxia de Andrômeda. Pagará depois disso a pena pergun-tar o que quer dizer uma tal colagem? Ter o modelo interior nem sempre significa saber o que ele quer dizer; assistir, passo a passo, como se fez, ao processo da sua fabricação é destacar, pela análise progressiva das suas partes, a sua significação. Já se sabe pois: a casa é o presente, o real que se sente e experimenta, o palco de pedra, de madeira, de vidro e de telha, onde a fábula arcaica e irracional vem representar o seu teatro carnavales-co de máscaras e luzes e a faúlha mítica irrompe para incendiar as almas com as labaredas da paixão.

20. SOBRE UM POEMA DE FERNANDO ALVES DOS SANTOS

Desde 1944 que se documentam as relações de Fernando Alves dos Santos (1928-1992) com António Maria Lisboa (Op. cit., 1977, p.386-7). Colegas de escola, ou até de classe, fizeram uma rápida passagem pelas adjacências do neorrealismo e ambos por causa do surrealismo cortaram com ele. No final de 1947, quando o grupo surrealista de Lisboa se formaliza, mantêm-se à distância, ao que tudo leva a crer pela presença de António Pedro e José-Augusto França. É assim que Cesariny, cujo diálogo com O'Neill parece ter sido o embrião do G. S. L., os encontra, quando uns meses depois, farto do esteticismo duns e do rácio idiota de outros, decide deitar borda fora o grupo. Do encontro, que toca ainda Risques Pereira, Pedro Oom e Cruzeiro Seixas, e mais tarde Mário Henrique Leiria e Carlos Eurico da Costa, nasce um novo grupo, os surrealistas, que Cesariny apelidará antigrupo. Na palestra manifesto *Erro Próprio*, Lisboa vai buscar Alves dos Santos assim:

> Esqueço de momento [...] para me fixar de repente na Mala do Viajante que Fernando Alves dos Santos expôs na 1ª Exposição dos Surrealistas e, ó mais Maravilhoso Avião Interplanetário, ó mais Brutal dos Terramotos, nos incita, de continente em continente, de astro a astro, à Viagem Amorosa! (1977; 91).

Fernando Alves dos Santos publicou em vida dois livros, *Diário Flagrante* (1954) e *Textos Poéticos* (1957), e deixou um outro preparado para publicação, *De Palavra a Palavra*; a esta curta obra acrescentam-se quatro poemas dados a lume em vida e um conjunto de dispersos, manuscritos ou já passados à máquina, em número de vinte e cinco, por publicar. Esta obra foi reunida por Perfecto E. Cuadrado num único volume,

António Cândido Franco

Diário flagrante (Poesia) (2005), onde encontro um poema chamado "A Teixeira de Pascoaes" (2005: 149). Faz parte do conjunto final de vinte e cinco dispersos e diz assim:

> O ouro impoluto
> na gota de água oculto
> se articula e chama
> o deserto.
> Das minhas mãos o mar
> escorre sobre a cama
> devagar
> desperto
> como os sinais das poeiras
> que são do verbo as trepadeiras
> moldando de verde as mágoas
> que adormecem
> ao sabor das águas
> que envelhecem.
> Também os anjos na branca rosa
> são vulto do mistério da esperança
> na anímica madrugada
> ansiosa/ mas cansada.
> No céu uma estrela dança;
> a Saudade – a grande altura
> – vem nas trevas da Idade
> envolvendo de mística ternura
> a sua irmã Eternidade.

O poema não tem data mas acredito que foi escrito no rescaldo do momento em que Cesariny antologiou a poesia de Pascoaes em 1972. Não vejo outro momento para o autor de *Diário flagrante* se dedicar a ler a obra do autor de *Regresso ao paraíso*. O contato pode ter acontecido por oferta do opúsculo *Aforismos* (1972), edição de Cesariny e de Cruzeiro Seixas, e da antologia, *Poesia de Teixeira de Pascoaes* (1972), do mesmo ano, que resultou dum pedido de Natália Correia e foi o primeiro volume impresso a conter trabalhos plásticos de Pascoaes – com exceção da edição póstuma *A Minha Cartilha*, cujo frontispício apresenta um autoretrato do poeta. Isto não quer dizer que o poema em causa date de 1972; deixa apenas no ar a possibilidade do convívio, em força, de Fernando Alves dos Santos com a obra de Pascoaes ter aberto nesse ano. O poema será mais tarde, porventura anos mais tarde, o resultado gráfico desse convívio.

Que diz o poema? Antes de mais vale a pena atentar no dinamismo do título, "A Teixeira de Pascoaes". Aquilo que aqui importa é o significado da preposição inicial. Na verdade o poema podia chamar-se só "Teixeira de Pascoaes"; nesse caso existiria sobretudo a indicação dum retrato. Ao acrescentar aquela letra inicial, com valor de preposição, passa-se do retrato à homenagem; as palavras do poema passam a ser uma oferta, deixando de ser uma simples evocação. O título, tal como ficou, oferece, não retrata. Ele é sinônimo de: *para* Teixeira de Pascoaes. O poema suporta todavia a identificação da preposição com outras que na aparência lhe estão mais distantes; *com, de, em, por, sobre*. Sendo retrato homenagem, o poema é também companhia, ligação, presença, defesa, estudo, ato humílimo de amor e conhecimento.

Depois é preciso assinalar que se está ante uma única estrofe com vinte e quatro versos. Nesse único conjunto destacam-se porém quatro núcleos distintos, o primeiro com quatro versos, o segundo com dez, o terceiro e o quarto com cinco cada um. Aquilo que estabelece a fronteira entre cada um deles é o ponto final, quatro na totalidade. Cada núcleo pode funcionar como uma estrofe potencial, com um miolo autônomo de significação. Em cada centro está uma imagem forte, à volta da qual giram os restantes motivos. O coração da primeira sequência está no *ouro impoluto*, o da segunda no mar, o da terceira nos *anjos na branca rosa* e o da última no *céu* onde uma *estrela dança*. Como se percebe de imediato esta é uma poesia que se organiza por imagens; são os materiais visuais, em sucessão, que fornecem ao poema a significação. O papel dos materiais sonoros, existindo, é de muito menor impato.

Veja-se o dispositivo visual do poema. As duas imagens de maior pressão são a do início e a do fecho. De entrada é o *ouro impoluto*.

Não será difícil associar este metal assim classificado ao lápis filosofal da alquimia. E já agora ao epitáfio que para si próprio Breton escolheu: *je cherche l'or du temps*. O ouro é aqui aquele ponto nobre e sem corrupção, ouro sem mácula, indelével, que equivale ao estádio primeiro da matéria. É a imagem da terra dos arquétipos que ainda agora nos veio ao teclado a propósito da *anarquia* de Lisboa. A propriedade da construção simbólica deste verso é pois imensa; a sua força reside na escolha da substância em causa, o ouro, que dá à experiência poética Pascoaes uma alta perenidade, e na adequação do atributo que lhe é dada, o que não te sujidade. Também o lugar onde ele surge, indicado no segundo verso, e desenvolvido nos dois seguintes, aponta para o dinamismo duma operação que tanto tem a ver com o ato poético como com o labor da espagírica. Para obter o ouro é preciso secar a gota de água até ao deserto; dessa operação, onde a *chama* é o artigo, se destila então a pepita de ouro. Dito por outras palavras: o arquétipo a que o poeta aspira e que vive oculto só pela sublimação da crusta da matéria se revela e mostra.

Basta esta primeira sequência de quatro versos para se perceber a pertinência simbólica do poema em causa. Sob imagens na aparência desencontradas, ajustadas por uma sintaxe difícil, ele diz o que importa sobre um dos passos capitais da obra de Pascoaes. Passo agora à imagem do fecho. Recordo: *no céu uma estrela dança*. Céu ou *estrela*? Céu e estrela, pois a estrela é o céu como a flor é a terra. Também aqui, nesta estrela que dança no pano do céu, reconhece o leitor um segmento já seu conhecido. É o pico do monte análogo, onde ferve o astro da primeira incandescência do extramundo, esse ponto onde a realidade dos arquétipos do mundo sensível toca aquilo que já não tem qualquer realidade, nem material nem incorruptível. Estou de novo ante o ouro impoluto do primeiro verso. Uma diferença porém entre a abertura e o final: no início tenho a fórmula química do lápis dos filósofos; no final tenho o termo da operação e já viva e destilada a alma sublime do mundo, a estrela que brilha e dança. O resto consumiu-se na chama do deserto, gastou-se na combustão do fogo, que separa o denso do volátil.

Nova surpresa: este ponto de chegada, a estrela de seis pontas que se destaca do fogo, o astro que baila no céu mais alto, nata que se côa no seio da Eternidade, nas *trevas da Idade*, junto do verbo original, é a *Saudade* – e a maiúscula é do poema, não minha. Mais uma vez, nesta palavra, topa o leitor com artigo conhecido. Ainda há pouco tomei a saudade como uma das mediações privilegiadas do suprarreal dos arcanos. É pela saudade que em Camões a memória da *terra de glória* abre caminho, outra forma de dizer a permanência do paraíso dos arquétipos na terra do sensível. E foi com a saudade que Pascoaes escalou o Marão e deu no pico com a fusão da alma com o Espírito em fogo de Eleonor. É pois a saudade que fecha a porta deste poema, para o deixar suspenso sobre o mundo. Apetece perguntar: quem disse que a saudade desapareceu da poesia portuguesa depois de Teixeira de Pascoaes? Quem disse que da saudade na poesia portuguesa da segunda metade do século XX não ficou rasto? A presença dela no surrealismo português é marcante e pelo menos em três momentos o é: o túmulo verde cravejado de lágrimas de Sagir, onde tem abissal dimensão; no céu de Fernando Alves Santos, onde não menos abissal desvão se toca; num poema de Risques Pereira chamado "Saudade", a ler noutra nota, que não farei aqui e guardarei para mais tarde. E já agora um quarto acrescento: uma carta de Lisboa para o mesmo Risques Pereira, com data de 25 de janeiro de 1951, Paris, onde se personifica a saudade e se pede para virar do avesso a dama (Op. cit., 1977, p.285), a mesma que serviu ao protagonista de *Marános* para mediar o pico da montanha cósmica e que, rijo bicho de sete cabeças, cabra montesa com estrela de luz na ponta do rabo peixe, chegava para pôr um deus sobre a Terra.

Restam as duas estrofes intermédias com as duas imagens atrás notadas, *o mar* e *os anjos na branca rosa*. Antes mesmo de avançar por alguma delas, e atendendo ao papel da abertura e do fecho, da fórmula e da estrela, é fácil de inferir que os quinze versos intervalares do poema correspondem ao momento operativo da espagírica. No caso da primeira imagem, encontro um dos pontos em que o trabalho poético de Alves dos Santos se apoia na amálgama sonora, quer dizer, atua por meio daquilo que Lisboa chama, em passagem já tocada de *Erro Próprio*, das mais vivas, a cabala fonética. Foi este processo de associação sonora que serviu a Cesariny para criar alguns dos *mitos maiores* que pôs a circular em 1958 e ainda para traduzir com inteira propriedade passos obscuros. Tenho à mão uma nota que tirei da primeira edição do seu Rimbaud (1960), quando ainda vertia o sal por *Uma Época no Inferno*, em que ele diz assim deste seu método: *Verbo mercurial que rouba à linguagem o que devolve à língua.* (p. 108) Recorde-se ainda a decomposição fonética da palavra *soldado* que acaba por dar a expressão ou o mito maior *soldado* e que nada tendo a ver com a palavra inicial abre o seu sentido para o focar de luz. E o mesmo Cesariny quando teve de escrever uma nota introdutória ao Carlos Eurico da Costa de *Sete poemas de solenidade e um requiem* (1952) intitulou-a pelo mesmo método "A volta do filho prólogo".

Por idênticos processos de associação e reunião, que vezes sem conta destruíam e reconstruíam no tear do verbo a palavra, pondo a nu o seu dinamismo interior, nada complacente com a rotina degradante do uso, roubando pois à comunicação o que era depois devolvido à significação de origem, praticava a cabala judaica a exegese e o comento do texto bíblico. Daí o jogo de sons, a *cabala fonética,* que Lisboa refere no texto de 1949 e que foi um dos processos de fabricação a que se entregou este grupo de poetas – e apetece fora de qualquer igreja e apenas dentro do segredo chamá-los poetas sagrados.

No caso do poema de Fernando Alves dos Santos tenho o seguinte verso: *das minhas mãos o mar.* A associação fonética de *mar* e *mão* permite-me obter a palavra *Marão,* que tanta importância tem na leitura de Pascoaes e que no caso deste poema estabelece o ponto de passagem entre a fórmula inicial do ouro impoluto e o termo de chegada, a estrela que dança *a grande altura.* Ora é nas encostas do Marão que floresce a *branca rosa* assistida pelas potências angélicas e que aponta ao pico onde está o olho do extramundo ou a estrela da Saudade. Outro momento importante do trabalho sonoro deste texto está na palavra *chama,* no terceiro verso, que joga na ambiguidade entre a terceira pessoa do presente do indicativo do verbo *chamar* e o substantivo feminino, *chama,* enquanto auréola luminosa e quente que se liberta das matérias incendiadas. E apetece pelo mesmo método de distorção fonética pegar em duas ou três outras palavras do texto para com elas obter efeitos de surpresa. A *cama* por onde o mar da mão escorre pode dar *ama* ou *mama* e o adjetivo do décimo nono verso pelo mesmo passe dá *galvanizada, gaseada* e até *ganzada.* Se no primeiro caso é a erotização adequada do passo que se encontra, pois doutro modo não há mar que assim se espraie, no segundo é o torpor da euforia que se desdobra para dentro, tão para dentro quanto a imensidade se abre de forma infinita para fora, que se apalpa no anil da carne.

Outros elementos de análise ficam aqui por revelar, como os sinais das poeiras, o verde, o verbo, a anímica madrugada, o vulto do mistério, as águas e as bagas, mas o que atrás foi dito, dos elementos visuais e dos sonoros colhidos de passagem, é o bastante para se ver em mínimo a arejada largueza dos corredores por onde o poema corre, o limpo e desimpedido caminho para a estrela final, o calibre do seu arcaboiço simbólico, que tem um átrio azulejado e um zimbório de planetário. Fernando Alves dos Santos é um poeta de mão aberta, cuja diagnose é das mais compensadoras.

Não largo o poema sem o ajustar a um outro do autor, que me parece ter uma relação indireta com ele. Trata-se de "Carta ao Cruzeiro Seixas (na oportunidade)", que foi publicado no catálogo *A António Maria Lisboa*, libreto da exposição do cinquentenário de nascimento do autor de *Isso ontem único*, ocorrida na Galeria da Junta de Turismo da Costa do Sol, Estoril, Primavera – verão de 1978, por invenção de Cruzeiro Seixas. Desse poema tiro os seguintes versos, abertura e fecho (2005, p.80-1):

Tu sabes que soletro inocentemente
como as crianças
o nome de António Maria Lisboa.
Tu sabes que ele trazia na sua longa mão
um sol extenuante
que compartilhava com os poetas.

[...]

Tu sabes que o António Maria
foi um guerreiro clássico
do nosso adolescente desejo de sermos reais e livres.
Tu sabes que ele será sempre um corsário morto
sem deixar de ser um homem
perpendicular
geométrico
e real como qualquer homem.

Mão longa? Sim, a mão esticada, a pirâmide que toca as camadas mais afastadas da primeira consciência e lá põe, num arrepio sem medo, com o sol da consciência, um foco de luz. À luz desse projetor vê-se o Cavalo-Triângulo e outras maravilhas ossoptoicas que vibram no diapasão fixo de Lisboa. Guerreiro de bronze clássico, mas sem dente de ouro; corsário emplumado morto, varado no mais alto mastro do seu galeão de assalto, mas sem olho de vidro e com a visão em febre dos xamãs arcaicos. Cesariny acertou em cheio, quando percebeu a alarmante coincidência no ano de 1950, na sutura das duas metades do século, do velho e do novo. Tinha o ancião de Amarante Joaquim Teixeira de Vasconcelos setenta e três anos e o pequeno António Maria vinte e dois.

21. PARA UMA HISTÓRIA DO SURREALISMO EM PORTUGAL

A história do surrealismo em Portugal apresenta de forma nítida três pontos de crescimento: o primeiro, relativo ao seu nascimento, na década de 1940, com arranque em 1942 e fecho em 1949, altura em que têm lugar em Lisboa duas exposições surrealistas; o segundo, relativo à década de 1950 e 1960, em que se forma uma nova geração surrealista, que nada conheceu dos anteriores sucessos; por fim, o terceiro, posterior à década 1970, quando muitos dos protagonistas anteriores já não existem e a atividade surrealista ganha nova situação.

Cada um desses momentos teve os seus sucessos e desenvolvimentos. A história da década de 1940 é conhecida, com dois grupos surrealistas distintos, o primeiro tendo por venerável António Pedro, e o segundo tomando por centro o diálogo entre dois novos, Cesariny e Lisboa. Não quero insistir aqui no que diferenciou os dois grupos; o que se disse no "sumário cronológico do surrealismo português" está muito perto de chegar. Só o grupo de Cesariny e Lisboa parece ter vivido a aventura surrealista com verdade intrínseca. Daí o irrisório, a roçar o nulo, de certas produções "surrealistas" que saíram do grupo de António Pedro, como esse *Balanço das Atividades Surrealistas em Portugal* (1949) de José-Augusto França. Daí ainda a força singular que cintila nas criações de Lisboa e de Cesariny.

Uma coisa é segura: o nascimento do surrealismo em Portugal beneficiou dos avanços do surrealismo francês, que durante e depois da guerra contra o nazismo se libertou do marxismo sufocante, se recentrou no que mais importava e se livrou de vez do que o podia confundir com doutrina religiosa institucional. Só um tal avanço justifica, para apenas falar de Breton, a importância capital e única na época e ainda hoje dum livro como *A arte mágica* (1957), resultado paciente dessa reelaboração de terceiro nível do surrealismo francês. Ao invés do que se tem dito, a década de 1940, não obstante o esvaziamento mediático, ou por causa dele, significou para o surrealismo um passo em frente e representou

António Cândido Franco

para o aparecimento do surrealismo em Portugal um húmus de excepcional favor. A segunda metade da década de 1940 foi um meio muito mais favorável à formação do surrealismo português do que teria sido a década anterior, marcada pelo esforço, e pelo cansaço, da adesão do surrealismo ao materialismo dialético, com o consequente esquecimento aqui e ali daquilo que era específico ao movimento. Caso o surrealismo tivesse chegado a Portugal dez ou doze anos antes nunca porventura teria sido possível chegar à obra dum António Maria Lisboa; o horizonte do surrealismo português não teria ido além porventura de António Pedro, cujo tirocínio foi em grande parte produto da década de 1930. A poética de Lisboa, cuja situação no surrealismo internacional está ainda por entender, mas desde já se afigura de primeira linha, só no quadro dos passos que se seguiram à escrita de *Prolegômenos* e de *Arcano 17* se compreende.

Na verdade a melhor forma de distinguir na década de 1940 os dois grupos surrealistas que surgiram em Portugal é tomar o grupo tutelado por Pedro como um agrupamento típico da década de 1930, incaracterístico e repetido, e ver no grupo de Cesariny e Lisboa um núcleo nascido do choque impressivo do terceiro manifesto e do leito novo que ele abriu. As alusões a Engels, o desprezo pelo esoterismo, que ele escreve com i, o assentimento em nota final a Noël Arnaud no caderno de França não deixam folga de dúvida sobre os horizontes limitados em que o grupo de Pedro se movia. Caso o surrealismo em Portugal não tivesse dado passo além do que se reporta no balancete de França e do que se fez na loja de Pedro, estaria ele na situação irrisória da quase nulidade. Nenhuma obra sua e nenhuma palavra dele teriam interesse para o surrealismo geral. O escoadouro natural seria, como aliás foi, em O'Neill e nos outros, a autonegação e o silêncio, esse mesmo que Breton pôs nas "Efemérides Surrealistas" publicadas em 1955 como apêndices da edição desse ano dos *manifestos*, e onde não há qualquer alusão ao grupo de Pedro, o único de que o escritor gaulês tinha notícia, silêncio que se manteve ainda mais frio na reatualização de 1962.

Com a largueza e o adianto de aproximações que Cesariny e Lisboa moveram, colocando Portugal na ponta de avanço do que então se fazia em termos de surrealismo – e nesse ponto a obra de Lisboa é até premonitória do trabalho de Breton para o livro de 1957, e o que hoje se lamenta é que o francês, por razões variadas, em primeiro lugar de língua, não tenha podido aceder à obra do português – , o grupo de Pedro passa a nota de rodapé das atividades surrealistas em Portugal. E se assim é, ainda o deve ao fato de no início, Verão de 1947, esse grupo ter nascido grandemente do empenho de Cesariny e de só a ele e ao círculo dele (Moniz Pereira, António Domingues, Fernando de Azevedo, Vespeira e Alexandre O'Neill) dever existência.

Também a história do segundo momento do surrealismo português, a contar nas duas décadas seguintes, é conhecida. Cesariny dá dela abundância de materiais no texto "Para uma Cronologia do Surrealismo em Português", de 1973. Ao contrário da primeira década, que aqui trato em várias direções, metendo mão na obra escrita ou plástica dalguns protagonistas, estas notas não entram nem pouco nem muito, isto com exclusão das rápidas alusões ao abjecionismo a propósito do final do segundo manifesto de Breton, pela criação desse segundo momento do surrealismo em Portugal, que Cesariny chama nos materiais de 1973, os grupos dos cafés Royal e Gelo, ambos em Lisboa, dando-os por contaminados de existencialismo, o que não surpreende em época de irradiação máxima de Sartre, a caminho do Nobel (1964). Não se nega o enxerto, que levou até à deserção duns tantos para o lado da literatura engajada ou militante, num fôlego de segunda ou terceira geração do neorrealismo indígena, mas ainda sobra um resto de alta qualidade.

Para as bandas do surrealismo conto o seguinte: uma revista com três números, *Pirâmide* (1959-1960), um poeta fulgurante da prosa, Ernesto Sampaio (1935-2001), em que alguns quiseram mesmo ver o mais denso e ágil teorizador do surrealismo português, e um outro não menos ardente do verso, Herberto Helder (1930). Junte-se um desenhista, João Rodrigues (1936-1967), cheio de verve e sainete; meta-se um pintor, D'Assumpção (1926-1969), avaliado já por superior a Vieira da Silva, e ponha-se lá a deriva do abjecionismo com a parte mais importante da obra escrita de Luiz Pacheco (1925-2008). E ainda fica por tocar alguma coisa, ou até muita, o bastante para ser pepita ou se entender que se tem aqui, no geral desta constelação, o mais largo alfobre poético desses anos (António José Forte, Virgílio Martinho, José Sebag, João Vieira, Manuel de Castro, José Manuel Pressler, Benjamim Marques, António Barahona).

Depois da última fronteira que o surrealismo conquistara na língua em 1953, ano em que foi dado à estampa *Isso Ontem Único* e o manifesto coletivo *Afixação Proibida*, com a obra toda de Lisboa conhecida, não se pode tomar por extemporânea a riqueza poética que se topa na segunda metade da década e na primeira da seguinte no seio desses grupos, a coincidir com a edição de cinco livros de alto voo de Cesariny, que muito devem ter ajudado essa geração a meter no bolso a valiosa pepita que lograram, *Manual de prestidigitação* (1956); *Pena capital* (1957); *Alguns mitos maiores* (1958); *Nobilíssima visão* (1959) e *Planisfério e Outros Poemas* (1961), este do mesmo ano de *Poesia* (1944-1955), o seu primeiro labor antológico, com admirável intervenção plástica de João Rodrigues.

Sobre o abjecionismo quero ainda dar uma palavra. Paga a pena ver a sua árvore genealógica e perceber a sua raiz. Já se sabe que o movimento é o resultado da fusão que aconteceu na segunda metade da década de 1950 no seio dos grupos que frequentaram o Royal e o Gelo e se nutriram da herança do grupo dissidente da década anterior. Também se sabe que quem lhe deu voz pública foi Pedro Oom, que vinha como Cesariny da década anterior. Isso aconteceu na entrevista dada em 1962 ao *Jornal de Letras e Artes* (6 de março). É o momento em que a pergunta final de *Erro Próprio* de António Maria Lisboa é vascolejada em "que pode fazer um homem desesperado quando o ar é um vômito e nós seres abjetos" e a aspiração à síntese, tão da estima de Breton, atraído pela subida aos picos do sublime, é substituída por uma saraivada chã de relâmpagos fatais "mesmo idealmente, duas proposições antagônicas não se podem fundir sem que logo nasça uma proposição contrária a essa síntese". Cesariny, não obstante as resistências posteriores, veja-se por exemplo o que ele diz em notas da edição de 1977 de António Maria Lisboa (*Poesia de António Maria Lisboa*, 1977, p.390-1), aceitou na época este novo broto, abrindo-lhe sem receio a porta na antologia imediatamente posterior, *SURREAL-ABJECCION-ismo* (1963), uma das últimas que fez, se não a derradeira. Mais tarde dirá assim, numa rasura definitiva do caso:

> aqui e agora e sempre em todo o lado o surrealismo não tem nada a ver com o abjecionismo ou só terão de comum o haverem-se conhecido na cadeia, onde vai tanta gente por tão diversos cantares e até só por recreio, visita de estudo e turismo [...] (in *As Mãos na Água a Cabeça no Mar*, 1985, p.239).

Metendo na conta a nota de Cesariny da edição de 1977, fica-se a saber que a abjeção passara já pelo grupo dissidente de 1949 e que nessa época, a do poema "Um Ontem Cão", ou até antes, Oom repetia, sem que Cesariny fosse ao entusiasmo, um preceito tirado de poeta francês (*c'est au fond de l'abjeccion que la pureté attend son œuvre*), e Lisboa dava corpo a algumas dessas preocupações no manifesto *Erro Próprio*, talvez na pergunta final, que serviria depois à torção de 1962 (p. 390). Oom levou a abjeção para os grupos seguintes, Royal e Gelo, dando-lhe saída pública e obtendo largo favor junto dos novos [João Rodrigues, por exemplo, em entrevista ao *Jornal de Artes e Letras* (15-9-1965), declara-se abjecionista e não surrealista], se bem que o parto da ideia remontasse ao grupo de Cesariny e Lisboa, em especial à conversa nele entre Petrus (nome de guerra de Pedro Oom) e Lisboa, troca de resto anterior à formação do grupo, pois Lisboa e Oom conheciam-se desde 1944.

Que António Maria Lisboa sobrevoou a abjeção, que a incorporou até no seu discurso, vinda de si ou de Oom, nenhuma dúvida, a ponto de se poder dizer que é nos textos dele que está, pelo menos na escrita, a raiz de tudo. Basta ler com atenção um texto de *Isso Ontem Único*, "Alguns personagens", para se provar a presença. Em dado passo diz-se:

> É no poeta visível a inépcia, que é abjeção, de si perante e numa vida a que foi chegado. O mundo social, o mundo como tal organizado, é o obstáculo que o leva nos desencontros sucessivos com a felicidade e na luta contra ele à mais penetrante percepção do mundo autêntico – longínquo aqui agora e inumano! (Op. cit., 1977, p.184).

A abjeção é pois a falta de aptidão do poeta para o mundo social. Doutro modo dito: a abjeção é o retrato do Eu social do poeta, pouco

António Cândido Franco

trabalhado, pouco destro, em tropeções constantes ou paralisias imobilizadoras, por contraste com a pesquisa viva do Eu arcaico, que o leva, pela via da construção simbólica, não pela do instinto, *à percepção do mundo autêntico* e à vida ativíssima do espírito.

Logo o poeta surrealista está obrigado a viver a *abjeção*, mas apenas como contraponto exterior do seu trabalho interior. Trata-se duma consequência, não duma realidade procurada, e duma consequência nem sequer tão sufocante e absorvente que não possa ser alijada e até integrada na viagem do poeta em direção do que mais lhe importa, a fonte pura dos desejos e das imagens que jorra na terra dos arquétipos. Um óbolo irreversível nesta consequência: o poeta – não o que faz versos, mas o verdadeiro poeta, aquele que se preocupa em exercitar no dia a dia a ginástica de Jarry, *dormir acordado* e *viver responsavelmente o sonho* – não tem salvação social possível, e este é aliás o ajuste final do texto de *Isso Ontem Único.* Adormecer e ficar acordado, assistir ao espetáculo do interior, anotar as espécies da alma, não é compatível com as metas invasoras da dita racionalidade social, as que são avançadas como sendo hoje de *concorrência* e de *otimização*, sempre mercantil, entenda-se, com que a sociedade regula, normaliza, civiliza e socializa à força, sem dar saída ou atenção mínima à construção simbólica dos conteúdos arquetípicos, o Eu dos seus membros, o que leva depois aos violentíssimos desajustes dos Reis Ghobes.

Na mesma direção vai o uso da palavra, ou do neologismo (abjecional) que por esta época e no seguimento da sua conversa com Petrus Lisboa cria a partir do vocábulo em uso, desta vez sob forma de advérbio de modo, na folha póstuma, *Aviso a Tempo por Causa do Tempo*, publicada por Luiz Pacheco em 1956 e republicada no primeiro número da revista *Pirâmide*. Cito: "que sendo individualmente e portanto abjecionalmente desligados das normas convencionais [...]" (Op. cit., 1977, p.110). A individualidade de que aqui fala Lisboa é o Eu arcaico que o poeta tem a obrigação de revelar e conhecer, por aí se afastando do Eu social, que é vivido de forma abjeta, quer dizer, de modo desinteressado e *inepto*, sem jeito para o negócio e para a vida dita prática.

A consciência que Lisboa tem da inaptidão social que o poeta desenvolve no seu trabalho de mineração da alma – e só este labor por dentro, de olhos fechados, justifica a inabilidade para o lado de fora, o da sociedade – é de tal ordem que não foi preciso esperar pela segunda metade da década seguinte para aparecer cunhado, e até em maiúsculas, um sistema em torno da abjeção. A palavra *abjecionismo*, que tanta fortuna virá a ter na primeira década de 1960, com a obra de Luiz Pacheco, o tratamento de Oom e a declaração de João Rodrigues, já existe em António Maria Lisboa. Leia-se o seguinte passo da carta escrita em Abril de 1950 a Cesariny: *Como dizia no meu Manifesto* Erro Próprio *por outras palavras*:

> não se tratava em mim (em nós) de negar o Surrealismo e os seus princípios, mas ilibava-me eu de tomar lugar na querela do eu sou, tu não és. Serei ou não surrealista de hoje para o futuro com a minha METACIÊNCIA e o NOSSO ABJECIONISMO – eu não me pronunciarei sobre tal (Op. cit., 1977, p.279).

Metaciência e abjecionismo, quer dizer, real autêntico que o poeta visita com o Eu arcaico e incapacidade de se adaptar a uma sociedade que pede, em nome de novas orientações de optimização mercantil, a determinar o interdito, a decapitação desse mesmo Eu e a formação duma nova e castrada entidade de consciência, o Eu social ou civilizado. Em Lisboa real autêntico e real abjeto são pois como interior e exterior, verso e reverso do poeta: por dentro, com o olho aceso da imaginação, vive a experiência ativa da consciência a sondar os mundos da alma; por fora, com os olhos sensíveis meio adormecidos, a paralisia do corpo, a catalepsia dos sentidos físicos, está a inabilidade do social tal como os valores da acumulação de riqueza o entendem. Isto quer dizer que no momento do seu nascimento, só o contato com a terra dos arquétipos justifica o existir, para o exterior, do abjecionismo. Deixo este excurso em torno da palavra para que se perceba o sentido original do vocábulo no momento do seu nascimento e se possa assim ter no porvir um termo seguro para aferir da sua evolução semântica posterior até à rasura final de Cesariny.

Resta o terceiro momento da história do surrealismo em Portugal, que abre na década de 1970 – a derradeira manifestação dos grupos do Royal e do Gelo, paralisados pelo desaparecimento físico dalguns dos seus mais valiosos membros (José Sebag, José Manuel Pressler, João Rodrigues, Manuel de Castro e D'Assumpção), é a publicação do número

António Cândido Franco

único da revista *Grifo* (1970) – e vai até à morte de Cesariny. A história deste terceiro momento está toda por fazer. Deixo aqui alguns dados que poderão ser aproveitados de futuro num apanhado geral do período. O ponto de partida desse momento, distante o bastante para se ter nele alguma mão, situa-se na atividade editorial que na primeira metade da década de 1970 Cesariny e Seixas promoveram.

Que atividade foi essa? Em 1971 a edição de *Reimpressos Cinco Textos de Surrealistas em Português*, logo seguida no ano seguinte, 1972, de *Aforismos de Teixeira de Pascoaes e, em 1973, dum terceiro caderno, Contribuição ao registo de nascimento existência e extinção do grupo surrealista de Lisboa com uma carta acrílica do mês de Agosto de mil novecentos e 66 / número da besta / editado em trezentos exemplares por mário cesariny e cruzeiro seixas no quinquagésimo aniversário da recusa de duchamp em terminar o grande vidro e no do nascimento sempre possível ainda que sempre improvável de sete novos justos ignorados*, que teve ainda reedição, no ano seguinte, o da revolução dos cravos, com referência ao *50º Aniversário do Primeiro Manifesto Surrealista*. Esta atividade continuada marca o ponto de arranque da terceira fase da atividade surrealista em Portugal, muito mais centrada nos sobreviventes do grupo dissidente da década de 1940, onde se coara e enxugara a pedra filosofal do movimento em Portugal.

Que novidade há, se novidade há, nesse terceiro momento? Repare-se para já na natureza das publicações feitas. O primeiro caderno, dado à estampa logo depois do número único de *Grifo*, e daí o salto dum segundo para um terceiro tempo, tem o seguinte material: "*A Afixação proibida*", "Aviso a tempo por causa do tempo", "Surrealismo e manipulação", "Para bem esclarecer as gentes que ainda estão à espera, os Signatários vêm Informar que:", "Não há Morte na Morte de André Breton" "Para bem esclarecer as gentes que continuam à espera, os Signatários vêm Informar que:". Só os dois últimos textos são recentes; mesmo assim o derradeiro em glosa de folha coletiva muito anterior. Todos os outros são textos da década de 1940, início de cinquenta, fruto da atividade do grupo dissidente. Está lá mesmo o ponto de arranque do grupo, o cadáver esquisito *Afixação proibida*, de 1949, que esteve para se chamar "A única razão ardente" (Ibidem, p.273).

O Surrealismo Português e Teixeira de Pascoaes

O terceiro caderno, com duas edições, uma delas no cinquentenário do manifesto de 1924, tem material epistolar também da década de 1940 para se palpar o húmus onde rebentou o chamado grupo surrealista de Lisboa, que depois ficou nas mãos de Pedro e França mas que nada tiveram a ver com a sua criação. O terceiro caderno contém uma recolha de fragmentos de Teixeira de Pascoaes feita e anotada por Cesariny.

De tudo isto, o que se tira? Que Cesariny e Seixas estão preocupados com a história do movimento surrealista português e que tal preocupação incide no que se passou na década fundadora. Daí a necessidade de reproduzirem uma avalanche de materiais que possam esclarecer, ou passar ao crivo, o passado. Esta inquietação com a história do surrealismo entende-se; Breton morrera já, o grupo surrealista de Paris dissolvera-se, as referências internacionais (Jean-Louis Bédouin, 1961) e nacionais ao surrealismo em Portugal, um ser já respeitável com mais dum quarto de século de vida, eram confusas, parciais, erradas. Geravam-se estereótipos perigosos no campo da história do surrealismo em Portugal que era urgente desfazer; caso não, a memória daquele arriscava-se a ficar voltada do avesso. Só tais receios e práticas justificam a publicação da correspondência do ano de 1947, que põe à mostra o terreno cru onde brotou o surrealismo em lusas ruas. Soma-se no mesmo período a feitura do texto "Para uma cronologia do surrealismo em português", obra maior de Cesariny, dada à estampa por Edouard Jaguer na revista *Phases* (1973), e que é a principal peça historio gráfica do movimento em Portugal.

Mas a atividade editorial de Seixas e Cesariny na primeira metade da década de 1970 não esteve apenas virada para a memória do movimento. Há uma exceção de monta: a publicação dos fragmentos de Teixeira de Pascoaes. Estou agora em condições de responder à pergunta que ficou atrás. Que novidade há no terceiro momento do surrealismo em Portugal, a coincidir com a urgência de Cesariny se dedicar à sua história? A única novidade, a única exceção assinalável à pressão historiográfica do período é o lugar dado a Teixeira de Pascoaes. Paga pois a pena indagar um pouco melhor desta novidade.

A primeira questão pode e deve ser: é o autor de *Marános* um recém-chegado ao surrealismo em Portugal? Não. Cesariny leu com entusiasmo no final da década de 1940 o poema *Regresso ao paraíso* e foi com Eduardo de Oliveira ouvir em Março de 1950 uma comunicação de

António Cândido Franco

Teixeira de Pascoaes ao cineteatro de Amarante sobre Guerra Junqueiro, a que se seguiu visita à casa de Pascoaes, em São João de Gatão. Sabe-se ainda por carta de António Maria Lisboa (março de 1950; Ibidem: p.265) que Cesariny deu a ler o poema a Lisboa, que logo aderiu, lamentando mesmo não ter ocasião de conhecer o autor, *personalidade que me é grata e que bastante admiro*. O autor de *Marános* não é pois em 1972 um recém-chegado ao surrealismo em português. Desde o início que ele andava na boca dos protagonistas da aventura surrealista portuguesa. Isto chega para invalidar parte da tese de Osvaldo Manuel Silvestre sobre o *pai tardio* de Cesariny. Afinal os surrealistas liam Pascoaes com entusiasmo desde o primeiro momento; a apoteose ulterior do poeta no panteão surrealista português decorre deste primeiro circuito, não de qualquer premeditação, visando maior glória literária dos opinantes. E vai por aí nova impugnação da tese de Osvaldo Manuel Silvestre. Os louros dos jogos florais, com as angústias do Eu social não subir ao pódio – também dá dizer ao *cânone* – é ideia inadequada a Cesariny; ela faz parte da cabeça de quem tem de correr à cátedra, mas não dum poeta surrealista, que volta costas à *abjeção* do social, como Cesariny voltou e revoltou, tocando pelo menos dois sistemas prisionais, o de Salazar e o de De Gaulle, para se dedicar em exclusivo, ao modo dele, à vida de dentro.

Ler com agrado Pascoaes não significou todavia integrar de imediato o poeta na memória coletiva do surrealismo português. Passando a crivo fino os textos de 1949 e 1950, quer de Lisboa, quer de Cesariny, quer coletivos, nunca lá se topa com o nome de Teixeira de Pascoaes. Comparecem Gomes Leal, Raul Brandão, Fernando Pessoa, Mário Sá-Carneiro, Almada Negreiros, mas não Teixeira de Pascoaes. Será preciso esperar pelo início da década de 1960, primeiro no prefácio à tradução de Rimbaud (1960), depois em entrevista ao *Jornal de Letras e Artes* (29-8-1962), para encontrar Cesariny a falar de Teixeira de Pascoaes, o de *Regresso ao Paraíso*, dando-lhe no segundo momento um lugar de quase isolado. Assinale-se ainda no final dessa década uma pasta dedicada ao poeta do Marão no *Jornal de Letras e Artes* (maio de 1968), da responsabilidade de Cesariny, que revela já um convívio por dentro com o espólio de Teixeira de Pascoaes. De qualquer modo nada disto representa ainda a apoteose de Pascoaes junto do surrealismo português. Mesmo com a vida de quase magnífico que Cesariny lhe dá na entrevista de 1962, mesmo com o destaque capital da pasta de 1968, ainda se fica a um palmo de pulso da recepção final que o *autor de Marános* terá junto dos surrealistas – Fernando Alves dos Santos por exemplo só dedicou em vida de sessenta e quatro anos poemas a dois poetas: primeiro António Maria Lisboa, depois Teixeira de Pascoaes. O palmo, mesmo de pulso, não chega porém para o *pai tardio*; para tal posteridade era preciso uma légua da Póvoa, se não um continente. E tal ângulo não existe, pois desde 1950 que Pascoaes andava, se bem que discretamente, como quem não quer a coisa, a fazer lugar junto do surrealismo em Portugal e não apenas de Cesariny.

A consagração de Pascoaes na memória do surrealismo português chegará pois em força no ano de 1972, primeiro com o caderno dos *aforismos*, publicado em Junho por Cesariny e Seixas, e depois, no final desse mesmo ano, com uma antologia maior, de centenas de páginas, Poesia de *Teixeira de Pascoaes*, cobrindo toda a obra do poeta, incluindo pictórica, que pela primeira vez apareceu em livro, e que mostra no domínio do convívio com o espólio de Pascoaes um destríssimo Cesariny. Basta a coletânea magna de 1972 para se pôr o autor de *Pena Capital* ao lado do melhor editor do poeta do Marão, Jacinto do Prado Coelho. Aos dois momentos, acrescento um terceiro, de valor extremo: aquele em que Cesariny, de forma sibilina e cortante, no texto "Para uma cronologia do surrealismo em português" (1973), deixa cair o fragmento (que levou ao desnorte do *pai tardio*): "Teixeira de Pascoaes, poeta bem mais importante, quanto a nós, do que Fernando Pessoa". Dedicou-se neste estudo toda uma nota à leitura desta frase, trocando por miúdos as palavras oraculares dela. Remeto pois o leitor para ela, nota, e passo.

Se o apoteótico momento de Pascoaes junto do surrealismo português marca a entrada deste numa fase nova, a da maturidade final, tocada também pela necessidade de revisitar a história do passado fundacional, conforme e esperado é que tal idade se desenrole em muitos instantes, todavia não exclusivos, sob o signo de Pascoaes. Em Cesariny, em Cruzeiro Seixas, em Fernando Alves dos Santos segue-se nesse período o rastro do poeta de *Regresso ao paraíso*, quer através de contributos editoriais de peso, quer por meio de homenagens pictóricas e poéticas, algumas

António Cândido Franco

à espera ainda de leitura. A estes ainda se pode juntar Natália Correia, que chegou ao surrealismo com *Dimensão encontrada*, 1957, e tocou o tecto com *Auto da feiticeira xotovia*, 1959, tudo em época de café Gelo e pela mão do editor histórico do surrealismo português, Luiz Pacheco de seu título. Há ainda a assinalar neste segmento próprio a Pascoaes, e no ascendente que ele toma, a sátira antipessoana de Cesariny, que dará as edições epidêmicas de *O Virgem Negra* (1989; 1996), uma *antimensagem* em que só o lobo do Marão escapa à algazarra escolástico-cartesiana da cultura do Ocidente.

Tal como nos momentos anteriores, também este braço final do surrealismo em Portugal se desdobrou em novos brotos, diversificando as ações e agregando a si gente nova. A mais fecunda ramada nesse campo foi a de Manuel Hermínio Monteiro (1952-2001), que nasceu no distrito de Vila Real, recebendo à nascença os raios de bronze do Marão, tudo no ano da morte de Teixeira de Pascoaes e a poucos meses da passagem de António Maria Lisboa. Vinha ele ao mundo, publicava Pascoaes as suas derradeiras obras em vida e estreava-se Lisboa numa pobre e desconhecida tipografia de tipos móveis e manuais. Chegava ele aos vinte anos, em 1972, e dava Cesariny a lume com a colaboração de Cruzeiro Seixas os *aforismos* de Pascoaes e logo depois, no mesmo ano, a sós, a antologia magna. Este garoto tinha com ele uma estrelinha portátil que o habilitava a pedir para si um papel de primeiro plano nesta derradeira fase do surrealismo. E não tardou a subir ao tablado para o desempenhar com uma fortuna de ouro, que só a sua morte precoce veio tingir de sombra, ou talvez não, que a morte é tirocínio e nunca má sorte. Tomou em mãos a edição dos dois *irmãos*, António Maria Lisboa e Teixeira de Pascoaes, a reedição de 1977 do primeiro é sua e do segundo pôs em livro milhares de páginas, por aqui se mostrando o mais generoso herdeiro desta terceira idade e um dos que por muitas razões, da edição à criação poética, que Cesariny prezava, pois antologiou com gosto poemas dele, merece ter o nome escrito na história do surrealismo em Portugal. A sua atividade editorial foi tão significativa para o movimento como outrora fora a de Luiz Pacheco, a de Bruno da Ponte, a de Vítor Silva Tavares, ou mesmo a de Cesariny, só que desta vez, em sítio de nova extensão, juntando-lhe em força Teixeira de Pascoaes, o que nenhum outro fizera.

Os herdeiros do surrealismo português na terceira fase não se limitam a Manuel Hermínio Monteiro. Outros há. Mas de todos, Hermínio foi aquele que se antecipou e o que mais cedo entendeu que a partir de 1972 os destinos do surrealismo português passavam pelos refúgios montanheses de Pascoaes e estes pela admirável maravilha daqueles. E Hermínio, através duma ação editorial conduzida com mão segura de estratega, foi porventura quem dos novos mais extensamente contribuiu para soldar, ao menos de forma visível, os dois ramos, surrealismo e Pascoaes, que antes de 1972 andavam soltos, desarticulados, cada um pelo seu lado.

PROVENIÊNCIA DOS TEXTOS

I. Teixeira de Pascoaes nas palavras do surrealismo em português

(Évora, Editora Licorne 2010; atualizei a bibliografia (ponto 7) para a presente edição)].

II. Outros Textos

Uma cronologia de Mário Cesariny (*Cartas para a Casa de Pascoaes*. Lisboa, Documenta, 2012).

Teixeira de Pascoaes: Uma cronologia (*Pensamentos e máximas*. Porto, Cosmorama, 2010; fiz acrescentos para a presente edição)].

Teixeira de Pascoaes – O outro modernismo (*Literatura e cidadania*, (org. de Clara Rocha, Helena Carvalhão Buescu e Rosa Maria Goulart). Lisboa, Imprensa Nacional-Casa da Moeda, 2011).

Sentido do Dissídio entre Teixeira de Pascoaes e Fernando Pessoa (*Cultura ENTRE Culturas*. 2011; 3 Lisboa, Editora Âncora, 2011, p. 7-10).

Sobre uma frase de Cesariny (*Notas para a compreensão do Surrealismo em Portugal*. Évora, Editora Licorne, 2012).

O hiper-Édipo e o anti-Édipo segundo Cesariny. (*Notas para a compreensão do Surrealismo em Portugal*. Évora, Editora Licorne, 2012).

Lugares da Geografia de Pascoaes (texto em versão inédita).

Pirâmide – Uma revista do surrealismo português" (texto no prelo; revista *A Ideia* 2013; 71-2).]

"Sumário cronológico do surrealismo português"(texto no prelo; revista *A Ideia* 2013; 71-2).

Pascoaes Ibérico (*Suroeste – relaciones literarias y artísticas entre Portugal y España (1890-1936)*, *relações literárias e artísticas entre Portugal e Espanha (1890-1936)*. 2.vols., Badajoz, Museo Extremeño e Iberoamericano de Arte Contemporâneo – Sociedad Estatal de Conmemoraciones Culturales, 2010. p.142-55).

Conversa com Maria Amélia Vasconcelos (*Cartas para a Casa de Pascoaes*, Lisboa, Documenta-Sistema Solar, 2012).

Uma colagem de Cruzeiro Seixas com Pascoaes (*Notas para a compreensão do Surrealismo em Portugal*. Évora, Editora Licorne, 2012).

Um Poema de Fernando Alves dos Santos

(*Notas para a compreensão do Surrealismo em Portugal*. Évora, Editora Licorne, 2012).

Para uma história do surrealismo português

(*Notas para a compreensão do Surrealismo em Portugal*. Évora, Editora Licorne, 2012).

Impresso em São Paulo, SP, em novembro de 2013,
com miolo em off-set 75 g/m²,
nas oficinas da Graphium.
Composto em Apple Garamond Light, corpo 12 pt.

Não encontrando esta obra em livrarias,
solicite-a diretamente à editora.

Escrituras Editora e Distribuidora de Livros Ltda.
Rua Maestro Callia, 123 – Vila Mariana
São Paulo, SP – 04012-100
Tel.: (11) 5904-4499 – Fax: (11) 5904-4495
escrituras@escrituras.com.br
vendas@escrituras.com.br
imprensa@escrituras.com.br
www.escrituras.com.br